COLE
BANGOR, GW

D0545242

CYNNWYS

Gair, wedi'r êl gŵr, a drig.

(TUDUR ALED)

RHAGAIR

Cais gan Bwyllgor Llyfrau Cymraeg, hen Awdurdod Addysg Sir Feirionnydd, i mi lunio llyfr ar y traddodiad barddol Cymraeg gyda golwg, yn bennaf, ar ddisgyblion y chweched dosbarth a wnaeth imi fynd ati i ysgrifennu'r llyfr hwn. Mae'r gwaith wedi ei gwblhau ers tro byd bellach, ond yr oedd yr hen sir wedi peidio â bod cyn iddo gael ei lwyr orffen. Bu Cyd-bwyllgor Addysg Cymru mor garedig â chymryd y gwaith dan ei aden. Rydw i'n dra diolchgar iddo am hynny ac yn dra diolchgar i swyddogion Cynllun Gwerslyfrau Cymraeg y Cyd-bwyllgor am eu gofal wrth ddwyn y llyfr drwy'r wasg.

Y mae arnaf ddyled i amryw byd o ysgolheigion : fe geisiais fy ngorau glas eu henwi yn y llyfr. Dylid sylwi na fûm i ddim yn gweithio testunau o gerddi o amryw ddarlleniadau ohonynt yn y llyfr hwn; fe ddibynnais ar lafur eraill yn hyn o beth.

GWYN THOMAS.

1

RHAGARWEINIAD

Beth yw traddodiad?

Barddoniaeth : mae'r gair ei hun, mae'n debyg, yn codi ymateb digon diflas mewn plant ysgol y mae'n rhaid iddyn nhw ddygnu arni drwy gerddi penodedig, ac y mae'n codi syniad o anfuddioldeb yn y rhan fwyaf o bobol mewn oed. Pe baech chwi mor hy â gofyn i bobol beth y mae barddoniaeth yn ei olygu iddyn nhw, y tebyg yw y byddai rhai'n cysylltu'r peth â chariad neu â natur — disgrifiadau neis o enethod a blodau ac ati. Yn ôl yr argraff hon y mae'r bardd yn dipyn o bansan. Argraff sy wedi treiddio i ymwybod pobol o ganu rhamantaidd Lloegr y ganrif ddiwethaf a chanu rhamantaidd tro'r ganrif a'i dechrau yng Nghymru yw hon. Syniad cyfyng iawn o'r bardd a gyflwynir drwyddi. Byddai rhai'n siŵr o sôn hefyd am eisteddfod, am y gadair a'r goron, ac am gynghanedd. Y mae'r pethau hyn yn ein harwain ni'r Cymry yn ôl at hen bethau y bu ein pobol yn ymhél â nhw, mewn rhyw ffordd neu'i gilydd, am ddwy fil o flynyddoedd a mwy. Dyma elfennau ein traddodiad barddol. Y mae pethau heblaw genethod a blodau yn rhan o'r traddodiad hwn, ac nid pansan yw'r bardd ond crefftwr.

Traddodiad : dyma'r gair pwysicaf un i'r sawl sydd am fynd ati i ddarllen a mwynhau barddoniaeth Gymraeg. Fe ddywedais i gynnau ein bod ni, wrth droi at hen bethau, yn troi at draddodiad. Dyw hyn ddim yn golygu mai trafod hen stwff yn dragwyddol y mae bardd o Gymro os yw'n canu yn y traddodiad. Fe all hynny ddigwydd, wrth reswm, ac yn wir fe ddigwyddodd — mae canu rhai o'r diweddaraf o Feirdd yr Uchelwyr yn farw gan hen bethau — ond gyda bardd da y mae ei ddawn neu ei athrylith yn

9

gweithio ar yr hen bethau a ddaeth i'w ddwylo ac yn rhoi newydd-deb iddyn nhw. Mewn gair, y mae traddodiad o unrhyw werth yn beth byw a chreadigol am fod dawn yr unigolyn yn gweithio ar ei etifeddiaeth lenyddol o. Pan fo'r etifeddiaeth lenyddol yn gormesu ar ddawn yr unigolyn yna traddodiad marw a geir, rhyw ymarfer crefft er ei mwyn ei hun, megis gwneud olwynion trol cywrain mewn cyfnod pan nad oes yna ddim troliau. Felly, er bod yna elfen bwysig iawn, iawn o'r hen bethau, elfennau o sefydlog-rwydd a pharhad mewn traddodiad, camgymeriad yw edrych arno fel peth anghyfnewidiol.

Hen bethau, sefydlogrwydd a pharhad; mae'n anodd meddwl y caech chwi afael ar dri pheth mor groes i'r graen yn ein cyfnod ni waeth pa mor hir y chwiliech chwi. Y newydd a'r cyfnewidiol, dyma'r pethau sy'n apelio at ein cyfnod ni, fe ymddengys. Er enghraifft, mewn oes o fas-gynhyrchu dyw pethau ddim yn cael eu gwneud i bara. Yr ydym ni yn cael ein hannog yn dragwyddol i brynu pethau newydd, i newid ceir, peiriannau golchi, teledyddion ac yn y blaen. Mae ein holl ffordd ni o fyw yn tueddu fwy-fwy i ddibynnu ar gyfnewid; mae sgert sy'n ddwy oed yn edrych yn ôd, mae canu pop Seisnig sy'n chwe mis oed yn swnio'n hen ffasiwn. Yn wir, y mae un Americanwr, Harold Rosenberg, wedi honni fod yr ymchwil am y 'newydd' o hyd wedi troi erbyn hyn yn fath o 'draddodiad', y 'traddodiad' o chwilio am bethau newydd.

Er mwyn chwilio am y newydd fe ddatblygodd yr hyn a elwir yn gelfyddyd arbrofol. Hynny yw pobol, yn gerddorion ac arlunwyr a llenorion, yn mynd ati'n un swydd i geisio darganfod rhywbeth newydd. (Dylwn esbonio fod y gair 'celfyddyd' fel y byddaf fi'n ei ddefnyddio rŵan yn cynnwys arlunio, cerflunio, cerddoriaeth a llenyddiaeth.) Bu llawer o boitsio â phaent, nodau a geiriau i weld a oedd modd taro ar rywbeth a oedd yn gyfraniad i'r diwylliant modern. Daeth hap a damwain, ar draul crefft, yn bwysicach nag erioed o'r blaen. Mewn gwirionedd y mae lle i ddadlau a oes ystyr i'r gair 'crefft' ond mewn cyswllt o dra-ddodiad, sef o hen genedlaethau'n rhoi i genhedlaeth newydd rywfaint o ddoethineb, rhywfaint o syniadau. Mae hyn yn magu safonau beirniadol a rhywfaint o'r gallu i fesur crefft. Er enghraifft, os ydw i'n gyfarwydd â phob math o fyrddau a wnaethpwyd yn y gorffennol a bod rhywun yn gwneud bwrdd newydd heddiw fe allaf fi, oherwydd fy ngwybodaeth, ei gymharu o â'r hyn sydd wedi bod ac fe allaf roi cynnig ar nodi ei ragoriaethau a'i wendidau o o'i gymharu o â byrddau eraill: hynny yw, rydw i'n beirniadu crefft. Allai person heb fy ngwybodaeth i am fyrddau'r gorffennol ddim rhoi barn yr un fath — efallai y byddai o'n meddwl fod siâp coes arbennig yn hollol newydd, a minnau'n gwybod fod yr un peth yn union wedi'i wneud yn yr ail ganrif ar bymtheg. Yn awr, bwrier fod paentiwr yn gosod cynfas ar lawr ac yna'n tywallt coch, glas a du ar draws ei gilydd arni, yn cerdded drwy'r paent, yn mynd drosto ar gefn beic, yn tynnu ei nain drwyddo ac, ar y diwedd, yn chwarae gitâr yn gyfeiliant i'r cwbwl a'i alw yn ' Cyffro '. Fe allwn i, os ydw i'n gyfarwydd ag arlunio'r gorffennol neu gerddoriaeth y gorffennol alw'r cwbwl yn ffwlbri, ond fe allai'r ' crëwr ' ddal nad llun yw ei greadigaeth o ac nad cerddoriaeth yw o ychwaith, ond cyfuniad cwbwl newydd, peth nad oes tebyg iddo wedi bod erioed o'r blaen. Petaem ni'n cymryd y crëwr ar ei air yna fe fyddai'n rhaid inni geisio edrych ar ei greadigaeth heb ei gymharu o â dim arall ac fe fyddai ein barn ni am y gwaith yn gwbwl oddrychol — fe fyddem un ai yn ei hoffi neu ddim yn ei hoffi. Mae hi'n anodd i unrhyw berson diwylliedig wneud hynny, wrth reswm. Y mae hyn, yn ei dro, yn rhan o'r rheswm pam y mae cefnu ar ddiwylliant y gorffennol, a hyd yn oed ei ddinistrio, yn rhan o gredo rhai mudiadau modern. Yr hyn sy gen i yw nad oes yna ddim cymaint â hynny o ystyr i feirniadu ' crefft ' rhai gweithiau diweddar o gelfyddyd am eu bod yn ceisio cychwyn o'r dechrau, fel petai, heb fod yn rhan o unrhyw draddodiad na diwylliant. Adwaith aruthrol yn erbyn awdurdod traddodiad yw un o'r elfennau pwysig mewn rhan o gelfyddyd ddiweddar; am hynny mae hi'n gelfyddyd chwyldroadol. Mae rhagoriaethau y math hwn o gelfyddyd a'i leng gwendidau yn deillio o hyn. Y peth eironig yw fod hyn oll yn mynd yn rhan o'r llif mawr o hanes celfyddyd i gael ei gadw'n fywiol fel rhan o draddodiad neu i'w anghofio.

Peth arall sydd wedi dod i'r amlwg mewn celfyddyd yn neilltuol oddi ar y mudiad rhamantaidd yw ' personoliaeth ' y sawl sy'n gwneud gwaith o gelfyddyd. Dyw hyn ddim i'w gael i'r un graddau mewn celfyddyd Glasurol (Groeg a Rhufain) nac yng

11

nghelfyddyd yr Oesoedd Canol. Sonnir weithiau am gelfyddyd 'amhersonol' yr Oesoedd Canol. Mae sôn felly'n llythrennol gywir wrth sôn, dywedwch, am eglwysi cadeiriol — roedd y gwaith o'u codi'n cymryd blynyddoedd lawer, amryw byd o bobol yn cymryd rhan yn yr adeiladu, a'r adeilad yn rhan o ffordd cyfnod o synio am Dduw. Mae'r un peth yn wir am y traddodiad llafar o lenyddiaeth, traddodiad sy'n bwysig yn ein hanes ni fel Cymry. Roedd chwedlau chwedleuwyr yn cael eu traddodi o'r naill genhedlaeth i'r llall gan bobol na wyddom ni yn awr ddim amdanyn nhw. Cafodd y *Mabinogi* eu hysgrifennu am y tro cyntaf ar ôl i'r straeon gael eu hadrodd ar lafar am hydoedd maith. Mae holi am awdur a phersonoliaeth y crëwr dan amgylchiadau fel hyn braidd yn ddiystyr. Mewn traddodiad cryf dyw cwlt personoliaeth yr awdur ddim yn cael lle i ffynnu'n arbennig o gryf er ei fwyn ei hun. Wrth gwrs y mae yna bersonoliaethau'n dod i'r wyneb yn amlwg o bryd i'w gilydd — dyna ichwi Ddafydd ap Gwilym a Siôn Cent, er enghraifft, — ond dod i'r wyneb y maen nhw, fel rheol, am fod yna elfennau cryf o wahaniaethu oddi wrth y traddodiad yn eu gwaith.

Eto, camgymeriad yw meddwl am gelfyddyd Glasurol neu gelfyddyd yr Oesoedd Canol fel lympiau amhersonol o bethau. Rydw i newydd enwi dwy bersonoliaeth lachar yn llenyddiaeth Gymraeg yr Oesoedd Canol; mae yna rai eraill mewn llenyddiaethau eraill, does dim ond yn rhaid i rywun enwi Catullus neu Villon i bawb sylweddoli hynny. O fewn y traddodiad barddol Cymraeg y mae cyfraniad y bersonoliaeth unigol yn bwysig, bwysig o fewn traddodiad. Mi geisiaf esbonio ymhellach ynglŷn â'r mater hwn yr ydw i wedi ei grybwyll o'r blaen. Mae yna elfennau sy'n gyffredin i Gynddelw, un o'r Gogynfeirdd, ac i Ddafydd Nanmor, un o Feirdd yr Uchelwyr; ond y mae yna fyd o wahaniaeth rhyngddyn nhw hefyd. Elfennau o'r traddodiad sy'n cyfrif am y pethau sy'n gyffredin; newid cyfnod a phersonoliaeth sy'n cyfrif am y pethau gwahanol. Ond, fel yr awgrymais yn barod, cyfanswm yr holl bethau hyn — yr hen bethau, cyfnod, a phersonoliaeth — ydyw traddodiad byw. Yr hyn na chewch chwi mohono fo o fewn y traddodiad yr ydym ni'n sôn amdano yw arbrofi rhemp a thynnu sylw myfiol ac ymorchestu ymdrechgar i fod yn newydd, a hynny am fod yna elfennau pwysig heblaw'r

unigolyn, heblaw personoliaeth y bardd, ynddo fo. (Eironi'r
sefyllfa bresennol yw mai mater o enw, yn hytrach nag ansawdd
arbennig mewn gwaith o gelfyddyd, a mater o giamocs personol
ydyw 'personoliaeth' llawer o gelfyddyd ddiweddar. Tynnwch
chwi enwau eu gwneuthurwyr oddi ar lawer o weithiau diweddar
ac y maen nhw mor anunigryw â dau Ford Cortina.)

Y ffaith amdani yw fod personoliaeth yr unigolyn wedi bod yn
magu ei grym mewn bywyd ac mewn celfyddyd yn y Gorllewin
oddi ar ddiddordeb arbennig y Dadeni mewn dyn. Fe borthwyd
profiad yr unigolyn gan y Mudiad Rhamantaidd ac fe'i coronwyd
gan ymchwil seicolegol. Ar ôl Freud, yn arbennig, daeth y dyn
oddi mewn yn gyfandir o ddiddordeb a'r profiad personol yn
hollbwysig.

Ar un wedd gellir ystyried llawer o gelfyddyd ddiweddar yn
arddangosiad o'r bersonoliaeth, dyn yn ei arddangos ei hun. Dyna
un rheswm pam y mae'r math o feirniadaeth lenyddol a gysylltir
â'r Ffrancwr Sainte-Beuve wedi bod mor boblogaidd. Beirniadaeth
yw honno sy'n ystyried fod pob gwybodaeth am yr awdur o help
wrth ystyried ei waith o. Gydag amryw byd o lenorion ac
artistiaid yr Oesoedd Canol a chynt y mae'r math hwn o
feirniadaeth yn amhosibl. Mae hyn yn rheswm arall pam y mae
llawer o gelfyddyd yr Oesoedd Canol yn 'amhersonol'.

Ond y prif reswm pam y mae hi'n fwy amhersonol na
chelfyddyd ddiweddar, yn fy marn i, yw ei bod hi'n gelfyddyd
ag iddi seiliau metaffisegol. (Metaffiseg ydyw'r hyn nad yw o ddim
yn faterol ac na ellir mo'i amgyffred â'r rheswm neu drwy
ymchwil wyddonol.) Mewn gair, yn yr Oesoedd Canol roedd yna
ymwybod o Dduw ac o'r goruwchnaturiol. Mewn sefyllfa felly
dyw dyn ddim yn hollbwysig gan fod yna bethau y tu hwnt i'r
bersonoliaeth ddynol. Mae Duw a'r goruwchnaturiol gyda ni o
hyd, wrth reswm, ond y mae pobl bellach yn eu hanwybyddu
nhw. Y mae gwyddoniaeth, y ddewiniaeth newydd, esboniadwy,
yn gallu gwaeud cymaint o ryfeddodau heddiw fel nad yw pobl
ddim yn cael cymaint o gyfle i feddwl am y goruwchnaturiol.
Ystyriwch chwi ddaeargryn, er enghraifft; bellach mae'r cwbwl yn
esboniadwy; yn yr Oesoedd Canol fe allai fod yn arwydd o ddicter
Duw. Hyd yn oed os ystyriwn ni hynny fel ofergoeliaeth ffôl y
mae'n dal yn ffaith fod pobol o'r Oesoedd Canol yn cael eu bwrw

13

yn wyneb yr hyn oedd iddyn nhw yn oruwchnaturiol. Roedd hynny'n rhwym o ddylanwadu ar syniad dyn amdano'i hun yn y cyfnod hwnnw. Dyw hyn ddim yn golygu fod dyn yn berffeithiach yr adeg honno na dim byd felly — roedd pobol yr adeg honno, fel heddiw, yn gorfod ystyried eu bara beunyddiol ac yn y blaen, roedden nhw'n gybyddlyd, yn odinebus, yn llwgwr, neu yn onest a rhadlon ac ati, fel pobol heddiw; y cwbl y mae o'n ei olygu yw fod ganddyn nhw syniad cyffredinol gwahanol am Dduw a'r goruwchnaturiol. Mae rhannau o'r byd hwnnw'n aros gyda ni o hyd. Mae o i'w gael hyd heddiw yng nghefn gwlad Catholig Ffrainc, neu yn Iwerddon rydd. Roedd y pethau hyn yn rhannau pwysig o'r traddodiad barddol.

Y Grefft Farddol

"Dydych chwi ddim yn gwneud cerddi â syniadau, ond â geiriau;" fel yna y dywedodd Mallarmé, y bardd Ffrangeg, wrth Degas ryw dro. Sylw digon pwrpasol, yn enwedig i'r truth hwn, efallai, gyda'r barcuta syniadol a gafwyd hyd yn hyn. Â geiriau y mae'r dyn sydd wrthi'n gwneud cerddi yn ymhél. Dyw hyn ddim yn golygu nad oes ganddo fo syniadau hefyd, ei syniadau ei hun neu syniadau ei gyfnod — â geiriau y gwneir syniadau hefyd, fel y mae'n digwydd — ond dyn yw bardd sy'n ystyried pethau heblaw'r syniadau a gyfleir gan eiriau. I fardd y mae sŵn, cysylltiadau a blas gair yn bwysig yn ogystal â'i ystyr o. Fe welwn ni mor bwysig fu elfennau heblaw'r rhai o ystyr a syniad yn y traddodiad barddol Cymraeg.

Wrth edrych ar ddechrau crefft draddodiadol y beirdd Cymraeg y mae'n rhaid troi at y dystiolaeth sydd ar gael am y bardd Celtaidd. (Celtiaid, yma, yw pobol a oedd unwaith yn siarad yr un iaith â'i gilydd ac wedyn a droes i siarad ieithoedd a ddatblygodd o'r iaith honno, ieithoedd megis Gwyddeleg, Gaeleg yr Alban, Manaweg ar y naill law, a Chymraeg, Cernyweg a Llydaweg ar y llall.) Tystiolaeth a geir yng ngweithiau rhai ysgrifenwyr Clasurol Groeg a Rhufain ac sydd i'w chael yn llen-yddiaeth fore Iwerddon a Chymru, yn arbennig, yw hon. Mae haneswyr yn pwysleisio fod yn rhaid wrth ofal wrth drafod sylwadau'r ysgrifenwyr Clasurol am y Celtiaid, yn bennaf am eu bod nhw'n tynnu ar adroddiadau ei gilydd, ond y mae yna bortread cyffredinol ac anfanwl yn dod i'r wyneb trwy eu tystiolaeth nhw. Daw'n amlwg fod gan y Celtiaid barch at farddoniaeth a chariad at huodledd; roedd barddoniaeth yn grefft yr oedd gofyn ei dysgu a'i hymarfer; roedd gwobr a thâl i'w cael am ymarfer y grefft o foli gwŷr; roedd y beirdd yn dychanu hefyd ar dro, a chan fod ganddyn nhw alluoedd goruwchnaturiol roedd eu dychan yn gallu bod yn ddychrynllyd — yn ôl tystiolaeth o Iwerddon gallai dychan effeithio ar gorff dyn a chodi afiechyd arno, a hyd yn oed ei ladd; crefft lafar oedd barddoni, math o gantor oedd y bardd a ddatganai i gyfeiliant offerynnau tebyg i delynau. Un rhywbeth yn debyg i hyn'na oedd y bardd Celtaidd.

Fe hoffwn i drafod dau bwnc sy'n codi o'r portread hwn, sef y materion o grefft ac o foli. Crefft lafar — geiriau'n donnau o sŵn yn yr awyr ac yn darfod, dyna sut y mae hi gyda chrefft lafar. All neb godi cerdd a lefarwyd ryw dro yng Nghelteg y Cyfandir a dadansoddi ei chrefft am nad oes yna'r un gerdd felly'n bod. I gael syniad o'r grefft rhaid troi at y farddoniaeth Geltaidd gynharaf a gadwyd mewn ysgrifen yn y Gymraeg ac yn yr Wyddeleg. Mae cyseinedd, odlau, cyflythreniad a phatrymau o sŵn yn bwysig yn y farddoniaeth honno. Mae'r pethau hyn, ynghyd â dywediadau set — pethau megis " Yn bresennol fe dderbynnir eich ewyllys da mewn casgliad " a glywir yn aml mewn capeli i hwyluso'r llefaru — yn tueddu i gael eu lle yn gyffredinol yn y traddodiad llafar o lenyddiaeth am eu bod nhw'n gryf eu hargraff ar y glust, yn rhoi lliw a blas i ystyr, ac yn helpu cof y datgeiniaid, sef y bobol sy'n llefaru. Eithr y mae'n debyg fod y pethau hyn, y patrymau sŵn, mor sylfaenol yn y dychymyg Celtaidd ag y dichon i bethau fel hyn fod. Ond does dim cerdd ar ôl yn y gwynt hwnnw sy'n dileu pob sŵn. Dim sŵn; ond mewn amgueddfeydd ar hyd a lled Ewrop y mae yna enghreifftiau o gelfyddydwaith y Celtiaid. Mae eu sgythriadau troellog mewn meini ac mewn gwaith metel yn para o hyd. Yn addurniadau'r gelfyddyd honno y ceir yr amgyffrediad gorau i'r llygad o'r hyn oedd sŵn mewn barddoniaeth Geltaidd, yn ôl pob tebyg. Y mae'r addurniadau'n gynghanedd o siapiau. Y mae'r hoffter hwn o addurn — addurn sy'n rhan hanfodol o'r cyfanwaith ac yn ei wneud o yr hyn yw o — yn nodwedd sylfaenol yn y dychymyg Celtaidd ac yn y dychymyg Cymraeg. O ystyried hyn dyw hi'n syndod yn y byd

15

fod gennym ni Gymry ein cynganeddion a'n pedwar mesur ar hugain a'n cerdd dafod (cerdd = crefft).

Wedyn dyna fawl y beirdd. Moli pwy yr oedd y beirdd Celtaidd? Yn ôl un ffynhonnell Glasurol, moli gwŷr dewrion. Canu mawl rhyfelwyr a olygai hynny, wrth gwrs. Byddai'n ddymunol cael mwy o fanylion am y mawl hwn gan ysgrifenwyr Clasurol. Efallai fod y ddau ddyfyniad a ganlyn o ryw help. Sôn y mae'r cyntaf am arwyr Celtaidd yn dod i flaen rhengoedd eu byddin i herio arwyr o blith rhengoedd y gelyn i ymladd â nhw :

'A phan dderbynio rhywun eu her i frwydr, maen nhw'n datgan yn uchel weithredoedd dewr eu hynafiaid ac yn cyhoeddi eu gwrhydri eu hunain.' (Dyfyniad o waith Diodorus Siculus).

Y tebyg yw y byddai bost arwr o'r fath yn codi cywilydd hyd yn oed ar y paffiwr enwog hwnnw, Muhammad Ali ! Daw'r ail ddyfyniad o ddisgrifiad o'r Celtiaid yn bwyta :

'. . . maen nhw'n eistedd mewn cylch, gyda'r gŵr mwyaf ei awdurdod yn y canol, fel arweinydd y corws — pa un yw'r gŵr hwnnw'n fwyaf medrus ar arfau, neu urddas ei deulu, neu ei gyfoeth.' (Dyfyniad o waith Athenaeus).

Dengys y dyfyniadau hyn inni pa bethau a brisid gan y gymdeithas Geltaidd — medru trin arfau, dewrder, hynafiaid o urddas, meddiannau. Diau mai dyma a ganmolid ar ŵr gan y beirdd hwythau. Dyma a ganmolir yn y farddoniaeth Geltaidd gynharaf sydd ar gael, sef barddoniaeth Gymraeg a barddoniaeth Wyddeleg. Canu i arweinwyr cymdeithas oedd canu'r beirdd, canu i arglwyddi rhyfel. Y beirdd oedd cynheiliaid eu hanrhydedd.

Barn ysgolheigion yw fod y bardd oedd yn bod yn y diwylliant oedd ohoni cyn i'r Celtiaid ddatblygu yn Geltiaid, fel petai, sef y diwylliant a elwir yn un Indo-Ewropeaidd, yn fath ar ddewin. Roedd o'n wneuthurwr clod, a thrwy ei glod i'w noddwr yr oedd o'n rhoddi anrhydedd iddo fo, neu'n cryfhau ei anrhydedd o. Gallai wneud hyn trwy ei gysylltiad â'r duwiau. Mewn gair, yr oedd gan y bardd alluoedd goruwchnaturiol. Fe gadwodd y bardd Celtaidd — a'r bardd Gwyddeleg a'r bardd Cymraeg — rywfaint o hyn. Prawf o hyn yw gallu gweledol neu broffwydol y beirdd hynny a'u gallu dychrynllyd i ddychanu.

16

Yn y chweched ganrif A.D., pan ganwyd y farddoniaeth Gymraeg gynharaf sydd ar gael (yn ôl pob tebyg) yr oedd traddodiad y canu ar draws mil o flynyddoedd o oed. Yr hyn oedd yn newydd yn y canu oedd yr iaith ac amgylchiadau'r chweched ganrif. Erbyn y cyfnod hwn roedd y Frythoneg, a ddatblygodd o'r Gelteg, wedi newid cymaint dros y rhan fwyaf o Brydain nes bod yn rhaid inni alw'r hyn a leferid yn 'Gymraeg'.

Ac edrych ar yr hen farddoniaeth yma o safbwynt mwy daearol, rhaid wynebu'r ffaith fod, ar lwybrau pawb ohonom ni, angau. Mae o'n wynebu arwyr fel y mae o'n wynebu pryfed genwair. Pan fydd pobol farw mae'r byw, yn hwyr neu'n hwyrach, yn eu hanghofio nhw. Mae tegwch pryd, nerth, gwrhydri, anrhydedd yn troi'n llwch os na chedwir nhw'n fyw ym meddyliau pobol, os na chedwir y cof amdanyn nhw. Yng Nghymru, y beirdd oedd yn cadw cof. Yn eu cerddi mawl a marwnad roedden nhw'n cofnodi ardderchowgrwydd eu noddwyr. Y beirdd oedd yn sefyll yn wyneb angau ac yn nannedd anghofrwydd. O dipyn i beth, wrth reswm, o gadw cof am unigolion a throsglwyddo'r cof o'r naill genhedlaeth i'r llall, fe ddaethon nhw'n geidwaid cof cenedl y Cymry. Yn y bôn yr hyn yw mawl, yn syml iawn, ydyw dweud, 'Fe fu'r dyn hwn fyw'. Wrth i'r beirdd gadw cof dros genedlaethau fe ddatblygodd delfryd o arwr yn eu cerddi, delfryd y gellir ei osod gerbron yr arwr y cenir cerdd iddo a'r gynulleidfa sy'n gwrando ar y gerdd. Yn hyn o beth y mae mawl yn gosod safon, ac yn wastad o blaid ffyniant y gymdeithas.

Felly nid gweniaith ydyw mawl. Neu, o leiaf, does dim rhaid iddo fod yn weniaith. Mawl gwag, neu ganmol heb fod haeddiant yw gweniaith. Does dim dichon fod mawl y beirdd bob amser yn gwbwl ddiledryw; mae hyn yn neillbuol o wir yn niwedd cyfnod Beirdd yr Uchelwyr. Yn amser Siôn Dafydd Rhys (1534-1609?) roedd y beirdd yn disgrifio noddwyr yn :

'lladd miloedd o wŷr mewn rhyfel, neu fwrw cestyll i'r llawr o filwriaeth; neu ryw fawr wrhydri arall honedig arnynt; a'r gwŷr hwythau yna yn eu gwelyau yn cysgu yn ddiofal, heb ddim ryw fath feddwl nac amcan ganddynt.'

Roedd hi'n demtasiwn yn aml, mae'n sicr, i'r beirdd foli o 'chwant derbyn' (er tâl) — a chofier fod cael eu cydnabod gydag anrhegion yn bwysig iawn i'r beirdd a bod rhoddi'n rhan o ddyletswydd y noddwr. Ond dyw hi ddim yn deg barnu'r gyfundrefn gyfan ar ei gwendid, a'i barnu ar ei gwendid ydyw dal mai gweniaith yw'r cwbwl o'r mawl ac mai rhyw lun o adar ysglyfaethus, dragwyddol yn llygadu eu gwobrau oedd y beirdd.

Sut y mae barnu a yw'r mawl sy mewn cerdd yn gywir? Fe ellid ceisio gweithio'r peth yn hanesyddol, megis trwy geisio gwireddu honiadau'r bardd ynglŷn â'i noddwr. Dyw hynny'n aml ddim yn bosibl. Yn fynych tystiolaeth y bardd am ŵr yw'r unig dystiolaeth sydd ar gael yn ei gylch. Yn y pen draw, i'r sawl sy'n troi at farddoniaeth Gymraeg fel llenyddiaeth, y prawf yw prawf pob llenyddiaeth, sef a yw'r teimlad a fynegir yn taro'n gywir yn llenyddol. A yw'r mawl mewn cerdd, a yw'r tristwch mewn marwnad yn taro'n ddiffuant yn llenyddol — dyna'r cwestiynau y mae'n rhaid inni eu gofyn. Yn y pen draw mater o egni dychymyg y bardd a'i feistrolaeth o ar ei grefft yw diffuantrwydd llenyddol. Hynny yw, mae o'n fater i chwaeth lenyddol y darllenydd. Ystyriwch awdl farwnad enwog Gruffydd ab yr Ynad Coch i Lywelyn y Llyw Olaf : a ydyw'r mawl, a ydyw'r galar yn ddiffuant yno? Wrth gwrs eu bod nhw, am fod y ffordd y mynegodd y bardd nhw'n gwbwl argyhoeddiadol.

Rydym ni wedi dod at farddoniaeth Gymraeg yn y drafodaeth uchod. Yn y bennod nesaf fe soniwn ni am ddechrau'r traddodiad barddol Cymraeg, ond y mae'n bwysig inni sylweddoli nad dechreuad oedd hwnnw, mewn gwirionedd, ond parhad o draddodiad Celtaidd o farddoni.

2

Y CYNFEIRDD

' Beirdd byd, barnant wŷr o galon.'

Y tebyg yw mai cŵyn yn erbyn y beirdd Cymraeg ydyw'r cyfeiriad cyntaf atyn nhw. Digwydd hwnnw yng ngwaith mynach o'r chweched ganrif o'r enw Gildas. *De Excidio Britanniae* (Ynglŷn â Distryw Prydain) yw enw'r gwaith. Mewn un man yn y gwaith hwn y mae Gildas, gydag argyhoeddiad moesol teilwng o broffwyd o'r Hen Destament ac arddull Ladin nid annhebyg ei heffaith i arddull Saesneg y Dr. Thomas Richards, yn bwrw iddi i ladd ar rai o frenhinoedd Prydain. Yr un oedd drymaf o dani gan Gildas oedd Maelgwn Gwynedd. Dyma'r sylw a ystyrir fel petai'n gyfeiriad at y beirdd :

' A phan ddelir sylw dy glustiau, nid mawl Duw — ag addfwyn lais dilynwyr Crist gyda'i rythm hyfryd a pheroriaeth cân eglwysig — a glywir ond dy un di dy hun, sy'n ddim; llais haid o gnafon yn gweiddi fel carowswyr Bacchanalaidd [duw'r gwin oedd Bacchus] yn llawn o gelwydd a fflem ewynnog fel ag i faeddu pawb sydd yn eu hymyl.'

Yn nes ymlaen honna Gildas fod Maelgwn wedi lladd ei wraig gyntaf a'i nai. Lladdodd ei nai er mwyn cael priodi ei wraig — mae'n siŵr fod ei gydwybod dyner yn gomedd iddo briodi gwraig briod !

' Yna fe'i priodaist hi . . . yn gyhoeddus ac (fel yr haera tafodau ffeilsion dy wenieithwyr di, ar ucha'u lleisiau ond nid o waelod eu calonnau) mewn priodas gyfreithlon, gan edrych arni fel petai hi'n weddw; ond fe ddywed ein tafodau *ni*, a hynny'n *wir*, mewn priodas dra ysgeler.'

Dyma ' dafodau ffeilsion ' gwenieithwyr eto.

19

Os oes coel i'w roi ar Gildas, ac os beirdd oedd y gwenieithwyr hyn mewn gwirionedd, yna dyw'n portread cyntaf ni o feirdd Cymraeg ddim yn un anrhydeddus iawn. Ond rhaid pwysleisio fod yn rhaid cofio fod Gildas yn ei ffansïo'i hun fel proffwyd tra duwiol a bod peth felly'n gallu dylanwadu ar ei dystiolaeth.

Dyw Gildas ddim yn enwi neb o'r beirdd, ond mewn cofnod diweddarach y mae mynach arall, un o'r enw Nennius, yn enwi nifer o feirdd a oedd, yn ôl traddodiad y Cymry, yn enwog tua'r adeg pan oedd brenin o'r enw Ida yn teyrnasu ar rai o'r Saeson, sef A.D. 547-59. Dyma fo nodyn enwog Nennius, a geir yn ei waith *Historia Brittonum* (Hanes y Brytaniaid) tua 800 :

> 'Yna bu Talhae[a]rn Tad Awen yn ddisglair mewn barddoniaeth; a Neirin a Thaliesin a Blwchfardd a Chian — a elwir Gweinth Gwawd [= Gwenith Cân, efallai] — ynghyd yn yr un amser a fuont ddisglair mewn barddoniaeth Gymraeg.'

Talhaearn Tad Awen, dyna enw a disgrifiad o'r bardd. Ai hwn oedd enw bardd cynharaf y traddodiad Cymraeg erbyn amser Nennius? Fe all ei enw awgrymu hynny, ond does neb a ŵyr bellach. Enw'n unig yw o, fel Blwchfardd a Chian. Y mae enwau eraill sy'n perthyn i'r cyfnod cynnar — Dygynnelw; Morfran; Meigant, bardd Selyf ap Cynan a fu farw tua 615; Afan Ferddig, bardd Cadwallon ap Cadfan; Myrddin. Mae Canu Myrddin ar gael, ond fe gredir mai canu am Fyrddin yn hytrach na chanu gan Fyrddin yw o; yn wir, amheuir a fu Myrddin go-iawn. Efallai fod rhywfaint o waith Afan Ferddig ar gael; efallai. Enwau yw'r rhain yn bennaf. Ond nid enwau'n unig mo Daliesin na Neirin, neu Aneirin. Sonnir am Daliesin fel Pen Beirdd yn yr hen chwedl, *Culhwch ac Olwen* a chyfeirir at Aneirin fel Mechdeyrn [= Brenin Mawr] Beirdd yn y casgliad o wybodaeth a elwir yn 'Trioedd Ynys Prydain'. Mae'n amlwg fod yr 'hen gyrff', fel y galwodd Goronwy Owen rai o hen feirdd Cymru, yn hel teitlau anrhydeddus at eu henwau. Hynny yw, roedd iddyn nhw, yn ôl pob golwg, le anrhydeddus yn y traddodiad am farddoniaeth gynnar, ac yr oedd ymwybyddiaeth fod eu cyfnod yn un go lewyrchus yn y traddodiad.

Mae gwaith y ddau fardd anrhydeddus hyn ar gof a chadw. Does yna ddim o waith Aneirin, a dim ond ychydig iawn o waith

Taliesin, yn perthyn i dir y wlad a elwir heddiw yn ' Cymru '. Erbyn ail hanner y chweched ganrif gellir dweud, yn fras iawn, fod Prydain wedi'i rhannu fel hyn :

Yr Hen Ogledd :

(a) Gogledd yr Alban — Gwlad y Pictiaid;

(b) Penrhyn Kintyre, yng ngorllewin yr Alban — teyrnas Wyddelig;

(c) De'r Alban a Gogledd Lloegr — cwlwm o deyrnasoedd Brythonig;

Ynghyd â'r Hen Ogledd ceid :

(ch) Gorllewin Prydain, o Ogledd Lloegr i lawr fwy neu lai trwy ganol Prydain — yn nwylo'r Brythoniaid a'r rhan fwyaf ohonyn nhw'n siarad Cymraeg (Manaweg oedd iaith Ynys Manaw, efallai fod Gwyddeleg ym mhenrhynnau Llŷn a Dyfed, Cernyweg oedd iaith Cernyw);

(d) Dwyrain Prydain, o Ogledd Lloegr i lawr fwy neu lai trwy ganol Prydain — yn nwylo rhyw lwythau neu'i gilydd o Saeson neu Eingl.

Yn fras, felly, fe allwn ni ddweud fod y Brythoniaid yn y gorllewin a'r Eingl-Saeson yn y dwyrain. Yn y cyfnod dan sylw roedd yr Eingl-Saeson yn pwyso'n galed ar y Brythoniaid i geisio ennill tir.

Rhyw ddwy ganrif ynghynt roedd yr olaf o'r Rhufeiniaid wedi gadael Prydain. Does dim dwywaith na chafodd y Rhufeiniaid ddylanwad ar rai Brythoniaid — fe fenthyciwyd nifer o eiriau Lladin i'r Gymraeg, er enghraifft; fe gynigiwyd fod yr Arthur hanesyddol (yr un a roes fod i gymaint o chwedlau) yn dilyn esiampl y Rhufeiniaid gyda'i dactegau milwrol; darllenwch *Breuddwyd Maxen* ac fe welwch fod y Cymry wedi dod i ymfalchïo yn eu cysylltiad â'r Rhufeiniaid. Ar ben hyn, y mae'n amlwg fod gan y Cymro, Gildas, gryn· olwg ar y Rhufeiniaid. Fe awgrymodd Saunders Lewis ei fod o, Gildas, yn gyswllt rhwng y diwylliant Lladin a gwaith Taliesin a bod elfennau Fyrsilaidd ym mhortread Taliesin o Urien. Tueddu i orliwio Lladinrwydd dechreuad y traddodiad barddol yw hyn, oherwydd yr oedd elfennau pwysicaf y portread o Urien yn elfennau Celtaidd, a chyn hynny'n rhai Indo-Ewropeaidd — rydw i eisoes wedi pwysleisio hyn. Y ffaith amdani yw fod elfennau Indo-Ewropeaidd ym mhortread Fyrsil o'i arwyr hefyd. Mae hyn yn beth naturiol canys yr oedd y diwylliant Lladin, fel y diwylliant Celtaidd, yn hanfod o ddiwylliant Indo-Ewropeaidd. Er hyn, fe Ladineiddiwyd y Brythoniaid i ryw raddau.

Erbyn y chweched ganrif A.D. roedd y Rhufeiniaid wedi hen fynd ac yr oedd amryw o'r teyrnasoedd Cymreig yn llawn eu helbul. (Mae 'Cymreig' yma'n cyfeirio at deyrnasoedd lle siaredid Cymraeg, mae 'Brythonig' yn cyfeirio at bobol, megis y Cymry a phobol Cernyw, oedd yn siarad iaith oedd wedi datblygu o'r Frythoneg.) Yr adeg honno, fel trwy gydol eu hanes, roedd gan y Cymry athrylith at gweryla ymhlith ei gilydd. Mae peth felly i'w gymryd yn ganiataol, wrth reswm — rydym ni'n dal yr un fath. Er hyn, o du'r dwyrain yr oedd y prif berygl bellach, yn enwedig o deyrnasoedd Eingl ar arfordir gogledd ddwyrain Lloegr, sef Deifr a Brynaich.

Dyma, felly, sut yr oedd hi adeg Taliesin ac Aneirin.

Mewn llawysgrifau y cadwyd gwaith Taliesin ac Aneirin. Cadwyd gwaith y cyntaf yn Llyfr Taliesin, sydd yn awr yn y Llyfrgell Genedlaethol yn Aberystwyth. Sgrifennwyd y llyfr hwn, meddir, oddeutu 1275. Cadwyd gwaith yr ail yn Llyfr Aneirin, sydd yn awr yn Llyfrgell Rydd Caerdydd. Fe ddyddir y llyfr hwn tua 1250. Er bod teitlau'r ddau lyfr, neu'r ddwy lawysgrif, yn awgrymu mai gwaith un bardd sydd yn y naill a'r llall ohonyn nhw, eto i gyd y mae ysgolheigion megis Syr John Morris-Jones a Syr Ifor Williams wedi dangos nad eu heiddo nhw ydyw'r holl waith sydd yn y llawysgrifau hyn.

Os oes canu o'r chweched ganrif i fod yn y llyfrau dan sylw fe welwch fod bwlch o ganrifoedd rhwng amser cyfansoddi'r canu hwnnw ac amser ei sgrifennu am y tro cyntaf. Yn ystod y canrifoedd hyn fe newidiodd yr iaith Gymraeg — yn union fel y newidiodd ein Cymraeg ni oddi ar y bymthegfed ganrif dywedwch. Does dim sgrifennu Cymraeg o'r chweched ganrif ar gael — yr unig Gymraeg sydd ar gael o ganrifoedd cynhara'r Gymraeg yw ambell enw, wedi'i Ladineiddio'n amlach na heb. Felly dyw hi ddim yn bosibl dweud am eiriau'r ddwy lawysgrif hon a ydyn nhw'n perthyn i'r chweched ganrif ai peidio. Y cwbwl y gellir ei wneud yw bwrw amcan yn ôl syniadau am ddatblygiad y

Gymraeg. Eithr y mae ychydig o Gymraeg sgrifenedig o'r nawfed ganrif ar gael a gellir dangos ar dir ieithegol fod peth o'r canu cynharaf Cymraeg yn perthyn i'r cyfnod hwnnw o ran ffurfiau geiriau ac ati. Ond, yn naturiol, does dim yn gwarafun i ganu gan Daliesin ac Aneirin fod wedi para o'r chweched ganrif ar gof y beirdd, sef y ffordd arferol o gadw llenyddiaeth yn y traddodiad llafar. Faint o newid a fu ar y canu rhwng y chweched ganrif a'r nawfed? Mae'n anodd dweud. Yn Llyfr Aneirin gellir gweld olion copi o'r nawfed ganrif (a elwir yn testun B) yn ogystal â thestun diweddarach (a elwir yn testun A): y mae'r gwahaniaeth rhwng testun A a B o'r un gerdd ar dro yn awgrymu pa fath o newidiadau oedd yn dueddol o ddigwydd i destun wrth iddo hir dreiglo o fewn y traddodiad llafar. Y peth amlycaf sydd i'w weld yn digwydd yw cam-glywed ambell air. Mae'n sicr fod cam-glywed ambell air wedi digwydd rhwng y chweched ganrif a'r nawfed hefyd.

Y mae ceisio penderfynu'n union pa rannau o Lyfr Aneirin a allai fod wedi eu cyfansoddi gan y bardd o'r chweched ganrif yn faes ymchwil i ysgolheigion y Gymraeg. Mae'n sicr fod chwanegu wedi bod at yr hyn a gyfansoddodd Aneirin, er does dim rhaid inni fynd mor bell â holi, fel Saunders Lewis, ynglŷn â hyn — 'Ai hynny yw'r Gododdin, sef cyfresi o benillion marwnad a gyfansoddwyd mewn gwahanol gyfnodau gan ddisgyblion yn dysgu mesurau ac arddull a ddyfeisiasid gyntaf gan bencerdd enwog yn y chweched neu'r seithfed ganrif?' — gan fod y cwestiwn yn awgrymu fod y rhan fwyaf o'r gwaith wedi'i gyfansoddi'n ddiweddarach nag Aneirin.

Wrth gwrs, camp fawr yw cadw testun yn ei ffurf gysefin o fewn traddodiad llafar. Meddyliwch am ddiarhebion neu benillion telyn, a'r ffordd y maen nhw'n newid rhyw fymryn o fan i fan wrth gael eu hadrodd ar lafar ac fe gewch syniad o sut yr oedd pethau o fewn yr hen draddodiad llafar. Mae yna newid, bid siŵr, ond y peth syn ydyw fod cymaint yn cadw. O fewn y farddoniaeth Gymraeg gynnar roedd elfennau a oedd o gymorth i gadw, a oedd o help i'r cof. Y mae patrwm mydryddol, er enghraifft, yn help mawr yn hyn o beth. Dydw i ddim eisiau manylu ar fydryddiaeth barddoniaeth y Cynfeirdd, ond rwy'n meddwl fod gwybod ffaith neu ddwy'n mynd i fod o help i ymateb i'r cerddi.

23

Canu awdlau y mae Taliesin ac Aneirin. Yn ôl y diffiniad manwl, *awdl* yw cân lle cedwir yr un odl drwyddi — bydd pob llinell yn gorffen ag *-au* dyweder. Eithr fe elwir cerddi lle ceir mwy nag un odl ynddyn nhw'n awdlau hefyd. Y peth pwysig i'w ddeall yw nad cerdd ar rai o bedwar mesur ar hugain cerdd dafod mewn llawn gynghanedd, fel yr awdl ddiweddar, yw'r awdl gynnar.

Fe ddefnyddiai'r Cynfeirdd fesurau y gellir eu galw wrth dermau a geir yn ddiweddarach am fesurau cerdd dafod, rhai megis Cyhydedd Naw Ban, Cyhydedd Fer, Rhupunt. Ond erbyn cyfnod y termau yma roedd hydoedd y mesurau hyn yn rheolaidd o ran nifer eu sillafau. I raddau yn unig y mae mesurau'r Cynfeirdd yn rheolaidd ac fe geir cryn dipyn o amrywiaeth yn nifer eu sillafau. Fe ddefnyddiai'r Cynfeirdd hefyd rai mesurau na ddaethon nhw ddim yn rhan o gyfundrefn gerdd dafod y beirdd diweddarach.

Fe roes Syr Ifor Williams y mater sylfaenol ynglŷn â llinellau'r Cynfeirdd fel hyn :

'Y pwynt amlwg yw fod y Cynfardd yn meddwl mewn llinellau hirion a'u rhannau, a bod yr haneri yn ddigon hir i ffurfio elfen annibynnol mewn mesur.'

Efallai fod hyn'na'n swnio'n anodd; yn ymarferol, dyma y mae'n ei olygu : fe brintiodd Syr Ifor ddechrau awdl gyntaf Canu Aneirin fel hyn (fe ddiweddarwyd orgraff y darn yma a thrwodd) :

'Greddf gŵr, oed gwas   (4 sillaf)
gwryd am ddias.'   (5 sillaf)

[Greddf dyn yn ei fan ond oedran bachgen ifanc, / dewr mewn brwydr.]

Dwy linell meddech chwi. Nage, nid dyna sydd yma ond un linell o naw sillaf wedi'i threfnu fel dau hanner o bedwar a phum sillaf. Gellid fod wedi printio'r llinell yn un strimyn fel hyn :

'Greddf gŵr, oed gwas; gwryd am ddias.'

Hon yw'r llinell fydryddol.

Ac ystyried fod canu Aneirin, yn y llawysgrif wreiddiol, wedi ei sgrifennu fel rhyddiaith, sut y mae gwybod beth yw llinell fydryddol yn yr hen ganu? Yn ôl Syr John Morris-Jones, yn ôl patrwm o guriadau :

'Gellir olrhain yr hen fesurau Cymraeg oll i linellau o bedwar neu chwe churiad.'

Yn ôl y ddamcaniaeth hon fe fyddai'r llinell uchod yn corfannu
fel hyn :

' Greddf gŵr, oed gwás; gwrýd am ddiás.'

Awgryma hyn fod curiadau (a nodwyd yn y llinell uchod) yn dra
phwysig. Yn ôl awdurdodau eraill, megis yr Athro Kenneth
Jackson, doedd y curiadau ddim mor bwysig â hynny yn y
llinellau, yr hyn oedd yn bwysig oedd nifer y sillafau.

Mae un mater arall yn cymhlethu'r pwnc hwn, sef bod aceniad
geiriau Cymraeg wedi newid rhwng y chweched ganrif a'r unfed
ganrif ar ddeg. Hyn a olygir : gŵr-yd, di-as meddwn ni gan
acennu'r sillaf olaf ond un yn drwm, dyna sy'n naturiol inni. Nid
dyna oedd yn naturiol yn y chweched ganrif: 'gwr-ýd, di-áis a
ddyweden nhw, gan acennu'r sillaf olaf. Oherwydd fod symud yr
acen fel hyn yn cael mwy o effaith ar guriadau llinellau nag ar
nifer eu sillafau y mae llai o anawsterau i'w hwynebu o ystyried y
farddoniaeth gynnar yn un sillafog. Ond y mae'n anodd gen i droi
cefn ar ddamcaniaeth Syr John, y mae'r farddoniaeth yn darllen
yn iawn fel un wedi'i seilio ar guriadau pa un a yw'r rheini'n rhai
ar sillaf olaf geiriau neu beidio.

Boed a fo am hynny, fe welwch fod y llinell a haneri llinellau'n
bwysig iawn yn symudiad gwaith y Cynfeirdd. A dal at y llinell :

' Greddf gŵr, oed gwas; gwryd am ddias,'

fe welwch fod un symudiad mydryddol yn gorffen gyda'r gair
gwas, ond bod saib ar hanner y llinell a bod cwbwlhau ystyr gyda'r
ail hanner. Mae hyn'na'n symud taclus, ond weithiau byddid yn
torri ar y symudiad mydryddol naturiol a rhedeg ystyr dros ben
llinell. Mewn gair, peidio â ffitio'r ystyr i'r seibiau disgwyliedig.
Er enghraifft :

' Ni chiliai o gamhawn yni ferai
Waed; mal brwyn gomynai gwŷr ni thechai.'

[Ni chiliai o frwydr hyd nes llifai / gwaed; fel brwyn y medai wŷr
ni enciliai.]

Daw'r saib mydryddol ar ôl ferai, ond ar ôl Waed y daw saib yr
ystyr. Galwodd Syr Ifor ystyr yn llifo dros derfyn llinell fel hyn
yn Goferu.

25

Rydym wedi gweld fod odlau'n dangos inni derfyn llinellau, neu ddiwedd rhaniadau o fewn llinellau. Yr hyn a olygir yn gyffredin wrth Odl yw mwy nag un gair yn gorffen gyda'r un llythrennau :

gwas : dias

Heblaw hyn fe geir yng ngwaith y Cynfeirdd Lled-odl (neu Odl Wyddelig fel y galwodd Syr Ifor hi am fod odl gyffelyb i'w chael ym marddoniaeth Iwerddon) ac, ar dro, fe geir Proest hefyd. Mewn Lled-odl y mae'r llafariaid neu'r diptoniaid yn niwedd dau air yn aros yr un fath a'r cytseiniaid ar y diwedd un yn amrywio yn ôl rheolau arbennig. Mae enghraifft yn dangos y peth yn haws nag esboniad :

enw*awg* : gwir*awd*
cyst*udd* : d*ur*
m*edd* : off*er*

Proest yw cytseiniaid ar ddiwedd dau air yn aros yr un fath a'r llafariaid neu'r diptoniaid ar y diwedd un yn amrywio, er enghraifft :

t*ân* : s*ôn*
rh*an* : ll*en*

Yn ogystal ag odlau ar ddiwedd llinellau ceir odlau o fewn llinellau yng ngwaith y Cynfeirdd :

' Gwŷr a *aeth* Gatr*aeth* oedd ffr*aeth* eu llu.'

[Roedd y milwyr a aeth i Gatraeth yn llu parod.]

Ceir hefyd Groes-odli, sef odl oddi mewn i un linell yn odli â gair yn y llinell nesaf :

' ef rwyg*ai* a chethr*ai* â chethrawr
odd uch lled lladd*ai* â llafnawr.'

[Fe rwygai a sgythrai â phicellau, / uwch gwaed trawai â llafnau.]

Y mae hyn oll yn gyfraniad sylweddol i soniaredd y canu.

Peth arall sy'n cyfrannu at hynny yw Cyseinedd. Cyseinedd yw defnyddio'r un sain — yr un gytsain, gan amlaf — mewn amryw eiriau sy'n o agos at ei gilydd. Er enghraifft :

' *M*edd yfent, *m*elyn, *m*elys, *m*aglawr '

[Yfent fedd melyn, melys, oedd yn fagl iddynt.]

Fe all cyseinedd hefyd ddigwydd mewn llinellau sy nesaf at ei gilydd.

Os oes yna nifer o linellau'n dechrau gyda'r un sain, fe elwir hynny'n Gymeriad Llythrennol. Dyma enghraifft :

' *C*ynan, cad ddiffred,	a'm anllofes ced —
*C*an nid gau gofyged —	gwrthelgwn trefred,
*C*an gorwydd cyfred,	ariant eu tudded,
*C*ant llen ehoeg,	o un amgyffred,
*C*ant armell i'r arffed,	a phumwnt cathed,
*C*leddyf gwain garreg,	dyrniell gwell no neb,
*C*ant Cynan caffad,	cas anwyledd.'

[Cynan, nawdd brwydr, roddodd imi anrheg — gan nad celwydd yw mawl [iddo] — *llestri,* tŷ a thir, / can ceffyl cyn gyflymed â'i gilydd, arian eu harnais, / can mantell borffor o'r un hyd, / can breichled yn fy arffed a hanner can *addurn drud,* cleddyf gwain garreg efo dwrn gwinau, gwell nag un neb / gan Gynan gafwyd, *gwarth* gelyn.]

Os ailadroddir gair o'r naill ran o awdl i ran arall fe elwir hynny'n Gyrch-gymeriad :

' **Yng ngorffowys**	can Rychedwys,
parch a chynnwys	a *medd meueddwys;*
meueddwys medd	i orfoledd,
a chain diredd	im yn rheufedd.

[Fy ngorffwysfan [sydd] gyda gwŷr Rheged — / parch a chroeso a digonedd o fedd ; / digonedd o fedd i orfoledd / a thiroedd teg im yn gyfoeth.]

Mae pawb a ŵyr rywbeth am y cynganeddion yn gwybod eu bod nhw'n dibynnu ar odlau o fewn llinellau ac ar gyfatebiaeth cytseiniaid o gwmpas acenion. Yng nghanu'r Cynfeirdd fe welsom ni fod yna odlau o fewn llinellau a bod yna gyseinedd. Hynny yw, roedd egin y cynganeddion yn y canu. Ar dro fe geir cynganeddion ond y dim :

' Llawer m*am* a'i deigr ar ei h*am*rant.'

[Llawer mam â'i dagrau ar ei hamrannau.]

Datblygu, tyfu ar lafar fel hyn a wnaeth y gynghanedd, wrth reswm, ac yn y man cael ei chyfundrefnu.

Mae'n siŵr gen i fod hyn oll yn swnio'n sych iawn. A chrynhoi'r cwbwl y bûm yn traethu yn ei gylch i ychydig, hyn y mae'n ei olygu : barddoniaeth i'w chlywed oedd barddoniaeth y Cynfeirdd — fel y cyfan o farddoniaeth cyfundrefn y beirdd Cymraeg yn wir : mae ei geiriau i fod i ganu yn eich pen. Y ffordd orau i hynny ddigwydd yw ichwi ddweud y farddoniaeth wrthych eich hun neu ei llefaru'n uchel.

Canu Taliesin

Fe ystyriwn ni Lyfr Taliesin i ddechrau. Yn hwn fe geir canu chwedlonol, canu crefyddol a chanu proffwydol yn ogystal â chanu mawl a marwnad. Tadogwyd llawer o bethau ar Daliesin na chyfansoddodd o erioed mohonyn nhw. Ond yn y llyfr y mae dyrnaid o gerddi a allai berthyn, o ystyried eu cefndir hanesyddol a rhai pethau eraill, i gyfnod y chweched ganrif. Fel canlyniad i astudiaeth Syr John Morris-Jones a Syr Ifor Williams o Lyfr Taliesin fe dderbynnir fod dwsin o gerddi a allai fod yn ganu Taliesin neu, yn fanylach, yn rhai cyfoes â Thaliesin.

Ymysg y cerddi hyn y mae cân i frenin o'r enw Cynan Garwyn [Gar = asgwrn gên, neu Car = cerbyd + gwyn], brenin hen deyrnas Powys, a dwy gân i frenin o'r enw Gwallawg, ond y prif gerddi yw'r awdlau i Urien, brenin teyrnas Rheged yn yr Hen Ogledd, a'i deulu, yn enwedig ei fab, Owain. Ŵyr neb ddim o hanes Taliesin ond fe gynigiodd Syr Ifor mai ym Mhowys — i Gynan Garwyn — y canai i ddechrau ond iddo glywed am fri Urien a mynd yn fardd i hwnnw. Awgryma cerdd ddadolwch [= cymodi, gwneud iawn] a ganodd Taliesin i Urien ei fod wedi'i ddigio ar ryw gyfnod. Efallai mai oherwydd iddo ganu i frenin arall, Gwallawg, y bu hynny. A dyna'r cwbwl. Cofiwch mai bwrw amcan yw hyn oll. Fe gynigiodd hanesydd o'r enw D. P. Kirby, er enghraifft, mai symud i lawr o'r Hen Ogledd i Gymru a wnaeth Taliesin. Yn ôl Saunders Lewis y mae'n annhebygol mai Taliesin yw awdur y gerdd i Gynan. Dyna ichwi ddwy ddamcaniaeth arall yn fan'na. Yn wir y mae hi'n hollol bosib mai bardd Urien oedd Taliesin a bod cerddi eraill o'i gyfnod o — megis y cerddi i Gynan a Gwallawg — wedi cael eu cysylltu â'i enw ar gam. Sut bynnag, y mae un peth yn sicr, sef mai cerddi i Urien a'i deulu yw'r cerddi mwyaf trawiadol yn y canu a gynigir fel gwaith Taliesin.

28

Canu mawreddog yw canu Taliesin. Cyflwyno inni ddelfryd o frenin yn ôl yr hen batrwm y mae o yn ei awdlau; cawn ganddo y rhyfelwr hael. Ond y mae grym personoliaeth Urien a'i fab, Owain, yn y cerddi hefyd. Yn wir, fe gofnodir mewn dull dramatig hyd yn oed eiriau'r ddau, yn ôl Taliesin, ar achlysur Brwydr Argoed Llwyfain. Hynny yw, fe geir cyfuniad rhyfedd o ddelfryd a phersonoliaeth yng nghanu Taliesin. Ynghyd â hyn ceir canu rhyfel cyhyrog a garw a chofnod o lys Cymreig. Drwy'r cwbwl y mae amgyffrediad dramatig byw a dethol iawn. Ac yn cynnal y cyfan y mae grym soniarus y gerdd. Bardd y brenin mewn gwirionedd yw Taliesin.

Dyma'r brenin gartref :

'Urien Erechwydd,   haelaf dyn bedydd;
lliaws a roddydd   i ddynion elfydd.
Mal y cynullydd   yd wesgerydd.
Llawen beirdd bedydd   tra fo dy fuchydd,
ys mwy llawenydd   gan glodfan glodrydd,
ys mwy gogoniant   fod Urien a'i blant,
ac ef yn arbennig,   yn oruchel wledig,
yn ddinas pellennig,   yn geimiad cyntëig.
Lloegrwys a'i gwyddant   pan ymadroddant —
angau a gawsant   a mynych goddiant,
llosgi eu trefred   a dwyn eu tudded
ac *amwnc* colled   a mawr anghyffred,
heb gaffel gwared   rhag Urien Rheged.
Rheged ddiffreidiad,   clod iôr, angor gwlad,
fy modd ysydd arnad   o bob erglywad;
dwys dy beleidrad   pan erglywad cad.
Cad pan y *cyrchydd,*   gwyniaith a wneydd,
tân yn tai cyn dydd   rhag udd Erechwydd;
Erechwydd decaf   a'i dynion haelaf.
Gnawd Eingl heb waesaf   am dëyrn glewaf;
glewaf eisyllydd,   tydi gorau ysydd;
o'r a fu ac a fydd   ni'th oes gystedlydd.
Pan dremer arnaw   ys ehelaeth y braw.
Gnawd gŵyledd amdanaw,   am dëyrn gognaw,
amdanaw gŵyledd   a lliaws maranedd,
eurdëyrn Gogledd,   arbennig tëyrnedd.'

[Urien Erechwydd [= *gwlad, neu bobol Urien*], y dyn haelaf yn y byd Cristnogol; / llawer a roddi i ddynion y byd. / Fel y cesgli, felly y gwasgeri [dy dda]. / Mae beirdd y byd Cristnogol yn llawen

29

tra byddi fyw, / mae'r llawenydd o fod gydag arwr enwog yn fwy, / mae'r gogoniant yn fwy am fodolaeth Urien a'i blant, / ac yntau'n arweinydd, yn arglwydd anrhydeddus iawn, / yn noddfa i deithwyr, yn ymladdwr cryf. / Gwŷr Lloegr a wyddant hyn pan roddant gyfrif — / angau a gawsant ac aml boen, / llosgi eu tir a'u tai a dwyn eu gwisgoedd / a llawer colled a chaledi mawr, / heb gael gwaredigaeth rhag Urien Rheged. / Amddiffynnydd Rheged, arglwydd enwog, angor gwlad, / mae fy mryd arnat i ganlyn pob sôn amdanat; / dyfal dy ergydio â gwaywffon pan glywet frwydr. / Pan gyrchi i frwydr, gwnei laddfa, / tân ar y tai cyn dydd o flaen arglwydd Erechwydd; / Erechwydd decaf a'i dynion mwyaf hael. / Arferol yw Eingl heb amddiffyn oherwydd y brenin dewraf, / y dewraf ei hil, tydi yw'r gorau sydd; / or rhai a fu ac a fydd does neb tebyg iti. / Pan edrycher arno mae'r braw yn fawr. / Arferol yw gwyleidd-dra o'i amgylch, o amgylch y brenin pryfoclyd, / o'i gwmpas gwyleidd-dra a llawer o olud, / brenin ardderchog y Gogledd, pennaeth brenhinoedd.]

Y peth amlwg cyntaf ynglŷn â'r gerdd hon yw ei thechneg eiriol gwbwl feistraidd. Y peth cynhaliol yn y gerdd yw'r odl gref. Y mae hi'n gref am ei bod hi'n digwydd mor aml, sef fesul hanner llinell. Golyga'r symudiad hanner llinell a'r odl gref fod ffurf y gerdd yn un dynn. Gweithio o fewn tyndra'r ffurf a wnaeth y bardd a chadw at sylwadau cryno o ryw bum sillaf efo saib mydryddol naturiol ar ôl pob uned o bump. Gyda'r sylwadau hyn y mae'r bardd yn gweithio gwrthbwynt, megis :

    ' Mal y cynullydd   yd wesgerydd '

neu'n cadw cytbwysedd, megis :

    ' llawen beirdd bedydd   tra fo dy fuchydd.'

Ond cerdd o godi i uchafbwyntiau yw hon yn bennaf, cerdd o bentyrru epithetau neu sylwadau moliannus :

    ' Ac ef yn arbennig,   yn oruchel wledig,
      yn ddinas pellennig,   yn geimiad cyntëig.'

a cherdd o nodi cyfres o ddigwyddiadau :

    ' Lloegrwys a'i gwyddant   pan ymadroddant —
    angau a gawsant   a mynych goddiant,
    llosgi eu trefred   a dwyn eu tudded
    ac *amwnc* colled   rhag Urien Rheged.'

Effaith y pentyrru hwn, wrth reswm, yw magu nerth yn y mawl : mae'r naill ragoriaeth yn dilyn y llall fel carreg ar garreg nes bod yno adeilad o fawl. Mewn gwirionedd, y mae cyfresi molawd y gerdd yn cael argraff gyffelyb i golofnau rhai eglwysi mawr o'r Oesoedd Canol lle mae sylw dyn yn cael ei dynnu ar i fyny. Hynny yw, y mae'r cwbl yn ddyrchafol, fel y gellid disgwyl i fawl fod.

Yn y gerdd hon does dim cyffelybiaethau, dim trosiadau ar wahân i 'dinas pellennig' ac 'angor gwlad'. Y mae'r rheini'n cyfleu cadernid a chynhaliaeth. Mae'r ail yn cyfleu y cydio sy'n dal trwy stormydd, a dyw hi ddim yn rhyfedd fod y trosiad hwn wedi mynnu ei le yng nghanu beirdd am genedlaethau. (A oedd y trosiad yn hŷn na Thaliesin? Does neb â ŵyr.) A dweud y gwir, ychydig iawn o ddelweddaeth (os caf ddefnyddio'r gair hwn i ddynodi cyffelybiaethau a throsiadau a dylunio pethau'n gyffredin-ol) sydd yn y cerddi hynny o eiddo Taliesin sy'n symud fesul hanner llinell. Yn y rheini y mae'n canolbwyntio ar fawl disgrifiadol, uniongyrchol, ac yn dibynnu ar sŵn i wneud y rhan fwyaf o'r gwaith. Ystyriwch, er enghraifft, y llinell :

      ' eurdëyrn Gogledd   arbennig tëyrnedd.'

Yn y gerdd hon fe ddefnyddiwyd 'arbennig' am Urien o'r blaen, a thua'i diwedd y mae'r gair ' teyrn ' (heb iddo ystyr o ormeswr o gwbwl) yn codi dro a thrachefn i feddwl y bardd. Yn y llinell olaf hon (ar wahân i fyrdwn a geir ar ddiwedd hon a cherddi eraill) mae'r bardd yn nodi hanfod Urien : ' teyrn ' ac ' arbennig ' yw'r ddau air sy'n cyfleu hynny ac y maen nhw wedi eu gosod yn neilltuol o rymus yn y llinell uchod. Mae'n hollol amlwg fod sŵn y llinell — gyda'i r, t, g — yn sŵn cryf. Y mae o'n sŵn cryf oherwydd fod ystyr y geiriau'n lliwio'u sŵn.

Rydw i am bwysleisio un peth yma, peth sy'n gwbwl ganolog i'w ystyried yn ein traddodiad barddol ni, sef bod geiriau'n gallu newid eu harwyddocâd yn ôl eu rhan mewn cyfanwaith o sŵn ac ystyr. Os mynnwch chwi, y mae sŵn yn cyfrannu at arlliw gair gymaint (os nad mwy) na'r llygad neu'r synhwyrau eraill. Dyma'r ydw i'n ei olygu : ystyriwch y dweud yn y ddwy frawddeg a ganlyn :

      Gafaelodd yn y chwip.
      Teimlodd chwip y gwynt ar ei ruddiau.

Yn y frawddeg gyntaf y mae'r gair *chwip* yn cael ei ddefnyddio'n llythrennol; yn yr ail y mae'n cael ei ddefnyddio'n drosiadol. Y mae'n eglur fod gwahaniaeth yn arwyddocâd y gair *chwip* yn y ddwy frawddeg yna. Yr hyn nad yw o ddim hanner mor eglur yw fod geiriau'n gallu newid eu harwyddocâd i gymaint graddau yn ôl eu cyd-destun ac yn ôl sŵn eu cyd-destun. Ystyriwch y ddwy frawddeg hon :

Nid oedd yn enwog am ei dynerwch.

' I'r addfwyn rhowch orweddfa mewn oer Fawrth,
 Mewn rhyferthwy gaea';
Rhowch wedd wen dan orchudd iâ;
Rhowch dynerwch dan eira.'

Y mae llawn cymaint o wahaniaeth yn arwyddocâd y gair *tynerwch* yn y ddwy frawddeg hon ag sydd yn arwyddocâd y gair *chwip* yn y ddwy flaenorol. Trosiad a chyd-destun a barai'r newid yn y gair *chwip;* sŵn a chyd-destun sy'n peri'r newid yn *tynerwch.*

Urien y teyrn, y brenin, brenin sy'n gofalu am ei bobol ac yn dinistrio eu gelynion. Portread o ŵr o awdurdod yw hwn — sylwch nad oes neb yn hy arno : —

' pan dremer arnaw   ys ehelaeth y braw ! '

fel y dywedir mewn un awdl. Dyma'r awdurdod oedd yn cynnal y gymdeithas. A thu ôl i'r portread hwn o'r brenin y mae syniad am dad da, a'r tu ôl i hwnnw y mae syniad am Dduw. O gefndir y portread moliannus y mae teimladau tuag at dad awdurdodol a chariadus, gŵr sy'n gofalu am ei blant, yn cyniwair ac y mae'r teimladau hyn, yn naturiol, yn lliwio'r portread.

Yn yr awdl a drafodwyd cafwyd cyfeiriadau at Urien yn erlid ei elynion. Manylir ar frwydrau mewn cerddi nodedig o'r eiddo Taliesin, awdlau megis yr un am Frwydr Gwen Ystrad a Llech Wên, neu'r un am Frwydr Argoed Llwyfain.

' Arwyre gwŷr Catraeth gan ddydd
am wledig gweithfuddug, gwarthegydd.
Urfoen hwn, enwawg hynefydd,
cyfedeily deyrnedd a'u gomyn.
Rhyfelgar rwysg; yn wir, rhwyf bedydd.
Gwŷr Prydain adwythain yn lluydd.
Gwen Ystrad ystadyl gad gyfugydd.

Ni noddes na mäes na choedydd,
tud achles, dy ormes pan ddyfydd
mal tonnawr tost eu gawr dros elfydd.
Gwelais wŷr gwychyr yn lluydd,
a gwedi boregad — briwgig.
Gwelais i dwrwf deirffin dranghedig,
gwaedd gohoyw gofaran gochlywid.
Yn amwyn Gwen Ystrad y gwelid
gofud hang a gwŷr llawr lluddedig.
Yn nrws rhyd gwelais i wŷr lledruddion
eiryf ddillwng yrhag blawr gofeddon,
unynt dang gan aethant goluddion
llaw ynghroes *yng ngro rhyd,* granwynion,
rhy feddw ŷnt, ei gynrain, *rywin Idon,*
gwanegawr golychynt rawn eu caffon.
Gwelais i wŷr gospeithig gospylad
a gwyar a faglai ar ddillad
a dulliaw diaflym, dwys wrth gad.
Cad wortho, ni bu ffo pan bwyllad!
Glyw Rheged, rhyfeddaf fi pan feiddad.
Gwelais i ran ryodig am Urien
pan amwyth â'i âlon yn Llech Wên.
Gal*ysgain* i wythaint, oedd llawen.
" Aesawr, gwŷr, goborthid wrth angen.
Awydd cad a *ddifydd Urfoen* ".'

[Cyfyd milwyr Catraeth gyda'r dydd / o gwmpas pennaeth
buddugol mewn brwydr, ysbeiliwr gwartheg. / Urien [Urfoen =
hen ffurf ar enw Urien] yw hwn, pennaeth enwog, / deil dywysog-
ion a'u taro i lawr. / Un o rym rhyfelgar; yn wir, rhwyf [=
arweinydd] y byd Cristnogol. / Gwnaeth milwyr Prydain ddistryw-
iadau yn y llu. / Gwen Ystrad oedd safle hogwr byddin. / Ni
roes na maes na choedydd loches, / amddiffynnydd gwlad, i dy
elyn pan ddaeth / fel tonnau erchyll-eu-twrw dros y byd. /
Gwelais filwyr ffyrnig yn llu, / ac wedi cad fore — cnawd
maluriedig. / Gwelais i dorf tair ffin wedi marw, / gwaedd lon,
lidiog iawn a glywid. / Yn y cyrch ar Gwen Ystrad y gwelid /
trallod cyfyng ac arwyr lluddedig. / Ym mwlch rhyd gwelais i
filwyr wedi'u staenio â gwaed / yn gollwng arfau o flaen yr un
[gwallt] gwyn awdurdodol, / chwenychent dangnefedd oherwydd
aethant yn flinedig iawn / â'u dwylo yn groes yng ngro rhyd, yn
welw o bryd, / rhy feddw ŷnt, ei rhyfelwyr ['ei' = ochr y gelyn],
ar Idon rhy-llawn-o-win, / gwlycha'r tonnau flew eu ceffylau. /

Gwelais i filwyr ysbeilgar wedi digalonni / a gwaed a staeniai ddillad / a ffurfio'n rhengoedd cyflym, tynn i frwydr. / Cysgod brwydr [= Urien], nid ffoi a ystyriai! / Arglwydd Rheged, rhyfeddaf iti gael dy herio. / Gwelais i fintai wych o gwmpas Urien / pan ymladdodd â'i elynion yn Llech Wên. / Gelyn wasgarwr, mewn brwydr oedd lawen. / "Filwyr, cymerwch darianau i frwydr. / Caiff y sawl a berthyno i Urien ymladd."]

Sefydlir 'rhyfelgar rwysg' Urien gydag amryw epithetau ar gychwyn y gerdd, ond nid cân sefydlog o adeiladu mawl, fel yr awdl gynt, yw hon. Y mae hi'n moli trwy nodi'r hyn a ddigwydd-odd mewn brwydro. Ar un olwg y mae math o stori yn y gerdd — sôn am ryfelwyr yn hel o gwmpas eu harweinydd yn y bore bach, nodi safle'r frwydr, ac yna'i hanes hi. Ond sylwch nad oes yma ddim naratif llawn. Yn wir does yna fawr ddim naratif, dim dweud stori gyflawn, yn ein barddoniaeth gynharaf. Argraffiadol yw hi. Yn y gerdd hon nifer o argraffiadau a geir, yn aml yn cael eu cyflwyno gan y gair 'gwelais'. Fe ddylem gofio ei bod yn debygol fod y bardd o Gymro, yn amlach na heb, yn mynd gyda'r milwyr i frwydr. Fe ddylem gofio hefyd am hen rym y gair 'gwelais' mewn barddoniaeth Geltaidd — dyma'r 'gweld' arbennig, barddol. Y mae'r gerdd hon yn argraff o frwydr i gynull-eidfa oedd yn gwrando ar y gerdd. Fe dyfodd disgrifiadau stoc o frwydro o fewn y traddodiad barddol, fel y tyfodd mawl stoc, ond yma does dim dwywaith fod athrylith unigol ar waith o fewn y traddodiad : o leiaf dyna sut y mae'n taro dyn nad oes ganddo fawr ddim o'r traddodiad cynnar i gymharu'r canu hwn ag o. Yr hyn a geir yma yw profiad gŵr o frwydro mewn mannau arbennig, ar amser arbennig, eithr y mae ei ddisgrifiad o'r brwydro hwnnw'n gyfryw fel bod elfennau o bob rhyfel i'w gael ganddo.

> 'Gwelais wŷr gwychyr yn lluydd,
> a gwedi boregad — briwgig.'

Mi fyddai'r olwg ar ryfel a geir yn y geiriau hyn yn gymwys yn oes Llywelyn ein Llyw Olaf, yn ystod y Rhyfel Canmlwydd, brwydrau Napoleon, y Rhyfel Byd Cyntaf, ac yn Fietnam. Yma y mae Taliesin wedi dweud rhywbeth arwyddocaol am hanfod rhyfel. Dyna dyrfaoedd y gwŷr dewr, ac wedyn dyna'r cig. Does dim naratif yma, yr hyn a gawn ni yw golwg o wŷr yn dod i frwydr ac yna golwg arnyn nhw ar ôl y lladdfa. Dyma ddau olwg sy'n gwrthdaro mor enbyd yn ei gilydd nes ein bod ni'n cael rhyw lun o brofiad llachar o arswyd ac erchylltra'r peth. A sylwch ar y ddau air 'gwŷr' a 'cig': mae dynion wedi troi'n beth — y peth, fel mae'n digwydd, yr ydym ni heddiw'n mynd i siop y cigydd i'w brynu. Dyma ran o syndod brawychus canu'r Cynfeirdd, sef bod bywyd yn cael ei ladd. Fel y dywedodd y Ffrances, Simone Weil, am yr *Iliad*, un o'r pethau sydd i'w weld yn y gân fawr honno dro ar ôl tro yw'r syndod o droi dynion yn bethau trwy farwolaeth. Mae'r un peth yn wir am ein Cynfeirdd ninnau. Am wn i ei bod hi'n anodd i rywun nad yw o ddim wedi cael y profiad o weld corff person y mae o'n ei adnabod sylweddoli beth yn hollol a olygir wrth hyn. Y gwahaniaeth rhwng person byw a chorff yw o. Y mae corff yn beth dieithr, does ganddo fo fawr o berthynas, mewn gwirionedd, â'r person oedd o. Mae hyn, wrth reswm, yn fwy gwir am berson sy wedi cael ei ladd neu wedi marw'n ddisymwth nag am berson sy wedi araf ddihoeni. Rydw i'n cofio cyfarfod cydnabod imi mewn siop *chips* un noson. Yr wythnos cynt roedd ei gyfaill o wedi'i ladd mewn damwain yn y chwarel. Doedd fy nghydnabod i ddim yn hollol sobor, ond doedd hynny'n mennu dim ar ei alar; os rhywbeth roedd o'n ei ddwysáu. Un peth oedd ganddo i'w ddweud wrthyf fi, ac fe'i dywedodd drosodd a throsodd: "Roedd ei law o'n oer 'sti." Roedd o'n gwybod o'i brofiad beth oedd troi 'gwŷr' yn 'friwgig' yn ei olygu. Pethau fel hyn sy'n peri fod Taliesin yn dal i lefaru trwy ganrifoedd o amser yn hytrach na'i fod o'n hen destun oer.

Mae yna olygon brawychus eraill ar ryfel yn yr awdl hon:

'Yn nrws rhyd gwelais i wŷr lledruddion.'

Mae rhywbeth sy bron yn lledrithiol yn y disgrifiad hwn, dyma wŷr sy rhwng bywyd a marwolaeth ym mwlch y rhyd. Yna daw eu hildio, ac wedyn — os yw awgrym ysbrydoledig Syr Ifor ynglŷn â newid ambell beth bach yn y testun gwreiddiol yn iawn — daw cip o hiwmor sgrafellog i eiriau'r bardd:

'Rhy feddw ŷnt, ei gynrain, rywin Idon.'

Mae yma grynhoi athrylithgar i ychydig eiriau faglu a stompian y prif ryfelwyr yn nŵr yr afon Idon sy'n llawn o waed, ac o'r herwydd yn debyg i win. Mae yma hefyd gyfleu syniad cymhleth ar amrantiad o ddweud. Wedyn dyna gynffonnau gwlybion y

35

ceffylau a'r staeniau gwaed ar y dillad, manylion arwyddocaol o'r frwydr. Ac ar ben y cwbwl y llinell o'r hyn a elwir yn 'lleihad', sef dweud ymatalgar, dweud llai nag y gellid ei ddisgwyl dan yr amgylchiadau :

'Glyw Rheged, rhyfeddaf fi pan feiddad.'

'Arglwydd Rheged, mae'n syn gen i dy fod ti wedi cael dy herio!' — hyn yn wyneb y lladdfa. Gorffen wedyn gyda mawl rhyfelwr i Urien.

Fe gyfeiriais i uchod at hiwmor chwerw ac at leihad. Yma y maen nhw'n rhan o agwedd Taliesin at y brwydro. Mae o'n gweld beth sy'n digwydd, yn gwybod o'r gorau am y distryw a'r lladd, ond dyma bethau a oedd, iddo ef, yn angenrheidiol. Y mae yma *ni a nhw,* a'r ffaith syml amdani yw mai gelynion ydyn nhw, ac fel gelynion y mae Taliesin yn ymagweddu atyn nhw, a hyn er gwaethaf rhai sylwadau dwfn-dreiddgar ar farwolaeth mewn brwydr. Ar adeg o ryfel dyw pobol ddim yn cydymdeimlo â'u gelynion — petaen nhw, fyddai yna ddim rhyfeloedd. Canu rhyfel, a chanu gorfoledd buddugoliaeth y brenin yw hwn.

Ystyriwch yr ail gerdd frwydr, Gwaith Argoed Llwyfain :

'Bore diw Sadwrn cad fawr a fu
o'r pan ddwyre haul hyd pan gynnu.
Dygryswys Fflamddwyn yn bedwar llu.
Goddau a Rheged i ymddullu
Dyfwy, o Argoed hyd Arfynydd —
ni cheffynt eirios hyd yr un dydd.
Adorelwis Fflamddwyn fawr drybestawd,
"A ddoddynt *f*yng ngwystlon, a ŷnt barawd? "
Ys atebwys Owain, dwyrain ffosawd,
"Nid doddynt, nid ydynt, nid ŷnt barawd;
a chenau Coel, byddai gymwyawg
lew cyn as talai o wystyl nebawd."
Adorelwis Urien, udd Erechwydd,
" O bydd ymgyfarfod am 'gerennydd'
dyrchafwn eiddoedd odd uch mynydd
ac amborthwn wyneb odd uch ymyl
a dyrchafwn beleidr odd uch pen, wŷr,
a chyrchwn Fflamddwyn yn ei luydd
a lladdwn ac ef a'i gyweithydd."

A rhag Argoed Llwyfain
bu llawer celain.

36

Rhuddai frain rhag rhyfel wŷr.
A gwerin a gryswys gan *hynefydd* —
armâf fi flwyddyn nâd i'w cynnydd.'

[Bore dydd Sadwrn bu brwydr fawr / o'r adeg pan gyfyd yr haul
hyd pan fachluda. / Ymosododd Fflamddwyn yn bedwar llu. /
Roedd Goddau a Rheged yn ffurfio'n rhengoedd / i Ddyfwy, o
Argoed hyd Arfynydd — / ni chaent saib am hyd yr un dydd. /
Galwodd Fflamddwyn fawr ei fost, / "A ddaeth fy ngwystlon, a
ydynt barod?" / Iddo ef atebodd Owain, trallod y dwyrain, /
"Ni ddaethant, nid ydynt, ni fyddant barod; / a disgynnydd o
Coel, byddai'n filwr gofidus / cyn y talai neb yn wystl." /
Gwaeddodd Urien, arglwydd Erechwydd, / "Os bydd cyfarfod
ynghyd ynghylch 'cyngrair' / dyrchafwn *amddiffynfa darianau* ar
fynydd / a chodwn wyneb uwch yr ymyl / a dyrchafwn waywffyn
uwch bennau, wŷr, / a rhuthrwn ar Fflamddwyn yn ei lu / a
thrawwn ef a'i gwmni." / O flaen Argoed Llwyfain / bu llawer
celain. / Cochai brain oherwydd rhyfelwyr. / A'r bobl a ymosod-
odd gyda'u pennaeth — / bwriadaf dreulio blwyddyn yn canu i'w
buddugoliaeth.]

Fel yn y gerdd gyntaf y mae yma ddygyfor rhyfelwyr, amlder
dynion a ffrwst ymfyddino. Ond does fawr ddim mawl union-
gyrchol yma. Cyfyd mawl Urien a'i fab Owain o'r disgrifiad o'u
safiad. Mae cynnig Fflamddwyn ac ymateb Owain ac yna Urien
iddo yn ddramatig iawn, wrth reswm. Gan mai Owain sy'n ymateb
gyntaf awgrymwyd ei fod ef yn y fyddin flaen a bod Urien gyda
chyfangorff y llu. Y tebyg yw fod Urien yn tynnu ymlaen erbyn
hyn gan fod ei fab mewn oedran rhyfelwr ac wedi'i sefydlu ei hun
fel poenydiwr yr Eingl tua'r dwyrain. (Mewn cerdd arall cyfeirir
at wallt gwyn Urien.) Sut bynnag, y mae'r ddwy ochr wyneb yn
wyneb. Dyma'r adeg pryd y gellir osgoi brwydr ond i'r Cymry roi
gwystlon i Fflamddwyn a'r Eingl. Prin y gellir disgwyl hynny yn
y cyfnod arwrol hwn. Mae cyfres o negyddion — 'nid' — yn
cael eu taflu i ddannedd Fflamddwyn ac atgoffa Owain ef o
anrhydedd ei ach. Wedyn geilw Urien gan orchymyn paratoi ar
gyfer brwydr. Yn ei araith y mae cyfres o ferfau pendant sy'n
odli — *dyrchafwn, amborthwn, cyrchwn;* cyrhaeddir uchafbwynt
gyda *lladdwn.* Rŵan ynteu amdani, brwydr enbyd, meddwn ni :
ond na, yr unig beth a gawn yw un manylyn cignoeth am gan-

lyniad y brwydro, hwnnw am y brain yn cochi ar ryfelwyr. **Dyma**
siomi'r disgwyl ond serio ym mhrofiad y gwrandawr neu'r
darllenydd un ffaith waedlyd. Ac ar y diwedd does dim gorfoleddu
gwyllt, dim ond ymatal cyhyrog y bardd yn dweud y bydd yn canu
am flwyddyn i'r gwŷr a'u harglwydd. Wn i ddim a wyf yn iawn
ond y mae tawelwch rhyfedd y diwedd hwn yn awgrymu imi
ryddhad o ennill ond at hyn, hefyd, sylweddoli'r draul, rhywbeth
nid annhebyg i brofiad Dug Wellington ar ôl lladdfa a buddugol-
iaeth : "Yn nesaf at golli brwydr y peth gwaethaf yw ei hennill
hi."

Fe soniaf am un gerdd arall gan Daliesin, sef ei farwnad i
Owain ab Urien.

> ' Enaid Owain ab Urien,
>   gobwyllid ei Rên i'w raid.
> Rheged udd a'i cudd tromlas,
>   nid oedd fas i gywyddaid.
> Isgell cerddglyd clodfawr :
>   esgyll gawr gwaywawr llifaid !
> Can ni cheffir cystedlydd
>   i udd *Llwyfenydd* llathraid.
> Medel gâlon, gefeilad,
>   eisyllud ei dad a'i daid.
> Pan laddodd Owain Fflamddwyn
>   nid oedd fwy nogyd cysgaid.
> Cysgid Lloegr llydan nifer
>   â lleufer yn eu llygaid.
> A rhai na ffoynt haeach
>   oedd hyach no rhaid.
> Owain a'u cosbes yn ddrud,
>   mal cnud yn dylud defaid.
> Gŵr gwiw uch ei amliw seirch,
>   a roddai feirch i eirchaid.
> Cyd as cronnai mal caled
>   rhy ranned rhag ei enaid,
> Enaid Owain ab Urien.'

[Enaid Owain ab Urien, / ystyried ei Arglwydd ei angen. /
Arglwydd Rheged a [thywarchen] drom, las yn ei guddio, / nid
oedd heb ddefnydd i'w foli. / Un enwog-ar-gerdd, clodfawr, mewn
bedd : / esgyll brwydr oedd ei waywffyn hogedig ! / Canys ni cheir
tebyg / i arglwydd Llwyfenydd wych. / Medelwr gelynion,
gafaelwr, / o natur ei dad a'i daid. / Pan laddodd Owain
Fflamddwyn / nid oedd fwy na chysgu iddo. / Cysga llu mawr

Lloegr / efo golau yn eu llygaid. / A'r rhai na ffoent fawr ddim / oedd yn fwy hy nag oedd rhaid bod. / Owain a'u cosbodd yn ffyrnig, / fel haid o fleiddiaid yn erlid defaid. / Milwr gwych uwch ei arfwisg amryliw, / un a roddai feirch i rai'n gofyn. / Er ei fod yn ei hel [h.y. cyfoeth] fel cybydd / fe'i rhannwyd oherwydd ei enaid, / Enaid Owain ab Urien.]

Awdl fer, ond cerdd fawr. Dyma fab y brenin Urien, a brenin ei hun erbyn amser canu'r gerdd hon yn ôl pob tebyg, wedi marw ac yn cael ei orchymyn i ofal y Brenin a'r Tad nefol. Mae yma restr o'r pethau disgwyliedig — haelioni'r gŵr, ei fedr ar arfau, arucheledd ei ach — ond nid rhestr ystrydebol mo hon o gwbwl oherwydd angerdd y dweud. Fe nyddwyd y gerdd yn ei gilydd ar fesur awdl-gywydd efo'r brifodl -aid yn cael ei chynnal trwy gydol y gerdd. Fe welwch odlau rhwng diwedd y llinellau — fe gofiwch fod y llinell fydryddol yn cynnwys dwy o'r 'llinellau' uchod. Fe welwch fod diwedd pob hanner llinell yn odli â gair ynghanol ail hanner y llinell:

> ' Enaid Owain ab Urien
> gobwyllid ei Rên i'w raid . . .
> Pan laddodd Owain Fflamddwyn
> nid oedd fwy nogyd cysgaid.'

Ar ben hyn y mae yma odlau mewnol:

> ' Owain a'u cosbes yn ddrud
> mal cnud yn dylud defaid.
> Gŵr gwiw uch ei amliw seirch
> a roddai feirch i eirchaid.'

Mae yma gyflythrennu cyfoethog:

> ' Cysgid Lloegr llydan nifer
> â lleufer yn eu llygaid.'

Mae yma chwarae â sŵn ac ystyron geiriau:

> ' esgyll gawr gwaywawr llifaid . . .
> A rhai ni ffoynt haeach
> a oeddynt hyach no rhaid.'

Mae yma gymeriad llythrennol:

> ' gobwyllid ei Rên i'w raid.
> Rheged udd . . .'

ac y mae yma gymeriad geiriol:

39

'nid oedd fwy nogyd *cysgaid.*
Cysgid . . .'

Ie, wel, ond onid oes yna ryw lun o fedr geiriol yn aml mewn pethau digon diafael, dyna'r enwog :

'dwy jaen wats a dau Jeinî?'

Beth sy'n cyfrif fod y gerdd hon wedi'i chyfrif yn fawr gan gan-rifoedd o Gymry? Y rheswm yn syml yw fod yna gyd-weithio gwefreiddiol yma rhwng tempo, meistrolaeth eiriol, ac ystyr sy'n cynhyrchu marwnad fawreddog lle clodforir y marw ac y delir ei fywyd yn wyneb marwolaeth a dyffeio angau i wneud dim i'r hyn a fu, a'r hyn na ddarfu. Na ddarfu oherwydd cân y bardd. Wn i ddim am nemor gerdd fwy hyderus na hon. Does ynddi ddim ffrwst, dim ochain, dim ond derbyn bywyd gŵr a'i gampau a chofnodi hynny yn wyneb tragwyddoldeb. Dyw o'n rhyfeddod yn y byd i Saunders Lewis gymharu elfennau yn Nhaliesin â Fyrsil.

Y mae dychymyg y bardd hefyd yn medru agor profiad yr hen fyd. 'Mal cnud yn dylud defaid,' meddai am Owain yn cosbi'r gelyn, ac y mae'r ofn a'r garwedd sydd yn y peth yn cael ei ddrymio inni a'i gadarnhau gyda chyflythreniad ac odl. Cymherwch hwn â chyffelybiaeth nodedig arall gan Daliesin yn ei awdl i Frwydr Gwen Ystrad lle disgrifir milwyr :

'Mal tonnawr tost eu gawr dros elfydd.'

[Fel tonnau mawr-eu-twrw dros fyd.]

Nid gweld yn unig, na chysylltiadau'n unig sydd yn y cyffelyb-iaethau hyn ond cadarnhau'r gweld gyda sŵn neu drawiad y dweud. Dyma soniaredd Taliesin.

Ystyriwch wedyn y dethol manylion sydd yn y gerdd ddiwethaf a drafodwyd :

'Cysgid Lloegr llydan nifer
â lleufer yn eu llygaid.'

Y marw â'u llygaid yn agored i'r goleuni : dyma annaturioldeb, dyma laddedigaeth frawychus rhyfel. A hyn oll yn cael ei guro i'n hymwybod a'i atgyfnerthu gan y gyseinedd. Y tu ôl i hyn ac, yn wir, trwy'r gerdd y mae elfen o drahauster bron — pwy oedd yr Eingl hyn wrth ymyl ein brenin ni?

Y brenin : mae popeth yn troi o gwmpas y brenin a'r teulu brenhinol yn Nhaliesin ac fe ddaeth ei bortread ef o'r brenin yn benconglfaen — eithr nid yn ddechreuad — y portreadau moliannus o arweinwyr cymdeithas a geir yn y traddodiad barddol Cymraeg.

Canu Aneirin

Nid bardd y brenin a gyfansoddodd gynnwys Llyfr Aneirin (neu'r rhan fwyaf o'i gynnwys gan fod yn 'Llyfr' Aneirin, fel yn Llyfr Taliesin, bethau a dadogwyd arno ef). Dyna'r gwahaniaeth amlycaf rhwng Aneirin a Thaliesin. Bardd y teulu, llu tŷ y brenin, yw Aneirin. Teulu Mynyddog Mwynfawr oedd hwnnw, ac fel hyn y bu hi. Bernir fod lle o'r enw Catraeth yn perthyn i'r Brythoniaid yn amser Taliesin (sonnir am wŷr Catraeth yn codi gyda'r wawr i fynd i frwydr gydag Urien yn y gyntaf o awdlau Taliesin a ddyfynnais i uchod) ond fod y lle wedyn, erbyn amser Aneirin, wedi'i golli. Dyw hyn ddim yn brawf terfynol o flaenoriaeth amseryddol Taliesin, wrth reswm, gan y gallai Catraeth fod wedi newid dwylo fwy nag unwaith. Ta waeth am hynny, fe dybir fod Taliesin yn rhagflaenu Aneirin. Mae Catraeth yn wybyddus i'r sawl sy'n ymddiddori mewn rasio ceffylau fel 'Catterick' yn swydd Efrog. Roedd o'n lle pwysig adeg y Rhufeiniaid oherwydd ei safle strategol ym mhatrwm ffyrdd y gogledd. Roedd o hefyd rywle'n agos at ffin dwy deyrnas yr Eingl yn y dwyrain, Deifr a Brynaich, yn y cyfnod dan sylw. Brenin teyrnas y Gododdin (mae 'Gododdin' hefyd yn enw ar bobl y deyrnas ac ar farddoniaeth Aneirin) oedd Mynyddog Mwynfawr [= mawr ei gyfoeth]. Casglodd hwn dri chant o filwyr dethol i Eidyn (Caeredin heddiw), fe'u bwydodd a'u hyfforddi am flwyddyn cyn iddyn nhw fynd ar gyrch i Gatraeth. Yn ddiweddar bwriwyd amheuaeth gan yr Athro Kenneth Jackson, ysgolhaig Celtaidd arbennig iawn, ar y rhif hwn fel nifer cyflawn y fyddin, a nododd mai dim ond cyfeiriadau at y prif ddynion y gellir disgwyl eu cael mewn llên arwrol fel hyn. Bwriodd ef amcan fod tua thair mil ym myddin y Brythoniaid (neu fe ellid dweud 'Cymry'), petai dilynwyr yr arglwyddi'n cael eu cyfrif hefyd. Os oedd yno ar draws hanner can mil o'r gelyn, fel yr honnir yn y canu, y mae tair mil yn rhif mwy synhwyrol i ni na thri chant. Eithr rhaid cofio, wrth reswm, fod rhifau'n lleihau ac yn cynyddu yn ôl amcan a bwriad. Er enghraifft, mi ddywedith *Tafod y Ddraig,* efallai, fod tair mil mewn protest iaith ac fe ddywed y *Daily Post* fod yno dri deg! Roedd hi'n sicr o fod yn naturiol i Aneirin nodi cyn lleied o arwyr oedd ym myddin y Brythoniaid a nifer mor enfawr oedd ym myddin yr Eingl er mwyn ychwanegu at gamp y Brythoniaid. Beth bynnag am hyn oll, tri chant ydyw'r rhif o arwyr a nodir yn y gerdd (ar wahân i ryw ddau achlysur lle nodir fod 363).

Nid o'r Gododdin yn unig y tynnwyd y trichant hyn i Eidyn. Y tebyg yw fod y rhan fwyaf yn dod o'r Gododdin, eithr yr oedd yno rai o mor bell â Gwynedd. 'Detholwy[r] pob doethwlad' y gelwir hwy yn y canu. Yn rhyfedd iawn nid enwir teyrnas Rheged unwaith gerfydd ei henw yn y canu ac ni wyddys a oedd yno ryfelwyr o'r deyrnas honno yn yr osgordd. Y mae posibl deall un llinell o'r canu fel cyfeiriad at bobol Rheged : 'a meibion Godebog, gwerin enwir'. Fe all *enwir* olygu dau beth hollol groes i'w gilydd, sef *cywir iawn* ac *anwir*. Roedd teulu brenhinol Rheged yn hanfod o deulu Godebog. Y cwestiwn annifyr sy'n codi yw : A oedd, eto fyth, hyd yn oed ar awr o gyfyngder mawr, anghytundeb ymhlith y Brythoniaid? Go brin y gellir cael dim sicrwydd ynglŷn â hyn, ond o wybod am y Cymry y mae o'n rhywbeth y gellid ei ddisgwyl!

Fel yr awgryma'r gair *detholwyr* nid rapsgaliwns mo'r rhyfelwyr eithr gwŷr o urddas ac anrhydedd : roedd rhai ohonyn nhw'n frenhinoedd eu hunain.

Yn ystod eu blwyddyn gyda'i gilydd daeth y bardd i'w hadnabod yn dda, gan ddod i adnabod rhai yn well nag eraill, yn naturiol. Oni fu'n cydfwyta a chydyfed a chyd-fyw gyda nhw. Os yw un llinell : 'rhwy rhy gollais i o'm gwir garant' [fe gollais i ormod o'm perthnasau cywir] yn llythrennol wir, yna roedd y bardd yn perthyn i rai ohonyn nhw. Awgryma hyn mai gŵr o Ododdin oedd yntau, 'mab Dwywai' fel y nodir mewn lle arall. Fe gribodd Syr Ifor Williams y canu am gyfeiriadau at fywyd yr arwyr hyn ac y mae'r darlun a ddyry inni'n un tra diddorol. Yma, y peth callaf imi ei wneud yw dyfynnu :

'Y neuadd neu'r llys yw plas yr arglwydd, ei gartref ef a'i osgordd, ei deulu, neu ei nifer. Gan fod amryw adeiladau yn perthyn i'r llys fe'u gelwir *mordai*, sef tai mawr. Yr ystafell yw ystafell breifat neu ysgyfala yr arglwydd a'i arglwyddes. Y cyntedd yw'r ystafell fawr lle cynhelid pob gwledd, lle'r gyfeddach. Sonnir am bebyll, yn y gwersyll yn ddiau, ac am dŷ'r gelyn fel *cell* . . . Ffermdai, mae'n debyg, yw'r *trefydd*, ac ystafell fechan yw *llogell*. Nid enwir gwelyau na byrddau; yr unig ddiodrefnyn y cawn ei enw yw'r lleithig, sef mainc, o'r Lladin *lectica,* ac felly yn hen fenthyg . . . Y sedd anrhydedd-usaf i'r arwyr yw pen neu dâl y lleithig.

Yn y wledd . . . eisteddai'r milwyr o amgylch *trull,* y llestr sy'n dal eu diod, Yfant o lestr a elwir *pann* (nid Saesneg yw) : sonnir am yfed gwin o lestri gwydr, o rai aur, o rai arian, a medd a bragawd a chwrw a mall o gyrn bual [*buffalo*], meddgyrn, buelin; unwaith gelwir yr olaf yn gyrn *glas.* Nid enwir bwyd o fath yn y byd, ond unwaith dywedir fod y gelyn yn ei gell yn cnoi angell neu goes bwch (gafr) . . . Goleuid y cyntedd â *lleu babir* (brwyn), a *lluch bin* (ffaglau pinwydd). Yr oedd yno dân mawr, i gadw'r lle yn gynnes, a chrybwyllir unwaith am groen gwyn, efallai ar wely . . . Ar ddydd calan, câi'r cerddorion rodd (*ced a choelfain*); clywid cân yn y llys, ac adroddid cyfarwyddyd, ni ddywedir prun.'

Fawr o sôn am fwyta, llawer o sôn am ddiota : doedd y neuadd ddim yn lle i bobol wastad. Roedd hi, yn ôl pob tebyg, yn fwy cyffelyb i dafarn yn nhre'r Eisteddfod Genedlaethol nag i ddim arall.

Mewn derbyn diod fedd arglwydd yr oedd rhywfaint o ystyr ddefodol. O leiaf dyna a awgryma dywediadau megis *talu medd* a *bod yn werth ei fedd* yn y canu. Roedd derbyn medd arglwydd yn arwydd o amod neu gytundeb rhwng rhyfelwr ac yntau. Roedd y rhyfelwr yn derbyn haelioni'r arglwydd ac yn ymrwymo i'w wasanaethu'n deyrngar, hyd angau pe byddai rhaid. Yn chwedl ' Math fab Mathonwy ' yn y *Mabinogi* fe elwir gosgordd Gronw Pebr yn un o dair gosgordd anffyddlon Prydain (yn ôl pob tebyg) am nad oedd yr un milwr ohoni'n fodlon sefyll yn lle Gronw pan ddaeth Lleu i ddial arno drwy daflu gwaywffon ato. Fe elwid yr osgordd yn anffyddlon er mai cyfrifoldeb Gronw ei hun oedd ei fod yn y lle anffodus y cafodd o'i hun ynddo. Yng Ngododdin, felly, yr oedd angau, y ' cydymaith tywyll ' chwedl Waldo Williams, yn y neuadd ar y wledd o'r dechrau un.

Pan aeth y trichant ar gyrch i Gatraeth y dangosodd y cyd-ymaith hwn ei hun : fe laddwyd yr osgordd i gyd ond un. (Bernir mai awdlau diweddar sy'n sôn am dri'n dychwelyd fel yr awdlau sy'n sôn am 363 yn mynd ar y cyrch.) Yr un hwnnw a ddaeth yn ôl oedd y bardd. Cân am ddifodi byddin yw'r Gododdin felly. Ond dyw Aneirin ddim â'i ben yn ei blu. Er i filwyr ' teulu ' Mynyddog gael eu lladd, lladdasant hwythau hefyd a pheri distryw ar yr Eingl — fe laddwyd llawer mwy na thrichant o'r rheini. Y mae gorfoledd camp y 'teulu', yn ogystal â thristwch ei dranc, yng nghanu Aneirin.

Nid un gân hir ydyw canu Aneirin ond rhyw gant o awdlau a phedair 'Gorchan' fel y'u gelwir — cerddi dyrys iawn yw'r rheini. Yn rhai o'i awdlau mae Aneirin yn canu i'r osgordd, i'r 'Gwŷr a aeth Gatraeth;' mewn rhai eraill y mae'n canu i arwyr arbennig gan eu henwi, fel rheol. Weithiau un arwr a enwir mewn awdl, weithiau fwy; mewn rhai nid enwir arwr o gwbwl. Ar draws pedwar ugain o arwyr a enwir i gyd.

Dyma rai enghreifftiau o awdlau Aneirin :

> 'Greddf gŵr, oed gwas,
> Gwryd am ddias;
> Meirch mwth, myngfras
> O dan forddwyd mygyrwas.
> Ysgwyd ysgafn, llydan
> Ar bedrain meinfuan;
> Cleddyfawr glas, glân,
> Eddi aur a phân.
> Ni bydd ef a fydd
> Cas rhof a thi :
> Gwell gwneif â thi
> Ar wawd dy foli.
> Cynt ei waed i lawr [*neu* waedlawr]
> Nogyd i neithiawr,
> Cynt i fwyd i frain
> Nog i argyfrain.
> Cu cyfaill, Owain,
> Cwl ei fod o dan frain.
> Marth im pa fro
> Lladd un mab Marro.'

(Awdl I yn *Canu Aneirin,* Ifor Williams)

[Natur gŵr yn ei fan, oed llefnyn, / dewr mewn brwydr; / ceffylau chwim, bras-eu-mwng / o dan forddwyd gŵr ifanc hardd. / Tarian ysgafn, lydan / ar grwper [march] main a buan; / cleddyfau glas, glân, / *gwregys* eurwaith. / Yn sicr ni fydd / casineb rhyngof a thi; / gwnaf yn well â thi / trwy dy foli ar gân. / Cynt ei waed i'r llawr [*neu* Cynt i faes brwydr] / nag i wledd briodas, / cynt yn fwyd i frain / nag i angladd ffurfiol. / Cyfaill

44

annwyl, Owain, / trueni ei fod o dan frain. / Rhyfeddod i mi
ym mha fro / y lladdwyd unig fab Marro.]

'Isag anfynawg o barth deau,
Tebyg môr lliant ei ddefodau
O ŵyledd a llariedd
A chain yfed medd
Men yd glawdd ei offer
Ei bwyth maddau!
Ni bu hyll dihyll, na hau diau.
Seiniesid ei gleddyf ym mhen mamau.
Mur graid, oedd molaid ef, mab Gwyddnau.'

(Awdl XXVII)

[Isag wych o dueddau'r de, / tebyg i lanw'r môr ei arferion /
ynglŷn â gwyleidd-dra ac addfwynder / a chain yfed medd : /
lle y tylla'i arfau / mae o'n gadael heibio'i ddial! / *Bu'n ffyrnig
drwodd a thro, bu'n sicr drwodd a thro.* / Seiniodd ei gleddyf ym
mhennau mamau. / Mur brwydr, roedd ef, mab Gwyddnau, yn
uchel ei glod.]

'Arwr *ardwy* ysgwyd o dan ei dalfrith
Ac ail tuth orwyddan :
Bu trydar yn aerfre, bu tân,
Bu ehud ei waywawr, bu huan;
Bu bwyd brain, bu budd i frân;
A chyn edewid yn rhydon
Gan wlith, eryr tuth tirion !
Ac o du gwasgar gwaneg tu bron.
Beirdd byd barnant wŷr o galon.
Diebyrth ei gerth, ei gynghyr;
Difa oedd ei gynrhain gan wŷr.
A chyn ei olo o dan Eleirch
Fre — ydoedd wryd yn ei arch —
Gorgolches ei grau ei seirch :
Buddfan fab Bleiddfan, dihafarch.'

(Awdl XXIV)

[Arwr yn amddiffyn â tharian, o dan ei *dalfrith* / efo cerddediad
tebyg i geffyl bach : / bu'n dwrw ar fryn y frwydr, bu'n dân, /
bu ryfygus ei waywffyn, buont yn [fflachio fel] haul; / bu'n fwyd i
frain, bu o elw i frân; / a chyn iddo gael ei adael yn y rhydau /
dan y gwlith [bu'n] eryr tirion ei symudiad! / Ac o'r ochr gor-
chuddia ton ochr ei fron. / Beirdd byd ddyfarnant [pwy sy'n] wŷr

dewr. / Fe'i tlododd ei hun trwy ei wirionedd, a thrwy ei gyngor; / difethwyd ei brif ryfelwyr gan wŷr [y gelyn]. / A chyn ei gladdu o dan Eleirch / Fryn — roedd dewrder yn ei fynwes — / golchodd ei waed ei arfwisg : / Buddfan fab Bleiddfan, y cadarn.]

    ' Gwŷr a aeth Gatraeth oedd ffraeth eu llu,
    Glasfedd eu hancwyn, a gwenwyn fu.
    Trichant trwy beiriant yn catäu;
    A gwedi elwch, tawelwch fu.
    Cyd elwynt lannau i benydu,
    Dadl diau angau i eu treiddu.'

                               (Awdl VIII)

[Roedd y gwŷr aeth i Gatraeth yn llu parod, / medd ffres oedd eu diod, a bu'n wenwyn. / Tri chant yn brwydro drwy orchymyn; / ac wedi'r twrw, bu tawelwch. / Er iddynt fynd i eglwysi i wneud penyd / stori wir yw i angau eu cael.]

    ' Gwŷr a aeth Gatraeth gan wawr,
    Dygymyrrws eu hoed eu hanianawr.
    Medd yfynt, melyn, melys, maglawr.
    Blwyddyn bu llewyn llawer cerddawr.
    Coch eu cleddyfawr — na phurawr.
    Eu lláin gwyngalch â phedryollt bennawr
    Rhag gosgordd Mynyddog Mwynfawr.'

                               (Awdl XI)

[Y gwŷr a aeth i Gatraeth gyda'r wawr, / fe gwtogodd eu natur eu bywyd. / Yfent fedd, melyn, melys, oedd yn fagl iddynt. / Am flwyddyn bu llawer cerddor yn llawen. / Coch eu cleddyfau — na lanhaer hwy. / Roedd eu gwaywffyn gwyngalchog gyda'u pennau pedair-hollt / ar flaen gosgordd Mynyddog Mwynfawr.]

    ' Gwŷr a grysiasant, buant gydnaid,
    Hoedl fyrion, meddwon uch medd hidlaid —
    Gosgordd Fynyddog, enwog yn rhaid.
    Gwerth eu gwledd o fedd fu eu henaid.
    Caradawg a Madawg, Pyll ac Ieuan,
    Gwgawn a Gwiawn, Gwynn a Chynfan,
    Peredur Arfau Dur, Gwawrddur ac Aeddan —
    Achubiaid yng ngawr, ysgwydawr anghyfan.
    A chyd lleddesynt, hwy laddasan;
    Neb i eu tymyr nid atgorsan.'

                               (Awdl XXXI)

[Y gwŷr a ymosodasant, roeddent yn llamu ymlaen ynghyd, / rhai byr eu bywyd, meddw uwch y medd oedd wedi'i hidlo — / gosgordd Fynyddog, enwog mewn brwydr. / Tâl am eu gwledd o fedd fu eu heinioes. / Caradog a Madog, Pyll ac Ieuan, / Gwgon a Gwion, Gwynn a Chynfan, / Peredur Arfau Dur, Gwawrddur ac Aeddan — achubwyr mewn brwydr, gyda tharianau wedi malu. / Ac er iddynt gael eu lladd, fe laddasant hwythau; / ddaeth neb ohonynt yn ôl i'w gwledydd.]

> 'Cywyrain cedwyr, cyfarfuant,
> Ynghyd, yn un fryd yd gyrchasant.
> Byr eu hoedl : hir eu hoed ar eu carant.
> Saith gymaint o Loegrwys a laddasant.
> O gyfrysedd, gwragedd gwydd a wnaethant,
> Llawer mam a'i deigr ar ei hamrant.'

(Awdl LVIII)

[Codi milwyr, cyfarfuant, / ynghyd, yn unfryd yr ymosodasant. / Byr eu hoes: hir yr hiraeth amdanynt ar eu perthnasau. / Lladdasant saith gwaith gymaint [y rhif a laddodd] gwŷr Lloegr ohonynt hwy. / Trwy frwydr parasant fod gwragedd gweddwon, / a llawer mam â dagrau ar eu hamrannau.]

Y cyrch ar Gatraeth, y paratoi ar ei gyfer, yr ymlad yno, a'r lladdfa a fu yw canolbwynt y canu hwn; o gylch hynny y mae'r cwbwl yn troi. Y mae rhywfaint o le i ddal fod y cyfan braidd yn undonog a bod yr un math o ddisgrifiadau i'w cael yn y naill awdl ar ôl y llall. Mae hyn yn dibynnu'n hollol ar sut y mae dyn yn edrych ar y peth. Fe all ailadrodd syrffedu, neu fe all o ddwysáu profiad. Ailadrodd gydag amrywiadau sydd yn y Gododdin, archwilio'r thema ganolog trwy gyfrwng amryfal ddynion, peth nid annhebyg i ymateb R. Williams Parry i'r Rhyfel Byd Cyntaf. Fe edrychodd o ar y gyflafan honno trwy gyfrwng englynion i wahanol ddynion a laddwyd. Mae rhawd pob gŵr yn rhoi inni olwg ar y dinistr.

Y mae rhyw dyndra rhyfedd yn magu drwy ganu Aneirin. Lladd sydd yn y canol — 'golchodd ei waed ei arfau,' 'bwyd i frain' — ond bywyd ac ymdrech a gweithredu ac arwriaeth sy'n cael eu moli. Y mae'r naill beth yn tynnu'n erbyn y llall ac y maent yn dwysáu effaith ei gilydd. I mi y mae'r amrywiadau ar y thema ganolog yn dyfnhau angerdd y canu. Am wn i, y llinell hon sy'n mynegi'r tyndra y soniais i amdano orau:

' A chyd lleddesynt, hwy laddasan.'

Fe laddwyd yr osgordd : gellid dyfynnu amryw o linellau sy'n troi o gwmpas hyn :

' Byr flynedd yn hedd ydd ŷnt yn daw.'
[Blwyddyn fer : maent hwy yn fud mewn heddwch.]

' Cyd yfem fedd gloyw wrth leu babir,
Cyd fai da ei flas, ei gas bu hir.'

[Cyd yfem fedd gloyw wrth olau canhwyllau, / er bod ei flas yn dda bu ei chwerwedd yn hir.]
(Gyda llaw, y mae'n ddiddorol fod yr Athro Jackson wedi tynnu sylw at y ffaith fod medd yn felys yn y genau wrth ei yfed ond ei fod o'n gadael adflas chwerw. Yma mae'r medd yn dod yn drosiad o'r gyflafan a'r paratoad ati.)

' hoedl fyrion '

' Mor dru eu hadrawdd hwy angawr hiraeth . . .
Mor hir eu hedlid ac eu hedgyllaeth.'

[Mor druenus yw dweud amdanynt, hiraeth gwancus . . . / Mor hir yr hiraeth amdanynt a'r tristwch ar eu hôl.]
    Dyna, wedyn, angau fel tawelwch mawr a gwrthgyferbyniol i rialtwch byw y gwledda a'r brwydro yn y llinell enwog a thrawiadol honno :

' Ac wedi elwch, tawelwch fu.'

Ond y darn mwyaf trawiadol o drist yn fy marn i yw :

' A chyn edewid yn rhydon
Gan wlith, eryr tuth tirion !
Ac o du gwasgar gwaneg tu bron.
Beirdd byd barnant wŷr o galon.'

Yma, yn y ffordd o fynegi yn hytrach na dim y mae'r tristwch ; y mae'r rhyd, y gwlith, y don, a'r ' gadael ' yn creu tristwch. Y mae'r arwr y tu hwnt i'r cwbl, yr hyn sydd ar ôl yw ei gorff yn y rhyd dan y gwlith ; mae o wedi mynd ; ac y mae'r bardd yn rhyw geisio'i argyhoeddi ei hun fod gan yr arwr ' barhad ' cân y beirdd. Bron iawn nad oes yma brofiad cyffelyb i'r un a fynegir gan Williams Parry yn yr englyn hwn :

' Gadael gwaith a gadael gwŷdd, — gadael ffridd
   Gadael ffrwd y mynydd :
   Gadael dôl a gadael dydd,
   A gadael gwyrddion goedydd.'

' Lladdesynt,' fe'u lladdwyd. Ond y mae yn Aneirin hefyd ' hwy laddasan'. Dyma brofiad na chewch chwi mohono o gwbwl yng nghanu rhyfel Williams Parry. Rhyfel trwy brofiad rhyfelwr sydd yn y geiriau hyn. Y mae'r Athro A. O. H. Jarman wedi trafod y delfryd o arwr yn ein hen ganu a dangos mor enbyd oedd o. Er enghraifft, ystyriwch y llinell :

   ' Llawer mam â'i deigr ar ei hamrant.'

Nid tosturi sydd yn hon ond gorfoledd fod cynifer o'r gelyn wedi eu lladd. Ystyriwch ymhellach y llinell farbaraidd honno :

   ' Seiniesid ei gleddyf ym mhen mamau '

lle mae'r mamau, mae'n debyg, yn methu anghofio sŵn cleddyf Isag, yr arwr o'r Gododdin, yn atsain wrth iddo ladd eu meibion. O bob llinell yn y byd, hon sy'n mynegi groywaf erwindeb a chreulondeb rhyfel. (Dyw hi ddim yn syndod i'r bardd David Jones ei defnyddio hi fel epigraff i'w waith sy'n creu profiad o'r Rhyfel Byd Cyntaf, *In Parenthesis*.) At hyn y mae crynoder soniarus ac awgrymog rhai o ddisgrifiadau Aneirin :

   ' Ardyledawg canu cyman ofri —
   twryf tân a tharan a rhyferthi.'

[Ardderchog ganu tyrfa o fri — twrw tân a tharan a rhyferthwy.]

   ' Ef rhwygai a chethrai â chethrawr.'

[Fe rwygai a thyllai â phicellau.]

Y mae'r portread o arwr yn un confensiynol, hyd y gellir dweud. O leiaf y mae ynddo elfennau sydd i'w cael mewn hen gerddi Cymraeg eraill, elfennau megis fod yr arwr yn ymladd ar flaen neu esgyll byddin, y lleoedd peryclaf, a'i fod yn dolciog ei darian, arwydd iddo fod ym mhoethder y brwydro. Ceir hefyd yn y canu ddelweddu'r arwr fel *tarw* neu *fur* neu *biler,* delweddau a geir droeon yn ein hen ganu. Ceir ganddo hefyd fformiwlâu, fel y'u gelwir, sef dywediadau a ailadroddir megis ' Gwŷr a aeth Gatraeth,' a cheir ganddo syniadau sy'n gyffredin mewn hen ganu, rhai a elwir yn *topoi,* dyna yw'r syniad a geir yn :

'Cynt i gig i flaidd nogyd i neithiawr'

[Cynt i fod yn ysglyfaeth i flaidd nag i wledd briodas]
er enghraifft. Y syniad yw fod yr arwr wedi marw'n ifanc.

Eto, drwy'r cwbwl, y mae yna elfen o ganu profiad personol yng
nghanu Aneirin — 'cyfaillt a gollais,' 'Pan waned fy nghyfaill ef
wanai eraill.' Mae'r cyfeillgarwch hwn sy'n ei ddangos ei hun yn
y canu yn gwneud y Gododdin yn fath arbennig o arwrgerdd, yn
'grand poème lyrico-epique' (cerdd fawr arwrol-delynegol),
chwedl yr ysgolhaig F. Loth. Un o'r pethau sy'n creu'r ymdeimlad
hwn o brofiad personol yw'r argraff synhwyrus o bresenoldeb mewn
man a lle arbennig a geir gan Aneirin — blas y medd, lliwiau'r
arfau, siâp gwaywffon, gwydrau a chyrn y wledd, y goleuadau
oedd yno, hoywder y meirch, chwerthin y llu a'r gwaed ar arfwisg.
A thrwy'r cwbwl y mae'r enwau — 'Caradog a Madog, Pyll ac
Ieuan' ac yn y blaen — y mae'r osgordd yn ddisglair fyw o'n
blaenau trwy fwrllwch y canrifoedd. Diolch i eiriau Aneirin y
mae teulu Mynyddog, er y lladdfa a fu, yn 'fyw'.

3

DARNAU ERAILL O HENGERDD

Yn fras, gwaith y beirdd Cymraeg cyn cyfnod y Gogynfeirdd yw Hengerdd. Rydym ni eisoes wedi bwrw golwg ar ran o'n Hengerdd, sef gwaith y cynharaf o'r Cynfeirdd; yn y bennod hon fe geir golwg ar y gweddill o'r canu hwn.

Canu'r Bwlch

Croes-ddweud braidd sydd yna yn y pennawd uchod. Ar un adeg roedd rhai'n tybio fod bwlch yn y canu barddol rhwng Taliesin ac Aneirin a'r Gogynfeirdd, yn bennaf oherwydd prinder cerddi mawl a marwnad i frenhinoedd o'r cyfnod hwn. Eithr fe ddangosodd Syr Ifor Williams fod rhai cerddi ar gael a oedd yn ffitio i'r bwlch hwn. Felly canu sy'n dangos nad oedd bwlch mewn gwir-ionedd yw Canu'r Bwlch. Does dim toreth o'r canu hwn ar gael, ond y mae yna ddigon i awgrymu parhad yn y traddodiad mawl a marwnad.

Yn Llyfr Aneirin y mae yna gerddi nad ydyn nhw, yn amlwg, ddim yn perthyn i Aneirin. Yr enwocaf ohonyn nhw yw cân mam yn yr Hen Ogledd i'w bachgen. Sôn y mae hi am dad y bachgen yn mynd i hela. Gelwir y gân hon yn 'hwiangerdd' gan Syr Ifor Williams. Fel bardd teulu'r ydw i wedi bod yn cyfeirio at Aneirin. Yn y Cyfreithiau Cymraeg dywedir mai un o ddyletswyddau'r bardd teulu oedd canu i'r frenhines pan fynnai hi hynny. Roedd y bardd i wneud hynny o'r neilltu, heb godi gormod ar ei lais, rhag iddo darfu ar weithgareddau'r neuadd. Beth a ganai i'r frenhines? Mawl o ryw fath, mae'n fwy na thebyg. Eto, a yw o y tu hwnt i bosibilrwydd i feddwl am ryw fardd teulu anhysbys yn canu cerdd fel hon ar ran ei frenhines? Ynteu ai cerdd eithriadol, un o gerddi

51

beirdd is eu gradd na'r bardd teulu efallai, yw hi? Dyw hi ddim yn perthyn i'r canu mawl a marwnad beth bynnag.

Cân arall nad yw hi ddim yn perthyn i ganu Aneirin, er ei bod hi yn llawysgrif y canu hwnnw, yw honno sy'n sôn am ladd Dyfnwal Frych, brenin Gwyddelod Dál Riada (teyrnas yng ngorllewin yr Alban) gan Frythoniaid Strad Clud. Mae un linell wirioneddol frawychus yn yr awdl fer hon, sef ' A phen Dyfnwal Frych, brain a'i cnoyn.' (Roedd y brain yn cnoi pen Dyfnwal Frych). Ym Mrwydr Strathcarron 642 y lladdwyd Dyfnwal. Owain oedd brenin Strad Clud ar y pryd, eithr nid enwir ef gerfydd ei enw yn y gerdd — er mai'r tebyg yw mai ef yw'r ' ŵyr Nwython ' y gellir ei ddarllen yn y gerdd. Cerdd i'w filwyr o yw hon, ac ymddengys y gall hi fod yn awdl gan fardd ' teulu ' llys Owain. Fe awgryma'r gerdd fod canu mawl wedi dal ei dir yn yr Hen Ogledd yn y seithfed ganrif.

Beth am y canu barddol yn y darn daear a adwaenir heddiw fel ' Cymru '? Fe orchfygodd Æthelfrith (593-617), brenin Brynaich ac wedyn brenin Deifr hefyd (daeth y ddwy deyrnas gyfun i gael eu galw yn ' Northumbria '), y Brythoniaid o gwmpas Caer ym Mrwydr Caer 615. Fe ystyrir y frwydr hon fel y toriad symbolaidd rhwng Cymru a'r Hen Ogledd (' symbolaidd ' am nad oedd y torri cyswllt hwn yn doriad fel ergyd bwyell eithr yn beth mwy graddol; ond y mae'r ymrannu a fu yn cael ei grynhoi'n eithaf cyfleus ym Mrwydr Caer). Yn ddiweddarach fe lwyddodd Edwin o Northumbria i orchfygu teyrnas Elfed (ger y Leeds bresennol) a gyrru'r brenin Ceredig o'i orsedd. Roedd hon yn weithred a gadarnhaodd y toriad rhwng Cymru a'r Hen Ogledd. Aeth Edwin rhagddo i gymryd yr hyn a alwodd Beda Fynach yn ynysoedd ' Mevania,' sef Môn a Manaw. I gyflawni hyn rhaid fod ganddo lynges, un wedi'i thaclu yng Nghaer yn ôl pob tebyg. Bernir fod yr ymosodiad hwn gan y Sais wedi peri i Gadwallon fab Cadfan, brenin Gwynedd, ffoi i Ynys Lannog, ger Penmon, i ddechrau ac yna i Iwerddon. Bu yno am saith mlynedd ac yna dychwelodd, cynghreirio â brenin o bagan, Penda o Mercia, a gorchfygu a lladd Edwin ym Mrwydr Meigen (neu Heathfield) yn 633. Yn ôl Beda diffeithiwyd Northumbria gan Gadwallon a Phenda. Yn wir, fe allai'r fuddugoliaeth hon fod wedi bod yn gyfle i ailsefydlu goruchafiaeth y Cymry (o hyn allan fe fyddaf yn defnyddio'r gair hwn) ym Mhrydain. Ond nid felly y bu hi. Yn 634 lladdwyd Cadwallon ym Mrwydr Cant Ysgawl gan un o'r enw Oswald.

Rydw i wedi sôn cymaint am Gadwallon am fod cerdd a elwir 'Moliant Cadwallon' ar gael. Y drwg yw fod y copïau ohoni sydd gennym yn rhai diweddar iawn, yn perthyn i'r ail ganrif ar bymtheg a'r ddeunawfed ganrif, ac yn rhai llwgr iawn. Eithr dangosodd Syr Ifor Williams (unwaith eto) fod olion hen ganu ynddi a'i bod, o ran arddull a geirfa'n debyg i'r 'Gododdin' a bod ynddi adleisiau o'r canu hwnnw. Cân uchel ei hwyliau yw hi ac y mae'n debyg ei bod yn perthyn i'r cyfnod ar ôl dychweliad Cadwallon o Iwerddon. Sonnir am Gadwallon yn cadw wyneb y Cymry gyda nawdd ei darian ac y mae cyfeiriad at y llwythau estron yn mynd i ddŵr hallt. Roedd dymuno gweld y Saeson yn cael eu bwrw i'r môr yn ddymuniad a geir fwy nag unwaith yn llenyddiaeth y cyfnod hwn. Yn ôl traddodiad, Afan Ferddig oedd bardd Cadwallon. Ni ŵyr neb ai ef a gyfansoddodd y gân hon. Un peth a wna'r awdl arbennig hon yw dangos fod y traddodiad barddol ar gael yng Nghymru ar ôl cyfnod Taliesin ac Aneirin.

Copïau diweddar iawn a llwgr sydd ar gael o un arall o Gerddi'r Bwlch hefyd, sef 'Marwnad Cynddylan'. Mae hon eto, o ran cystrawen a geirfa, yn perthyn i'n Hengerdd. Y mae hi, fel 'Moliant Cadwallon', yn gerdd anodd. Hyd y gellir gweld, dywedir fod Cynddylan wedi'i ladd ar gyrch gwartheg Pennawg. Sonnir am gyrchoedd eraill — ar ddolau Taf, er enghraifft. Cawn syniad o sut yr oedd hi ar gyrch :

'Caith cwynynt; brefynt, grydynt alaf'

— cwynai'r rhai a gymerasid yn gaethion a brefai'r gyrroedd o wartheg a chadw sŵn. Bu cyrchoedd hefyd dros y ffin o Bowys i Mercia. Â Phowys y cysylltir Cynddylan, fel rheol, ond y mae gan awdur y gerdd hon ryw gysylltiad â rhyw noddwr yn Aberffraw, ym Môn hefyd. Ceir y llinell :

'Pan fynnwys mab Pyd mor fu parawd'

[Pan fynnodd mab Pyd mor barod fu [i ymladd]] yn y gerdd. Byddai'n ddymunol iawn medru nodi pwy oedd 'mab Pyd', ond dyw hynny ddim yn bosibl. Awgrymodd Syr Ifor y gallai fod yn Penda, brenin Mercia a gynghreiriodd â Chadwallon. Gelwir Penda yn fab Pybba neu Pybbing. Enw mab Penda oedd

Peada, gair sydd, o ran sŵn, yn debycach i Pyd — fe gymer yr Athro Melville Richards mai mab y Peada hwn oedd ' mab Pyd '. Teyrnasodd Penda o tua 634 i 655/6. Fe laddwyd Peada'n fuan wedyn a daeth ei frawd, Wulfhere, i deyrnasu hyd tua 675. Ac ystyried y pethau hyn, efallai na fyddem ymhell o'n lle wrth ddal fod Cynddylan wedi'i ladd yn y cyfnod 650-60.

Eithr nid am Gynddylan yn unig y sonnir yn y gerdd hon, crybwyllir eraill — Rhiau, Rhirid, Rhiosedd, Rhiadaf, Rhygyfarch, Moriael — a chyfeirir at feibion Cyndrwynyn. Dywed y bardd ar y diwedd sut yr oedd hi arno pan âi i'r llys ym Mhowys :

> ' Irfrwyn o dan fy nhraed hyd bryd cyntun,
> Pludde o danaf hyd ymhen fy nghlun.'

[Brwyn ir o dan fy nhraed hyd amser cysgu, / [wedyn] matres blu o danaf hyd at ben fy nghlun.]

Ond yn awr :

> ' A chyn ethwyf i yno i'm bro fy hun
> Nid oes un câr : neud adar i'w warafun.'

[Ac er imi fynd yno i'm bro fy hun / does dim cyfeillion yno : mae'r adar yn eu rhwystro (adar ysglyfaethus yn pigo'u cyrff yw'r rhain).]

Yr awgrym yw nad oes neb ar ôl a bod diffeithio mawr wedi digwydd yn y deyrnas. Mae hyn yn dra phwysig i'r neb sydd am ddarllen Canu Llywarch Hen a Chanu Heledd (fe ddown ni atyn nhw yn y man). Hen ŵr ym Mhowys oedd Llywarch, un wedi colli popeth; mae yma linell yn y gerdd hon sy'n ei ffitio i'r dim :

> ' Wyf colledig wên, hen, hiraethawg.'

[Rydw i wedi colli'r gallu i wenu, yn hen, yn hiraethus.]

Mae yn yr awdl hon hefyd linell arall dra diddorol, yn enwedig o gofio mai chwaer Cynddylan oedd Heledd :

> ' Ni ddiengis o'r ffosawd frawd ar ei chwaer.'

[Ni ddihangodd brawd o'r frwydr at ei chwaer.]

Ai awgrymiadau a godwyd yn ddiweddarach o Ganu Llywarch a Heledd yw'r rhain, ynteu a geir yma gyfeiriadau at ddigwyddiadau hanesyddol a roes inni wedyn y chwedl a geir yn y canu englynol a adwaenir fel Canu Llywarch a Heledd? Yr olaf sydd fwyaf tebygol.

Cerdd am gaer yw 'Edmyg Dinbych' ac y mae hi i'w chael yn Llyfr Taliesin (ceir darn hefyd yn y llawysgrif a adwaenir fel Llyfr Du Caerfyrddin). Gosodir hi, yn llac — am nad oes modd bod yn fanwl — yn y nawfed neu'r ddegfed ganrif. Cyfres o awdlau yw hi sy'n dathlu'n gymen hyfrydwch y gaer, sy'n sefyll naill ai ar ynys neu orynys yn Ninbych y Pysgod, Sir Benfro. Yn rhyfedd iawn y mae yn y gerdd elfennau o farwnad canys y mae Bleiddudd, arglwydd y llys, wedi marw. Dywedais 'yn rhyfedd' am nad oes yn y gerdd ddim galar o gwbwl, dim ond nodi rhinweddau'r arglwydd pan oedd yn fyw, moli pobol Dyfed, ac ymhyfrydu yn y gaer. Fe geir yma hefyd gip ar fywyd bardd mewn llys, a chyfeirio'n arbennig at ŵyl y Calan a oedd, yn amlwg, yn bwysig i'r beirdd.

Dyma hi'r gerdd 'Edmyg Dinbych' [edmygu neu fawl Dinbych]:

'Archaf i wên Duw, plwyf esgori,
Perchen nef a llawr, pwyllfawr.

Addwyn* gaer ysydd ar glawr gweilgi.
Bid lawen ynghalan eirian yri.
Ac amser pan wna môr mawr wrhydri
Ys gnawd gorun beirdd uch medd lestri.
Dyddyfydd gwaneg . . . dyfrys iddi,
Adawynt ywerlas o glas Ffichti.
Ac a'm bwyf, o Ddews, dros fy ngweddi,
Pan gadwyf amod, gymod â thi.

Addwyn gaer ysydd ar lydan lyn,
Dinas ddiachor, môr o'i chylchyn.
Gogyfarch di, Brydain, cwdd gyngain hyn.
Blaen llin ab Erbin, boed tau foen!
Bu gosgor a bu cerdd yn ail mehyn,
Ac eryr uch wybyr ar llwybyr grânwyn.
Rhag udd *ffeleig,* rhag esgar gychwyn,
Clod wasgar, â gwanar ydd ymddullyn.

Addwyn gaer ysydd ar don nawfed,
Addwyn *ei* gwerin yn ymwared.
Ni wnânt eu dwynfyd drwy fefylhaed —
Nid ef eu defawd bod yn galed.

* *Addfwyn* a geir drwod yn y gwreiddiol.

55

Ni llafaraf au ar fy nhrwydded :
Nag eillon Deudraeth, gwell caeth Dyfed.
Cyweithydd o rydd, wledd waredred,
Cynnwys, rhwng pob dau, gorau ciwed.

Addwyn gaer ysydd, a'i gwna cyman
Meddud a molud, ac adar bann;
Llewyn ei cherddau yn ei chalan
Am arglwydd hewydd, hywr eirian.
Cyn ei fyned yn nerwin llan
Ef a'm rhoddes medd a gwin o wydrin bann.

Addwyn gaer ysydd yn yr eglan,
Addwyn yd roddir i bawb ei ran.
Adwen yn Ninbych — gorwen gwylan —
Cyweithydd Fleiddudd, udd erllysan.
Oedd ef fy nefawd i nos Galan
Lleddyfdawd gan ri, ryfel eirian,
A llen lliw ehoeg, a meddu prain
Oni fwyf tafawd ar feirdd Prydain.

Addwyn gaer ysydd a'i cyffrwy cerddau.
Oedd mau y rhydau a ddewiswn.
Ni lefaraf i daith — rhaith ryscadwn —
Ni ddly calennig ni wypo hwn.
Ysgrifen Brydain bryder bryffwn
Yn yd wna tonnau eu hamgyffrwn.
Perheid hyd bell y gell a dreiddwn !

Addwyn gaer ysydd yn ardwyrain,
Gochawn ei meddud, ei molud gofrain,
Addwyn ar ei hor esgor cynfrain,
Goddef gwrych : dymbydd hir ei adain !
Dychyrch bâr carreg cryg môr ednain.
Llid i mewn tynged — treidded tra thrumain;
A Bleiddudd — gorllwydd gorau a fain.
Dimbyner odd uch llad pwyllad cofain !
Bendith culwydd nef gydlef a fain,
A'r ni'n gwnêl yn frowyr gorŵyr Owain.'

(Mae'r awdl olaf o'r gerdd yn ymddangos yn gymysglyd ac nis
rhoddir hi yma.)
[Archaf fi ffafr Duw, amddiffynnydd pobol, / Arglwydd nef a
llawr, mawr ei ddoethineb. //
Mae caer deg ar wyneb y môr. / Arferol yw i'r penrhyn teg fod
yn llawen ar Galan. / A phan wna'r môr dwrw mawr / arferol

yw cyfeddach beirdd uwch llestri medd. / Pan ddaw ton, pan frysia
yn ei herbyn / gadawant y gwyrddlas [fôr] i lwyth y Pictiaid. /
A boed i mi, O Dduw, oherwydd fy ngweddi, / gymod â thi pan
gadwyf fy amod. //
Mae caer deg ar y môr mawr, / dinas gadarn, efo môr o'i chylch. /
Gofyn di, Brydain, i bwy y perthyn drwy hawl. / Pen llinach ab
Erbin, boed hi'n eiddot ti! / Bu gosgordd a bu llu *o fewn yr*
adeilad, / Ac eryr yn uchel yn yr awyr ar ôl rhai wyneb gwelwon
[= gelyn]. / Gerbron yr arglwydd *urddasol, gerbron* gwasgarwr
gelynion, / yr un y mae ei glod ar led, gyda rhyfel[wyr] yr
ymgasglant. //
Mae caer deg ar y nawfed don, / mae ei phobol yn ddymunol
wrth iddynt fwynhau eu hunain. / Ni wnânt yn llawen drwy fwrw
sen — / Nid eu harfer hwy yw bod yn grintachlyd. / Nid wyf
yn dweud celwydd am fy nghroeso [*neu* Nid wyf yn dweud
celwydd, yn ôl fy hawl (farddol i lefaru)]: / mae caethion Dyfed
yn well na gwŷr aillt [= pobol o uwch safle] Deudraeth. / Fe
gynnwys cwmni o'i gwŷr rhydd, yn cadw gwledd, / bob yn ddau,
y gwŷr gorau [yn y byd]. //
Mae caer deg lle mae nifer / yn cadw cyfeddach, a'r adar uchel
[eu llef]; / llawen oedd ei cherddi ar Galan / o gwmpas arglwydd
gwâr, gŵr dewr, hardd. / Cyn ei fyned i'r eglwys dderw / fe
roddodd imi fedd a gwin o lestr gwydr. //
Mae caer deg ar y penrhyn, / yn deg y rhoddir [ynddi] i bawb ei
ran. / Rwy'n adnabod yn Ninbych (gwyn iawn ydyw'r wylan) /
gwmni Bleiddudd, arglwydd y llys bach. / Fy arfer i ar nos
Galan / [oedd] cysgu gyda'r arglwydd, yr un disglair mewn
brwydr, / a [gwisgo] mantell liw porffor, a mwynhau moeth, / fel
yr wyf [rŵan] yn dafod beirdd Prydain [= prif lefarydd]. //
Mae caer deg a cherddi'n atseinio ynddi. / Eiddof fi oedd y
breintiau a ddewiswn. / Ni lefaraf fi am hawliau [*neu Ry* lefaraf =
Fe soniaf i am hawliau] — fe ddymunwn gadw'r drefn — / nid
oes gan bwy bynnag nad yw'n gwybod hyn hawl i gael calennig. /
Roedd ysgrifeniadau Prydain yn brif wrthrych gofal / lle y gwna'r
môr ei dwrw. / Boed i'r gell lle'r ymwelwn bara'n hir! //
Mae caer deg ar godiad tir, / uchel ei chyfeddach, breiniol iawn
ei mawl. / Teg o'i chylch hi, gaer arwyr, / yw dull gwasgar
[tonnau]: mae ei adain yn hir! / Cyrcha adar môr cryg i ben

craig. / Llid, o dan wahardd — boed iddo fynd ymaith dros y bryniau; / a Bleiddudd — boed iddo'r llwyddiant gorau posib. / Boed derbyniad i'r myfyrdod hwn [= cân y bardd] ar ei gof gael derbyniad yn y wledd gwrw! / Bendith Arglwydd y nefoedd gytûn ei chân a fo iddo, / efô na wnêl ni'n warthegwyr gor-wŷr Owain.]

Beth sy'n cyfrif fod cerdd lle sonnir am arglwydd marw a lle crybwyllir perygl rhyw Owain mor llawn o asbri? Y rheswm yw na allai'r bardd beidio â rhoi mynegiant i'w lawenydd o fod yn y gaer hon yn Ninbych. Gwrandewch arno'n cyfleu cyffro'r môr:

> ' Ac amser pan wna môr mawr wrhydri! '

Mae o'n gweithio grym trwy gyseinedd *m* a sŵn *r* y llinell a thrwy gysylltu twrw'r dŵr â dewrder rhyfelwyr.

> ' Dyddyfydd gwaneg, dyfrys iddi '

mi welwch y don yn hel ei grym ac yn rhuthro yn erbyn y gaer. Dyma'r don eto:

> ' Yn yd wna tonnau eu hamgyffrwn.'

A dyma bethau a gysylltir â'r môr:

> ' Dychyrch bâr carreg cryg môr ednain.'

Eigion, tonnau, craig a chrïo cryg adar y môr — mae'r gerdd hon yn llawn o'r môr a'i sŵn a'i bethau.

Y tu mewn i'r gaer y mae math arall o dwrw, sef miri'r gwledda, ac yng nghân y bardd y mae math arall o ruthr, sef rhuthr arglwydd ar drywydd ei elynion. Ond hyd yn oed pan yw'r bardd ar ganol dweud materion swyddogol beirdd mae hyfrydwch y gaer yn mynnu torri i'w gân — ' gorwen gwylan ', meddai a:

> ' Goddef gwrych: dymbydd hir ei adain! '

Y mae hyn braidd fel y disgrifiad hwnnw a roes Dylan Thomas o'i ddull ef o gyfansoddi cerdd ar un cyfnod. Byddai wrthi'n sgrifennu a byddai aderyn yn digwydd mynd heibio'i ffenestr, ac am ryw reswm byddai'r hedfan hwnnw'n mynnu ei ffordd i'w gerdd. Mae'r wylan wen a gwrych neu wasgar yr eigion wedi mynnu eu ffordd i gân y bardd hwn hefyd.

Ai dyn a chanddo ddwy gân sydd yma ynteu, sef ei gân ei hun i'r gaer a'r graig a'r môr, a'i gân swyddogol i'r arglwydd a'i lys?

Ie, ar un olwg, ond y peth rhyfedd yw fod y dychymyg wedi cymhathu'r ddau beth a'u gwneud yn un. Mae'r arglwydd a'i lys, a'r gaer a'r môr fel petaen nhw'n adlewyrchu agweddau o'i gilydd ac yn cyfoethogi ei gilydd. Cyfuniad o gân o fawl i'r marw a chân natur yw hon.

Yr oedd yng nghanu Taliesin ac yng nghanu Aneirin ambell gyfeiriad at Dduw a'r Drindod a llannau. Yn 'Edmyg Dinbych' hithau yr oedd apêl am nawdd Duw ac am fendith. Gan fod y gerdd ddiwethaf yn fyrrach na chanu Taliesin ac Aneirin y mae ei 'duwioldeb' yn amlycach. Y mae'r nodyn duwiol hefyd i'w gael yng nghorff ac yn niwedd y gerdd 'Echrys Ynys' a geir yn Llyfr Taliesin. Un ai yr oedd y beirdd yn y nawfed a'r ddegfed ganrif ac wedyn yn ymdeimlo mwy â chrefydd neu yr oedd y mynaich a oedd, mae'n fwy na thebyg, yn sgrifennu'r cerddi hyn ar glawr yn duwioli darnau ohonyn nhw — roedd yr eglwys yn dueddol o wneud hynny.

Mae 'Echrys Ynys' yn perthyn i'r unfed ganrif ar ddeg, ei hanner cyntaf mae'n debyg. Cerdd anodd am ryw drychineb a ddigwyddodd yn Sir Fôn yw hi. Nid teitl y gerdd yw 'Echrys Ynys' ond ei dau air cyntaf; daethpwyd i adnabod y gerdd oddi wrth y rhain, geiriau sy'n golygu 'Niwed/Trychineb ynys.' Ymddengys fod gan ryw bedair merch bennoeth rywbeth i'w wneud â'r helbul — dyw hynny, wrth reswm, ddim yn eithriadol yn hanes merched! Ond nid y drychineb dywyll sy bwysicaf i ni yma ond y ffaith fod yn y gerdd farwnad a mawl. Mae'n farwnad i ryw Aeddon a'i wraig Llywy, yn ôl pob tebyg. Fe all fod eu llys ar Fynydd Bodafon.

> 'Llewais wirawd gwin a bragawd gan frawd esgor,
> Teyrn wofrwy; diwedd pob rhwy(f), rhewinetor.
> Tristlawn deon yr Archaeddon can rychior.
> Ni(d) fu, ni(d) fi [= fydd] yng nghymhelri ei gyfeisor . . .
> Twll tâl ei rodawg : ffyryf, ffo·ddiawg, ffyryf, ddiachor.
> Cadarn gynghres ei faranres; ni bu werthfor.
> Cadarn gyfedd; ym mhob gorsedd gwneid ei fodd.
> Cu Cynaethwy, hyd tra fwy(f) fyw cyrbwylletor.'

[Yfais ddiod win a medd gyda gwir gyfaill, / brenin llawen; diwedd pob arglwydd — fe'i gosodwyd yn isel. / Mae gwyrda yr Archaeddon yn llawn tristwch gan ei fod wedi cwympo. / Ni fu, ni fydd ei debyg mewn brwydr . . . / Roedd wyneb ei darian gron yn dyllog : un cryf, araf i ffoi, nerthol, anorchfygol. / Cadarn mewn brwydr oedd ei lid; ni fu'n fôrleidr. / Cadarn mewn cyfeddach; fe wneid ei ewyllys ymhob cynhulliad. / Cynhaethwy annwyl, fe sonnir amdano tra byddaf fi byw.]

Dengys y geiriau hyn o'r gerdd arbennig hon, fel y rhan fwyaf o'r cerddi eraill a grybwyllwyd yn yr adran hon, fod y traddodiad barddol yn bod trwy gydol yr Oesoedd Tywyll.

Darogan

Canu proffwydol yw barddoniaeth ddaroganol. Prif bwnc y canu proffwydol Cymraeg a barhaodd o amser y Cynfeirdd hyd amser y Tuduriaid yw Unbennaeth Prydain, sef rheolaeth ar Brydain. Y mae'n amlwg fod llwyddiant y Saeson wedi bod yn brofiad trawmatig i'r Cymry, canys un o ddyheadau dyfnaf ein llenyddiaeth am ganrifoedd oedd cael gwared ohonyn nhw ac adfer y Cymry, y Brythoniaid (y Prydeinwyr go-iawn) i orsedd Prydain. Eironi mawr hanes Cymru yw fod y bobol wedi tybio i hynny ddigwydd gyda dyfodiad Harri Tudur o deulu Penmynydd, Môn, i orsedd Lloegr.

Soniasai Gildas am gyfnod o lwyddiant i'r Saeson ac yna am gyfnod eu henciliad (fel y digwyddodd iddyn nhw a'u hiaith, gyda llaw, am ryw hyd dan y Normaniaid). Yn *Hanes y Brytaniaid* Nennius ceir proffwydoliaeth ar ffurf chwedl. Roedd Gwrtheyrn (Vortigern) am godi caer yn Eryri, ond ni allai wneud hynny oherwydd rhyw anghaffael. Darbwyllodd ei ddoethion ef mai'r unig ffordd i oresgyn hyn oedd trwy daenellu'r sylfeini â gwaed mab heb dad. Daethpwyd o hyd i'r cyfryw fab, sef Emrys (Ambrosius), ym Morgannwg. Ond, yn ogystal â bod yn fab heb dad roedd hwn hefyd yn glyfrach na holl ddoethion Gwrtheyrn gyda'i gilydd. Dyma'r mab rhyfeddol hwn yn hysbysu Gwrtheyrn mai'r drwg gyda'i gaer o oedd fod llyn yn ei sylfeini; yn y llyn roedd dau lestr caeëdig; yn y ddau lestr yr oedd llen; yn y llen yr oedd dau bry' (anifail), un gwyn ac un coch. Ar ôl gweld fod hyn i gyd yn wir fe welodd Gwrtheyrn a'i gwmni'r ddau bry'n dechrau gwthio'i gilydd. Ar ôl amser go giami fe ymnerthodd yr un coch a gyrru'r gwyn dros ymyl y llen ac ar draws y llyn. Diflannodd y llen. Yn ôl Emrys, dyma oedd ystyr y cwbwl : llun o deyrnas Gwrtheyrn oedd y llen ac arwyddluniau o ddreigiau oedd y ddau bry', yr un coch yn ddraig Gwrtheyrn a'r un gwyn yn ddraig 'y genedl honno a gymerth feddiant o bobloedd ac ardaloedd lluosog iawn ym Mhrydain', sef y Saeson. Dynodi'r byd yr oedd y llyn. Golygai gornest y dreigiau mai'r Brythoniaid fyddai drechaf yn y diwedd.

Mae hyn yn dystiolaeth fod daroganau gwleidyddol yn bod yng Nghymru mor gynnar ag 800 A.D. Wrth gwrs, nid daroganau gwleidyddol yn unig a gafwyd. Er mai nhw oedd y rhai pwysicaf o ddigon cafwyd hefyd rai astrolegol, yn nodi pa ddyddiau a fyddai'n ffodus i rai wedi'u geni dan arwyddion arbennig o'r sodiac ac ati, a chafwyd rhai a oedd yn ymddigrifo mewn tywyllwch er ei fwyn ei hun. Tadogid y daroganau ar feirdd yr oedd yn amlwg barch i'w henwau. Y ddau brif rai oedd Taliesin a Myrddin. Fe dyfodd chwedlau o gwmpas y ddau enw yma; yn wir, fe deneuodd y chwedl am Fyrddin gymaint dan ddefnyddiau daroganol fel yr aeth amser rhagddo nes mai darnau o'r chwedl sydd ar ôl yma ac acw yn yr hyn a elwir yn Ganu Myrddin.

Mater arall ynglŷn â'r darogan sy'n werth ei nodi yw fod ynddo elfen Feseianaidd. Hynny yw, fe sonnir am fab darogan, rhyw arwr a ddaw yn y dyfodol i achub Cymru o'i gwae ac i arwain ei phobol i fuddugoliaethau. Y peth hynod yw mai rhywun o'r gorffennol oedd y mab darogan hwnnw yn wastad, hen arweinwyr megis Cynan (pwy bynnag oedd o); Cadwaladr, sef yr olaf o dywysogion Cymru i gael ei alw'n 'Gwledig', neu brif frenin Prydain ac un a fu farw rywbryd tua diwedd y seithfed ganrif; ac Arthur fawr ei hun, yn ogystal ag eraill. Fe ellid ymhel yn hir ag oblygiadau yr edrych yn ôl yma, ond y mae o'n awgrymu o leiaf ddau beth — sef bod y Cymry'n synied fod ganddyn nhw unwaith fawredd, a'u bod yn ymwybodol fod eu presennol yn salw o'i gymharu â'u gorffennol. Yn y sefyllfa hon roedd y beirdd yn amlwg yn cynnal gobaith gwleidyddol eu pobol.

Un o'r cerddi darogan enwocaf yw un o'r rhai cynharaf un, sef 'Armes Prydain' [armes = proffwydoliaeth], a amserir tua 930. Gan fod apêl yn hon at awdurdod darogan Myrddin, y mae'n eglur fod daroganau'n bod cyn yr adeg hon canys cyfeirio'n ôl at awdurdod daroganol a wneir, ac ni fyddai diben i hynny oni bai fod daroganau eraill ag iddyn nhw awdurdod enw Myrddin eisoes yn bod. Darogenir y bydd i'r Cymry gynghreirio gyda'r

Sgandinafiaid oedd wedi ymsefydlu yn Nulyn ('gwŷr Dulyn'), Gwyddelod Iwerddon a rhai a ymsefydlasai ym Môn a'r Hen Ogledd, gwŷr Strad Glud a gwŷr Cernyw (fe sonnir hefyd am gwmni o farchogion o Lydawyr) i yrru'r Saeson o Brydain. Yr hyn oedd yn pwyso ar y daroganwr — a oedd, yn ôl pob tebyg, yn fynach o'r Deheubarth — oedd y trethi gormesol a osodasid ar y Cymry gan ŵr a elwir yn y gerdd yn 'fechteyrn' [mechteyrn = brenin mawr] ac a gesglid gan stiwardiaid neu 'feiri' Caer Geri. Mae'n sicr mai Athelstan, brenin Wessex, un a ymffrostiai mewn teitlau mawreddog ac a honnai fod yn 'llywodraethwr Prydain oll' oedd y mechteyrn hwn. Am ei wybodaeth o orffennol ei genedl mae'r bardd yn dibynnu ar Nennius, neu draddodiadau cyffelyb i'r rhai a ddefnyddiai hwnnw. Yn ôl ei gân fe yrrwyd y Saeson paganaidd, a ddaeth i Brydain, i alltudiaeth gan eu pobol eu hunain — dyna pam y gelwir nhw'n 'allmyn' yn y gerdd. Treiglasant dros foroedd heb ddaear i roi troed arni, ond oherwydd Gwrtheyrn *Gwynedd* (a sylwer ar y *Gwynedd* hwn canys fe ymddengys fod y bardd am bwysleisio mai ar rywun o'r Gogledd yr oedd y bai am helynt y Cymry) cawsant gyfle i 'brynu Thanet' ac ymsefydlu ym Mhrydain. O hynny ymlaen fe dyfodd y gwehilion hyn ('cechmyn' ydyw gair y gerdd) mewn grym ar draul y Cymry bonheddig.

> 'Pan brynasant Daned trwy ffled calledd
> Gan Hors a Hengys, oedd ing eu rhysedd.
> Eu cynnydd bu i wrthym yn anfonedd :
> Gwedi rhin dilein, ceith ym mynfer.'

[Pan brynasant [ynys] Thanet trwy dwyll ystryw /
Gyda Hors a Hengist, prin oedd eu rhwysg. /
Bu eu hennill tir oddi arnom yn ddiurddas : /
Ar ôl lladdfa gyfrinachol [Brad y Cyllyll Hirion], [roedd] caeth-weision yn gwisgo'r goron [i.e. mewn anrhydedd].]

Eithr fe'u distrywir ac fe'u gyrrir o Brydain : mae'r awen broffwydol yn dweud hynny. Arwyr y gad fydd Cynan a Chadwaladr dan arwydd baner Dewi Sant a chyda nerth y wir ffydd.

> 'Meirion Caer Geri, difri cwynant;
> Rhai yn nyffryn a bryn nis dirwadant —
> I Aber Peryddon ni mad ddoethant.

Anaelau trethau dychynullant,
Naw ugain cannwr y disgynnant :
Mawr watwar, namyn pedwar nid adgorant.
Dyhedd i eu gwragedd a ddywedant,
Eu crysau yn llawn crau a orolchant.
Cymry cyneirchaid — enaid ddichwant.
Gwŷr deau eu trethau a amygant.
Llym, llifaid llafnawr — llwyr y lladdant;
Ni bydd i feddyg mwyn o'r a *wanant*.
Byddinoedd Cadwaladr, cadr y deuant;
Rydrychafwynt Cymry, cad a wnânt.
Llaith anolaith rydygyrchasant,
Yng ngorffen eu trethau, angau a wyddant.
Eraill arosgaill ryblanhasant,
Oes oesau eu trethau nis esgorant.'

[O ddifrif y cwyna stiwardiaid Caer Ceri [Cirencester]; / Rhai
mewn dyffryn ac [ar] fryn ni wadant / Nad yn ffodus y daethant i
Aber Peryddon. / Trethi o glwyfau a heliant, / [Yn] naw ugain
cannwr yr ymosodant : / (Cywilydd mawr!) ar wahân i bedwar
ni ddychwelant. / [Am] ryfel y soniant wrth eu gwragedd, /
Golchant [hwy] eu crysau llawn gwaed. / Gosgorddwyr o Gymry
— yn ddibris o'u bywyd. / Gwŷr y Deau a gymerant afael yn eu
trethi [i.e. trethi o ddoluriau]. / Gwaywffyn miniog, wedi eu hogi
— yn llwyr y trawant, / Ni bydd elw i feddyg o'r hyn a wanant. /
Byddinoedd Cadwaladr, yn rymus y deuant, / Cwyd y Cymry,
gwnânt ryfel. / Daethant [cyfeirio at y Saeson] i farwolaeth
anochel. / Ar ddiwedd eu trethi angau a wyddant. / Eraill
diniwed? a wanasant, / Ni fwriant ymaith eu trethi [o ddoluriau]
yn oes oesoedd.]

Dyma ychwaneg o fanylion am y diffeithio a fydd ar y Saeson :

'Dysgogan awen dyddaw y dydd
Pan ddyffo Iwys i un gwsyl,
Un cor, un gyngor â Lloegr *luosydd*
Er gobaith anneiraw ar ein prydaw luydd.
A cherdd ar allfro a ffo beunydd,
Ni wŷr cwdd ymdda a chwdd fydd.
Dychyrchwynt gyfarth, mal arth o fynydd,
I dalu gwyniaith gwaed eu hennydd,
Adfi peleidral dyfal, dillydd —
Ni arbedwy câr gorff ei gilydd —
Adfi pen gaflaw heb ymennydd,

Adfi gwragedd gweddw a meirch gweilydd,
Adfi obain uthyr rhag rhuthyr cedwyr
A lliaws llaw amhar cyn gwasgar lluydd.
Cenhadau angau dychyferfydd
Pan safwynt gelanedd wrth eu hennydd.
Ef dialawr y dreth a'r gwerth beunydd
A'r mynych genhadau a'r gau luydd.
Dyorfu Cymry trwy gyfergyr
Yn gywair, gydair, gytson gytffydd.'

[Proffwyda awen y daw y dydd / Pan ddelo Iwys [gwŷr Wessex] i un penderfyniad, / Un farn, un cyngor â lluoedd Lloegr [= gwŷr Mercia] / Er mwyn [y] gobaith o ddwyn gwarth ar ein llu hardd. / A [bydd] crwydro i estroniaid a ffoi beunydd, / Ni ŵyr ple'r â, ple a phle fydd. / Brysia'r [Brythoniaid] i frwydr, fel arth o fynydd, / I dalu'r pwyth [am] waed eu cyfneseifiaid. / Bydd llif dibaid o ergydion gwaywffyn. / Nid arbeda gâr gorff ei wrthwynebydd — / Bydd pen holltedig heb ymennydd, / Bydd gwragedd gweddw a cheffylau heb farchogion, / Bydd llefain ofnadwy o flaen rhuthr rhyfelwyr / A llawer gyda dwylo drylliedig cyn gwasgaru['r] llu. / Cyferfydd negeswyr angau / Pan saif y celannedd yn ei gilydd. / Fe ddielir y dreth a'r tâl beunyddiol / A'r negeswyr aml a'r lluoedd twyllodrus. / Bydd yn rhaid [i'r] Cymry yn y frwydr / [Fod] yn barod, unol, yn cydweld, o'r un ffydd.]

Molir Cadwaladr a Chynan am y fuddugoliaeth a fydd :

' Cynan a Chadwaladr, cadr i'n lluydd,
Edmygawr hyd frawd — ffawd a'u deubydd,
Dau unben dengyn, dwys eu cwsyl,
Dau orsengyn Saeson o blaid Dofydd,
Dau hael, dau gedawl, gwlad warthegydd,
Dau ddiarchar, barawd, un ffawd, un ffydd,
Dau erchwynawg Prydain, mirain luydd,
Dau arth nis gwna gwarth cyfarth beunydd.'

[Cynan a Chadwaladr yn rymus i'n llu. / Edmygir [hwy] hyd [ddydd y] farn — boed llwyddiant iddynt, / Dau arglwydd cryf, doeth eu cyngor, / Dau'n sathru Saeson ar ochr Duw, / Dau hael, dau yn rhoi rhoddion, ysbeilwyr gwartheg gwlad, / Dau eofn, barod, o'r un llwyddiant, un ffydd, / Dau amddiffynnydd Prydain hardd [ei] llu, / Dwy arth na ddwg brwydr bob dydd warth iddynt.]

Y diwedd fydd cael gwared o'r Saeson o Brydain ac adfer y wlad i'w phriod feddiant :

> ' Dysgogan derwyddon maint a dderfydd :
> O Fynaw hyd Lydaw yn eu llaw yd fydd,
> O Ddyfed hyd Daned wy bieufydd,
> O Wawl hyd Weryd hyd eu hebyr,
> Lledawd eu pennaeth tros Erechwydd.
> Ator ar gynhon Saeson ni bydd.'

[Proffwyda derwyddon y cwbl a ddigwydd : / Bydd o Fanaw hyd Lydaw yn eu llaw [hynny yw, y Cymry], / Hwy fydd biau o Ddyfed hyd Thanet, / O Wal [Hadrian] hyd y Forth hyd ei haber, / Lleda eu harglwyddiaeth dros Erechwydd. / Ni bydd dychwel i lwythau'r Saeson.]

Sylwer mor gryf, hyd yn oed yn y ddegfed ganrif, oedd yr ymwybod o Brydain Geltaidd.

Y peth sy'n taro dyn gryfaf yn y gerdd hon yw'r chwerwder sydd ynddi, yr angerdd o gasineb sy'n corddi drwyddi. Fel y dywedodd y Dr. Thomas Parry, ' yr hyn a garai'r awdur ei weled yn digwydd yw'r hyn a ddarogenir.' Mae'r awdur yn cael rhyw lun o foddhad trwy ddychmygu pethau gwaeth na'i gilydd yn dod ar wartha'r Saeson. Wrth wneud hyn y mae'n ymliwio fel proffwyd ei genedl, y genedl sy o blaid y wir ffydd, sef Cristnogaeth. Jeremeia'r Cymry yw o i raddau. Yn wir, y mae olion o bennod olaf Galarnad Jeremeia ar ei gân ond bod yr anffodion yn y gân hon yn mynd i ddod am ben y gelyn yn hytrach nag am ben pobol y proffwyd fel yn yr Alarnad. Y mae hyn, wrth reswm, yn gwahaniaethu'r canu oddi wrth y canu rhyfel yr ydym wedi bwrw golwg arno'n barod. Roedd y canu rhyfel hwnnw'n canolbwyntio, yn y lle cyntaf, ar arwriaeth y rhyfelwyr oedd yn ymladd o blaid pobol y bardd : yn y gerdd hon prif ddiddordeb y bardd yw'r hyn sy'n mynd i ddigwydd i'r gelyn. Wrth gwrs, y mae ei sêl genedlaethol (a dyw'r gair hwn ddim yn anghymwys hyd yn oed mor gynnar â hyn yn hanes cenedlaetholdeb Ewropeaidd) yn amlwg hefyd, ond sylwch sawl gwaith y mae o'n mwynhau disgrifio'r distryw a ddaw am ben y gelyn ac fe welwch pam yr awgrymais mai dyna yw prif ddiddordeb y bardd.

Mae'n hen wybyddus fod casineb yn gallu creu llenyddiaeth. Casineb o ryw fath sydd wrth wraidd rhan helaeth o'r dychan gorau, er enghraifft — er y gall cariad at rai safonau a ystyrir yn dda gan y dychanwr fod ynddo hefyd. Ynghyd â chasineb awdur yr 'Armes' y mae rhyw awydd angerddol i ryddhau ei bobol o ormes a'i Brydain o feddiant anghyfiawn. Ond waeth inni heb â hel dail am y cymhellion teg ac aruchel sy'n gymysg â'r casineb, y prif beth ydyw'r cas. Hynny, ynghyd â chrefft y bardd hwn a'i feistrolaeth ar eiriau, sy'n creu barddoniaeth yr 'Armes'.

Er mai casineb sy'n ysbrydoli'r gerdd hon dyw hi ddim heb ei hiwmor, ond fod hwnnw, fel y gellid disgwyl, yn hiwmor chwerw a sgrafellog. Yn yr awdl gyntaf a ddyfynnwyd uchod fe geir y 'meirion' mewn sefyllfa hollol argyfyngus, mewn lladdfa ofnadwy, ond fe fynegir hynny trwy ddweud nad oedden nhw ddim yn gwadu mai braidd yn anffodus oedd hi eu bod wedi dod yno. Lleihad bwriadol sydd yma ac y mae o'n dangos hiwmor eironig, caled. Dyna'r geiriau 'mawr watwar' ('dyna gywilydd') wedyn yn nes ymlaen, lle defnyddir eto ymadrodd sy'n llawer llai ei rym nag y mae'r sefyllfa drychinebus yn ei hawlio. Gor-ddweud sydd yn y disgrifiad o 180,000 yn mynd i'r frwydr a phedwar yn dychwelyd. Mae'r gor-ddweud ar y fath raddfa nes bod yn chwerw-chwareus. Yr un hiwmor a welir yn y chwarae sydd ar y gair 'trethau' yn yr un awdl. Daw'r meirion i hel eu trethi, sef tâl o aur, arian, ac anifeiliaid yn yr oes honno; ond nid dyna beth a helian nhw, mewn gwirionedd, ond clwyfau. Fe wnaeth y bardd drosiad caled o'r trethi. A chaiff y gelyn byth wared ohonyn nhw:

'oes oesau eu trethau nis esgorant'.

Fe fyddan nhw farw o'u herwydd. Rhyw jôc dywyll o ddarlunio'r annisgwyl sydd yma.

Yn ogystal â'r hiwmor y mae yma linellau caled. Sonnir am wragedd yn golchi gwaed o ddillad y gelyn:

'eu crysau yn llawn crau a orolchant'.

Yma rhoddir inni fanylyn hynod o effeithiol gan fod ynddo drosglwyddo gerwindeb y gad i sefyllfa gartrefol — mae yma ddod â gwaed i fyd golchi dillad. Mae hyn yn cryfhau egrwch y peth. A beth am:

'llŷm, llífaid, lláfnawr, llẃyr y lláddant'?

Os darfu ichwi ddal sylw erioed ar bobol sy'n ymdrechu'n galed wrth ergydio fe welsoch eu bod yn cloi'r dannedd yn ei gilydd ac yn tynhau gewynnau'r wyneb. Mae'r ystum yn ynganiad y llinell hon. Ac y mae'r ergydion i'w clywed ynddi dan y curiadau sydd wedi eu cyfnerthu â chyflythreniad cryf. Y mae pob dim yn y llinell hon yn gwneud ati i roi grym arbennig i'w hystyr.

Mae'r ail awdl a ddyfynnwyd yn fwy uniongyrchol na'r gyntaf ac ynddi hi y mae'r disgrifiad o ddiffeithio'r Saeson gryfaf. Ystyriwch gyfoeth hanesyddol y gair 'cyfarth'. Gair hela oedd o i ddechrau, gair am anifail wedi'i gornelu yn troi i wynebu'r cŵn a'r rheini'n cyfarth o'i gwmpas. Yna, trwy gyffelybiaeth, daeth i olygu milwyr yn dal eu tir, ac yn ddiwethaf oll daeth i olygu brwydr. Y mae haen gref o'r ystyr wreiddiol yma gan fod yma gyfeiriad at anifail. Meddyliwch am arth wedi'i herlid i wylltineb yn troi ar gŵn! Ar ôl hyn ceir cyfres o 'Adfi' ('Bydd'), ac y mae'r ailadrodd fel tabwrdd yn curo'r neges hyd adref. Yna manylion enbyd y frwydr — pennau hollt heb ymennydd, meirch heb farchogion, ubain, dwylo wedi malu. Mae yn y disgrifiad hwn gyrch ar y synhwyrau a chreu argraff ddychrynllyd, ddofn. Os gwelsoch chwi angladd milwr go enwog, y tebyg yw ichwi weld march wedi'i gyfrwyo heb neb ar ei gefn yn rhan o'r orymdaith gladdu. Y mae gwacter y cyfrwy, y march gweili, yn arwydd gweladwy o farwolaeth y gŵr. Y mae dychryn y march gweili'n hen iawn a does dim ond eisiau inni ystyried gwewyr mam o weld march difarchog ei mab, neu ofid gweddw o weld march difarchog ei gŵr i sylweddoli gloes y march gweili. Ar ôl y manylu siarp uwchben y frwydr fe deflir o'n blaen ofn lledrithiol ac anfanwl cenhadon angau. Yna daw'r gor-ddweud sinistr am y cyrff yn pwyso ar ei gilydd heb le i gwympo. Dyrnu wedyn ar undod y Cymry a chyflythrennu eto er mwyn pwyslais, yn union fel y dyrna ar y ddau arwr-waredwr mewn awdl arall. Y mae'r cwbl yn troi'n angerdd digofaint a gobaith gwaredigaeth.

Fe welir, gobeithio, pam fod y ddarogan hon yn troi'n farddoniaeth. Y mae rhai o'r daroganau eraill yn hollol wahanol yn hyn o beth ac fe geir amryw ohonyn nhw sydd, o ran eu profiad barddonol, mor ysbrydoledig â'r *Radio Times*.

Canu Cyfarwyddyd

Ystyr y gair 'cyfarwyddyd' yn y pennawd hwn yw 'chwedl'. Dyma'r gair oedd ar arfer pan gofnodwyd chwedlau mawr y

Cymry a elwir wrth yr enw (anghywir, fel y mae'n digwydd) *Mabinogion*. Os ydych chwi wedi darllen *Pedair Cainc y Mabinogi* fe wyddoch fod ynddyn nhw ychydig bach, bach o farddoniaeth — â bod yn fanwl, pum englyn. Y mae, yma ac acw, yn amryw o'r prif lawysgrifau Cymraeg (*Llyfr Taliesin; Llyfr Du Caerfyrddin; Llyfr Coch Hergest,* tua 1400) nifer o gerddi — cryn swm ohonyn nhw'n englynion — sydd fel petaen nhw'n cyfeirio mewn rhyw fodd neu'i gilydd at chwedlau.

Rhaid cofio un peth pwysig am y chwedlau hyn, sef nad oedden nhw (mwy na'r rhan fwyaf o nofelau o ran hynny) yn ddychymyg pur yn yr ystyr fod popeth ynddyn nhw wedi eu tynnu o ben yr awdur. Yn un peth, er enghraifft, pan fo awdur yn sôn am ei gyfnod ei hun y mae o'n cymryd nifer o bethau'n ganiataol, megis bod pobol yn gwisgo mewn ffordd arbennig, yn teithio mewn ffordd arbennig, ac yn y blaen : dyw o ddim yn dyfeisio'r pethau hyn os nad oes yna ryw bwrpas arbennig i hynny. Ar ben hyn, cyn belled ag y mae hen chwedlau yng Nghymru ac mewn gwledydd eraill yn y cwestiwn, rhaid cofio fod yna gryn dipyn o hen grefydd ac o hanes ynddyn nhw hefyd. Yn ogystal â hyn rhaid cadw mewn cof mai chwedlau llafar oedden nhw a'i bod hi'n anodd iawn sôn am ' awduron ' chwedlau o'r fath gan fod llawer ohonyn nhw wedi treiglo'n hir ymysg pobol cyn cael eu sgrifennu am y tro cyntaf.

Sut bynnag, beth am y cerddi hyn sy'n cyfeirio mewn rhyw fodd at chwedlau? Ceir amryw ohonyn nhw yn Llyfr Du Caerfyrddin. Byddai'n haws nodi'r problemau ynglŷn â nhw petawn i'n trafod un gerdd i ddechrau :

' [Arthur] :	Pa ŵr yw y porthawr?	[Glewlwyd] :	Glewlwyd Gafaelfawr.
	Pa ŵr a'i gofyn?	[Arthur] :	Arthur a Chai Wyn.
[Glewlwyd] :	Pa ymdda gennyd?	[Arthur] :	Gwŷr gorau ym myd.
[Glewlwyd] :	I'm tŷ ni ddöi		onis gwaredi.
[Arthur] :	Mi a'i gwaredi(f)		a thi a'u gweli [h.y. y
			gwŷr gorau ym myd] —
	Wythnaint, Elai		a Sifion, ill tri,
	Mabon am Mydron,		gwas Uthur Pen Dragon,
	Cysgaint mab Banon,		a Gwyn Godybrion.
	Oedd rhynn fy ngweision		yn amwyn eu deddfon.
	Manawydan ab Llŷr		oedd dwys ei gwsyl,
	Neus dug Manawyd		eis twll o Dryfrwyd,
	A Mabon am Mellt —		maglai waed ar wellt;

Ac Anwas Edeinawg	a Llwch Llaw(f)ynawg —
Oeddyn diffreidawg	ar Eidyn cyminawg,
Arglwydd a'u llochai	myn y'u ymddiwygai.
Cai a'u heiriolai	tra'u lladdai bob tri —
Pan golled Celli	caffad cuelli —
As eiriolai Cai	hyd tra'u cymynai.
[Cai]: Arthur, cyd chwarai	eu gwaed goferai;
Yn neuadd Awrnach	yn ymladd, ef a gwrach;
Ef a want pen Palach	yn addodau Disethach;
Ym Mynydd Eidyn	amug â chynbyn —
Bob cant y cwyddyn.	
[Arthur] · Yd cwyddyn bob can(t)	rhag Bedwyr bedryddant,
Ar draethau Tryfrwyd	yn amwyn â garwlwyd
Oedd gwychyr ei annwyd	o gleddyf ac ysgwyd.
Oedd gwagedd bragad	wrth Cai yng nghad,
Oedd cleddyf yng nghad	o'i [i'w] law daiwystlad,
Oedd hynaif gwastad	ar leng er lles gwlad.
Bedwyr a Bridlaw	naw cant gwarandaw,
Chwechant i eirthaw	a dalai i orddinaw.
Gweision a'm bwy-ynt,	oedd gwell ban fyddynt.
Rhag rhiau Emreis	gwelais i Cai ar frys,
Preiddau gorthowys,	oedd gŵr hir yn efnys,
Oedd trwm ei ddial,	oedd tost ei gynial.
Pan yfai o fual	yfai wrth bedwar;
Yng nghad pan ddelai	wrth gant yd laddai.
Ni bai Duw a'i digonai	oedd dihaedd angau Cai.
Cai Wyn a Llachau	digonynt [h]wy cadau
Cyn gloes glas ferau.	
Yng ngwarthaf Ystafyngwn	Cai a want naw gwyddon.
Cai Wyn a aeth Fôn	i ddilein llewon.
Ysgwyd oedd, mynud,	erbyn cath Balug;
Pan ogyfairch tud,	"Pwy want cath Palug —
Naw ugain cynllug	a gwyddai yn ei bwyd,
Naw ugain cynran	a . . ."? '

[[Arthur] : Pa ŵr yw'r porthor?

[Glewlwyd] : Glewlwyd Gafaelfawr. Pa ŵr sy'n gofyn hyn?

[Arthur] : Arthur a Chai Wyn.

[Glewlwyd] : Pwy sy'n teithio efo ti?

[Arthur] : Y gwŷr gorau yn y byd.

[Glewlwyd] : Ni ddeui i'm tŷ os na wnei di ei waredu / gynorthwyo.

[Arthur] : Mi a'i gwaredaf [h.y. y tŷ], a thi a'u [h.y. gwŷr Arthur] gweli — Wythnaint, Elai a Sifion, ill tri, Mabon fab Modron, gwas Uthr Pendragon, Cysgaint fab Banon, a Gwyn Godybrion. Roedd fy ngweision yn arw yn amddiffyn eu hawliau — roedd

69

Manawydan fab Llŷr yn ddwys ei gyngor, fe ddug Manawyd darianau tyllog o Dryfrwyd, a Mabon fab Mellt — staeniai [hwnnw]'r gwair â gwaed; ac Anwas Adeiniog a Llwch Llaw[f]-ynawg — roeddynt yn amddiffynnol i [leoedd] yn ffinio ar Eidyn, arglwydd a ofalai amdanynt *lle y rhoddai wisgoedd iddynt.* Ymbiliai Cai â hwy [ei elynion] tra lladdai hwy fesul tri — pan gollwyd Celli cafwyd ffyrnigrwydd — fe ymbiliai Cai â hwy tra torrai hwy i lawr.

[Cai]: Arthur, tra chwaraeai fe dywalltai eu gwaed; yn neuadd Awrnach [bu]'n ymladd, ef a gwrach; fe wanodd ben Palach yn nhrigfannau Disethach; ym Mynydd Eidyn bu'n ymladd â [phobol] bennau cŵn — fe syrthient bob yn gant.

[Arthur]: Fe syrthient bob yn gant o flaen Bedwyr bedwar-dant [ai cyfeiriad at waywffon ddanheddog?], wrth iddo ymladd ag [un] garw, llwyd ar draethau Tryfrwyd roedd yn ffyrnig ei natur â chleddyf a tharian. Roedd byddin yn ddim o'i chymharu â Chai mewn brwydr, roedd cleddyf mewn brwydr wedi'i rhwymo [*neu* gwystlo] i'w law, roedd yn bennaeth gwastad ar leng er lles gwlad. Bedwyr a Bridlaw, roedd eu hymosod yn werth naw cant yn *gwrando,* chwe chant yn gwasgar. Y gweision [*neu* gwŷr ieuainc] a fu i mi, roedd hi'n well pan oedden nhw'n fyw. O flaen arglwyddi Emreis [*neu* Emrais] gwelais i Cai ar frys, arweinydd anrheithiau, roedd yn ŵr [oedd yn dal yn] hir yn ei lid, roedd ei ddial yn drwm, roedd ei ddicter yn dost. Pan yfai o gorn-yfed yfai gymaint â phedwar; pan ddelai i frwydr fe laddai gymaint â chant. Pe na bai Duw a'i gwnâi byddai'n amhosib cyflawni [cyrraedd] angau Cai. Cai Wyn a Llachau gwnaent hwy frwydrau cyn poen y llafnau glas. Yn rhan uchaf Ystafyngwn fe wanodd Cai naw dewines. Aeth Cai Wyn i Fôn i ddinistrio llewod. Roedd yn darian esmwyth yn wynebu cath Palug; pan ofynna'r wlad, " Pwy a wanodd cath Palug — naw ugain tywysog a gwympai yn fwyd iddi, naw ugain arglwydd a . . . ?"]

Y peth cyntaf i'w ofyn ynglŷn â'r darn a ddyfynnwyd yw — ai un gerdd yw'r cyfan? Yr anhawster gyda rhai o gerddi'r Llyfr Du yw gwybod ple y mae un yn gorffen ac un arall yn dechrau. Yma fe ymddengys fod gennym ni linellau sy'n perthyn i un gerdd ond ei bod hi'n anorffenedig. Mae hi'n cychwyn gyda holi ac ateb rhwng, fe ymddengys, Arthur (a Chai) ar y naill law, a

Glewlwyd Gafaelfawr ar y llall. Prif bwnc y gerdd yw nodi enwau rhai o'r cwmni sydd gydag Arthur, y 'gwŷr gorau ym myd', a nodi campau rhai ohonyn nhw, yn enwedig Cai (er sylwer fod un darn yn cyfeirio at 'cyn gloes glas ferau' a bod posibl deall hynny fel cyfeiriad at farwolaeth Cai). Gan y nodir campau Arthur ei hun am rai llinellau y mae'n debygol iawn fod rhywun arall — Cai efallai — yn llefaru yno. Nodir enwau rhai sy'n farchogion enwog Arthur, rhai megis Cai a Bedwyr, ac enwau eraill na wyddom ddim amdanyn nhw, rhai fel Cysgaint fab Banon a Gwyn Godybrion, ac eraill megis Anwas Adeiniog a Llwch Llawfynawg a enwir gyda'i gilydd yn chwedl *Culhwch ac Olwen.* Yn y chwedl honno hefyd y mae Glewlwyd Gafaelfawr yn borthor llys Arthur, a cheir hanes am yr ymchwil am Fabon fab Modron, ac fe nodir cael cleddyf Wrnach Gawr fel un orchest y bydd yn rhaid i Gulhwch ei chyflawni. Ceir mân gyfeiriadau mewn mannau eraill, megis Trioedd Ynys Prydain, at Gath Palug, y gath ddifaol ond ddefosiynol honno a laddai ac a fwytâi un dyn bob dydd ond y Sadwrn a'r Sul. Ar ddydd Sadwrn fe laddai ddau i arbed gorfod lladd neb drannoeth ac arbed torri'r Saboth!

Rhai cwestiynau sy'n codi ynglŷn â'r gerdd yw'r rhain:

1. Ai cerdd a oedd unwaith yn rhan o chwedl sydd yma?
2. Ai cerdd storïol am ddigwyddiad arbennig sydd yma?
3. Ai clytwaith o ddigwyddiadau storïol wedi eu gosod ynghyd sydd yma?

Mae'r cwestiynau hyn yn awgrymu'r problemau sy'n codi yn sgîl nifer o gerddi cyfarwyddyd y Llyfr Du. Ymddengys i mi mai clytwaith o ddigwyddiadau storïol yn hytrach na dim sydd yma.

Mae Arthur yn gymeriad yn y gerdd a drafodwyd. Mae o'n gymeriad hefyd mewn cerddi cynnar eraill, megis y gerdd o Lyfr Taliesin lle'i disgrifir yn mynd yn ei long, Prydwen, i Gaer Siddi. Dengys cerddi o'r fath fod y chwedl Arthuraidd yn datblygu yng Nghymru. Yn y man fe dyfodd yn stori fawr Ewropeaidd, a bellach fe'i cydnabyddir fel un o brif gyfraniadau Cymru i lenyddiaeth y byd. Syndod i unrhyw un sy'n gwybod unrhyw beth am y chwedl yw gweld portreadu Arthur fel jarff o Sais mindlws ei Saesneg mewn cyfres gartŵn Americanaidd sydd i'w gweld ar y teledydd o bryd i'w gilydd.

Cymeriadau chwedlonol eraill o bwys yw Myrddin a Thaliesin.

Fel eraill, fe dynnwyd Myrddin i gylch y chwedl Arthuraidd. Ar y dechrau doedd a wnelo fo ddim â hi, ac yr oedd o'i hun yn brif gymeriad chwedl, sef Chwedl Myrddin fel y'i gelwir. Nid yn anaml fe ddatblyga hen chwedlau Cymraeg o gwmpas personau go-iawn, hanesyddol. Awgrymodd un ysgolhaig, Dr. Rachel Bromwich, y gallai Myrddin fod yn berson felly a'i fod wedi tyfu'n destun chwedl. Gwrthod hyn a wna'r Athro A. O. H. Jarman gan ddal mai chwedl am ŵr gwyllt o'r coed yw hi, ac mai cymeriad chwedlonol yn unig ydyw Myrddin a'i enw wedi datblygu o gam-esbonio enw 'Caerfyrddin'.

Mae'r chwedl Gymraeg i'w chael yn fratiog yn y canu a elwir yn Ganu Myrddin (canu am Fyrddin yn hytrach na chanu ganddo yw hwn). Mae yna amryw gerddi sy'n cael eu galw'n Ganu Myrddin, sef :

(a) 'Yr Afallennau', lle mae Myrddin wyllt yn cyfarch pren afalau;
(b) 'Yr Hoianau', lle mae Myrddin yn siarad gyda phorchell;
(c) 'Cyfoesi [= Ymgom] Myrddin a Gwenddydd, ei Chwaer';
(ch) 'Gwasgargerdd [= Ymson] Myrddin o'r Bedd';
(d) 'Ymddiddan Myrddin a Thaliesin'.

Fe geir mân gyfeiriadau eraill at Fyrddin yma ac acw, eithr y rhai uchod yw'r cerddi pwysicaf i'r sawl sydd â diddordeb ym Myrddin. O ran y chwedl, y drwg yw fod Myrddin wedi tyfu'n broffwyd, ac erbyn i'r canu gael ei sgrifennu fod yr elfen broffwydol wedi bwrw'r stori i'r cysgodion. O ganlyniad i hyn rhyw bytiau o'r chwedl ar hyd ac ar led a geir yn y cerddi. Rhaid hel y rhain at ei gilydd a chlytio atyn nhw gyfeiriadau eraill at Fyrddin, neu'n hytrach gymeriad tebyg iddo, a geir mewn ffynonellau eraill yn yr Alban ac Iwerddon i gael rhyw lun o syniad am y chwedl wreiddiol.

Roedd honno rywbeth yn debyg i hyn. Tua'r flwyddyn 575 ymladdwyd brwydr hanesyddol Arfderydd yn yr Hen Ogledd, ddim ymhell o'r Gaerliwelydd (Carlisle) bresennol. Ymddengys mai brwydr rhwng y Brythoniaid a'i gilydd oedd hon. Ar y naill law yr oedd Rhydderch Hael (person hanesyddol) a'i lu, a oedd yn cynnwys un o'i brif gefnogwyr Gwasawg, neu Gwasog (efallai i Daliesin ganu i berson o'r enw Gwasawg). Ar yr ochor arall yr oedd Gwenddolau (person hanesyddol eto, yn ôl pob golwg) a'i lu yntau.

Gyda'r llu hwnnw yr ymladdai Myrddin. Plaid Rhydderch a orfu, ac fe laddwyd Gwenddolau.

Yn ystod y frwydr collodd Myrddin ei bwyll, ef ac eraill o bosib. Ffoes i fyw yng Nghoed Celyddon, fforest yn yr Hen Ogledd. Yno y bu mewn trueni mawr am hanner can mlynedd heb gwmni ond coed ac anifeiliaid ac, efallai, ynfydion eraill. Nodais goed ac anifeiliaid fel cwmni am fod Myrddin yn cyfarch coeden a phorchell. Yn y goedwig ofnai am ei fywyd rhag Rhydderch a Gwasawg. Yn wir, mewn un man ymddengys ei fod ynghudd mewn coeden a'i ddau elyn yn chwilio amdano wrth ei bôn. Galarai hefyd am farwolaeth ei arglwdd, Gwenddolau, a soniai mor dda y bu hi arno unwaith. Gofidiai na ddeuai ei chwaer, Gwenddydd, i edrych amdano a chyfeiriai at ryw drychineb a ddigwyddodd lle bu o'n achos lladd plentyn neu blant iddi. Tra oedd o'n orffwyll yn y coed daeth ysbryd proffwydoliaeth ar Fyrddin a thyfodd iddo enw mawr fel bardd a phroffwyd.

Dyma un awdl o 'Yr Afallennau' fel enghraifft o ochor chwedlonol y canu :

'Afallen beren a dyf yn Llannerch,
Ei hangerdd a'i hargel rhag rhiau Rhydderch.
Amsathyr yn ei bôn, maon yn ei chylch.
Oedd aelaw udd, dulloedd dihefeirch ;
Nu ni'm câr i Gwenddydd ac ni'm enneirch ;
Wyf cas gan Gwasawg, gwaesaf Rhydderch.
Rhy rewinais i'i mab a'i merch.
Angau a ddwg pawb, pa rag na'n cyfeirch ?
A gwedi Gwenddolau neb rhiau y'm peirch,
Ni'm gogawn gwarwy, ni'm goffwy gordderch —
Ac yngwaith Arfderydd oedd aur fy ngorthorch !
Can bwyf aelaw heddiw gan eiliw eleirch.'

[Afallen bêr a dyf yn Llannerch, / ei gallu arbennig a'i cudd hi rhag arglwyddi Rhydderch. / Symud o gwmpas ei bôn, taeogion o'i chylch. / Roedd yr arglwydd yn ddygn, y lluoedd yn ffyrnig ; / yn awr ni châr Gwenddydd fi ac ni'm cyfarch ; / rwyf yn gas gan Wasawg, gwarant Rhydderch. / Fe ddifethais i ei (eu?) mab a'i (a'u?) merch. / Mae angau'n dwyn pawb ymaith, pa rwystr sydd nad yw'n fy ngyfarch i? / Ac ar ôl Gwenddolau nid oes yr un arglwydd a'm parcha, / ni ddaw imi fri o chwarae, ni ddaw cariadferch ata' i — / ac ym mrwydr Arfderydd roedd fy ngordorch o aur ! / — oherwydd nad ydw i heddiw gydag un o liw elyrch.]

73

Rydym eisoes wedi sôn am y Taliesin hanesyddol. Fe dyfodd yntau'n gymeriad chwedlonol. Dyma un ffurf a ddatblygodd ar Chwedl Taliesin :

Un tro roedd yna wrach o'r enw Ceridwen yn byw lle mae Llyn Tegid, y Bala, rŵan. Tegid oedd enw ei gŵr. Roedd ganddi un mab, Morfran, a oedd yn ofnadwy o hyll; mor hyll, yn wir, nes iddo gael ei lysenwi'n Afagddu [= ellyll]. Gan ei hylled fe benderfynodd ei fam, trwy ei dewiniaeth, ei wneud o'n ddysgedig a gwybodus tu hwnt er mwyn iddo gael drws agored i lysoedd y wlad. Doedd y broses honno ddim yn un hawdd; golygai ferwi llysiau arbennig am flwyddyn ac undydd, a hynny heb dorri ar y berw. Ar ôl hynny fe weithiai rhinwedd dysgawdol y trwyth i dri dafn. Y tri dafn hyn oedd i fod i roi ei wybodaeth i Forfran. Cafwyd hen ŵr dall o'r enw Morda i gadw'r tân ynghyn ac un o'r enw Gwion Bach i dywys y dall, troi'r trwyth ac ati, tra byddai Ceridwen yn hel y llysiau angenrheidiol. Ar ddiwedd y flwyddyn fe drawodd Ceridwen ' ei chluniau i lawr ' i orffwyso tipyn, a chysgodd; ond nid cyn iddi osod Morfan i sefyll yn y lle priodol i dderbyn y tri defnyn dewinol. Ar ôl iddi gysgu dyma Gwion Bach yn gwthio Morfran o'r naill du ac yn sefyll yn ei le. Ar yr adeg hon dyma'r tri defnyn poeth yn neidio o'r crochan ac yn syrthio ar fys Gwion. Rhoes yntau ei fys yn ei geg, fel y mae pobol sy wedi llosgi eu bysedd yn dueddol o wneud, a llyncu'r dafnau. Holltodd y crochan a llifodd y gweddill o'r trwyth, a oedd yn wenwyn pur, ohoni. Yn union deg dyma Gwion, a oedd bellach yn wybodusaf ymhlith plant dynion, yn sylweddoli nad y fan honno, yn ymyl Ceridwen, oedd y lle diogelaf iddo fo. Felly dyma'i gwadnu hi. Deffrôdd Ceridwen, deall fel y bu pethau, a gwylltio'n gacwn. I ffwrdd â hi, nerth ei thraed, ar ôl Gwion. Troes yntau ei hun yn ysgyfarnog i gael y blaen arni. Troes Ceridwen yn filiast a'i hel o tuag Afon Aerfen (sef Y Ddyfrdwy). Yno neidiodd Gwion i'r dŵr gan wneud y peth doeth wrth wneud hynny, sef ei droi ei hun yn bysgodyn. Dilynodd Ceridwen o i'r dŵr gan ei throi ei hun yn ddyfrast. Gan ei bod hi'n prysur ei ddal o fe dorrodd Gwion o'r dŵr a throi'n aderyn. Torrodd Ceridwen hithau o'r dŵr a'i erlid ar ffurf gwalches. Pan oedd hi ar fin ei ddal fe laniodd Gwion mewn ysgubor ar bentwr o rawn wedi ei nithio a'i droi ei hun yn ronyn ynghanol y grawn. Fe'i troes Ceridwen ei hun yn

iâr, mae'n crafu a chwalu yn y gwenith nes cael hyd i'r gronyn
iawn ac yna'n ei lyncu. Ymhen naw mis fe anwyd Gwion, yr
hedyn a lyncwyd, yn faban i Geridwen. Roedd hi'n dal yn ffyrnig
yn ei erbyn ond yr oedd o mor dlws fel na allai hi ei ladd o ei
hun na goddef gweld ei ladd. Felly dyma hi'n gorchymyn ei roi
o mewn corwg o groen wedi'i wnïo i gadw dŵr ohono a'i fwrw
i'r môr ar y nawfed ar hugain o Ebrill.

Ar galan Mai bob blwyddyn arferai gŵr o'r enw Gwyddno
Garanhir dynnu gwerth arian o bysgod o'i gored, Cored Wyddno
sydd rhwng Dyfi ac Aberystwyth (' cored ' yw argae i gronni dŵr).
Fel roedd hi'n digwydd, y flwyddyn y bwriwyd y baban i'r môr
roedd Gwyddno wedi addo gwerth pysgod y gored i'w fab, Elffin
— un o wŷr llys y brenin Maelgwn — i'w helpu i dalu ei
ddyledion. Ar galan Mai, felly, dyma Elffin at y gored yn
obeithiol; ond y bore hwnnw o Fai doedd yno'r un pysgodyn. Yr
hyn oedd yn y gored oedd corwg o groen. Fe'i cododd Elffin o o'r
dŵr a'i dorri'n ofalus, a beth welodd o yno ond talcen gwyn baban
bach. Ac meddai Elffin, " Dyna dâl iesin." (Ystyr ' tâl ' yw ' talcen '
a hen air am ' tlws ' yw ' iesin '.) " Taliesin bid," meddai'r baban.
' Bydded yn Daliesin,' yw ystyr hyn a'r hyn yr oedd y baban yn
ei wneud oedd derbyn y disgrifiad ohono fel enw. (Dyma gynnig ar
esbonio ei enw inni.) Dyma Elffin yn mynd â'r baban parablus yma
adref gydag o ac yntau'n byrlymu barddoniaeth ar hyd y ffordd.
Cyrraedd adref, ac Elffin yn gorfod ateb na welodd o ddim arlliw
o bysgodyn yn y gored ond iddo gael rhywbeth gwell, sef bardd.
Doedd gwerth bardd ddim yn barod o amlwg i Wyddno, " Beth
a dâl hwnnw iti? " sef ' O ba werth yw peth felly? ' gofynnodd
i'w fab. Y baban Taliesin sy'n ateb : " Fe dâl fwy nag a dalodd y
gored erioed i ti." (Y tebyg yw fod yma ail gynnig ar esbonio enw
Taliesin.) Yna aeth rhagddo i nodi ei ragoriaethau ei hun a
dweud ei fod yn gwybod popeth, gan gynnwys " a fu ac a fydd
rhag llaw."

Fe fagwyd Taliesin gan wraig Elffin hyd nes ei fod o'n dair ar
ddeg oed. Yna daeth helynt arall am ben ei noddwr, Elffin. Yn
ei ddiod roedd o wedi dweud pethau mawr, a hynny yn llys
Maelgwn. Wrth wrando ar feirdd y llys yn moli'r brenin a dweud
mai fo oedd y brenin cyfoethocaf yn y byd, mai ei wraig o oedd
y dlysaf a'r fwyaf diwair o ferched y deyrnas, mai ei filwyr o oedd

y dewraf, ei feirch o y cyflymaf, ei feirdd y dyscedicaf a'r mwyaf dawnus yn y byd, roedd Elffin wedi berwi o syrffed ac wedi byrlymu'n ffôl o onest a honni pe na bai Maelgwn yn frenin y byddai o'n dal fod ei wraig o cystal â'r frenhines, ei fardd o'n fwy ei wybodaeth na beirdd y brenin, ei geffylau o'n gyflymach na'i geffylau o. Dyma ryw hen geg yn achwyn am hyn wrth y brenin a chyn iddo sobri fe'i cafodd Elffin ei hun mewn gefynnau mewn carchar gyda'r sicrwydd cysurlon mai yno y byddai nes iddo brofi fod ei ymffrost un ai'n wir neu'n gelwydd. Taliesin a gafodd y fraint o achub ei noddwr o'i bicil. Trwy dair camp y llwyddodd i wneud hyn : yn gyntaf, amddiffynnodd ddiweirdeb gwraig Elffin rhag pob ymosodiad; yn ail, dangosodd ei ragoriaeth ar feirdd Maelgwn; yn drydydd, sicrhaodd y byddai meirch Elffin yn ennill y dydd ar feirch y brenin. Ar ben hyn i gyd fe ddarganfuwyd llond crochan o aur i Elffin yn y cae rhedeg ceffylau. Ar y darganfyddiad fe floeddiodd Taliesin, yn ddigon cyfiawn : "Dyma iti dâl iesin (sef 'tâl teg') am fy magu." (Dyma'r trydydd cynnig ar esbonio enw Taliesin.).

Dyna ffurf ar y chwedl. Fe geir ffurfiau eraill tebyg gydag enwau lleoedd yn wahanol, ond does dim angen inni fynd ar ôl y rheini. Yr hyn y dylem ei gadw mewn cof yw fod yna farddoniaeth yn gymysg â rhyddiaith yn y ffurf hon ar y chwedl. Gan fod olion Cristnogeiddio (hynny yw, gwneud yn grefyddol gan grefyddwyr) ar farddoniaeth y ffurf hon — yr un a elwir yn Drydedd Ffurf yn ei datblygiad — amserodd Syr Ifor Williams hi rhwng tua 1350 a 1400. Yr oedd ffurf gynharach arni — yr Ail Ffurf, chwedl Syr Ifor — a oedd yn fwy cyntefig, paganaidd, a heb ei Christnog-eiddio hanner cymaint. Gwelir olion o'r Ail Ffurf yn Llyfr Taliesin. Dim ond cerddi a ffitiai i'r chwedl neu gerddi a gysylltid â'r Taliesin chwedlonol a geir, does yno ddim rhyddiaith i'w cysylltu â'i gilydd. Dyfynnaf ran, fel yr ymddengys, o gerdd hwy. Mae hi'n sôn am ail rithiad, neu ail gyfres o newid ffurfiau yn hanes Taliesin. Ni sonnir yn y gerdd am ei ymrithiad cyntaf.

' Ail gwaith y'm rhithad
Bûm gi, bûm hydd,
Bûm gyff, bûm raw,
Bûm ebill yng ngefel
Bûm geiliawg brithwyn
Bûm amws ar re,

bûm glas gleis[i]ad,
bûm iwrch y mynydd,
bûm fw[y]ell yn llaw,
flwyddyn a hanner,
ar ieir yn Eidyn,
bûm darw toste,

Bûm fwch melinawr   mal ymaethawr/y'm aethawr,
(= y'm hamaethawr?)
Bûm ronyn ercennis   ef tyfwys ym mryn,
A'm medawr, a'm dotawr   yn sawell y'm gyrrawr,
Y'm rhygiawr o law   wrth fy ngoddeiddaw,
A'm harllofes i iâr   grafrudd, grib esgar,
Gorffwysais naw nos   yn ei chroth yn was,
Bûm aeddfedig,   bûm llad rhag gwledig,
Bûm farw, bûm fyw,   ceing ydym eddyw,
Bûm i ar waddawd   y rhagddaw bûm tawdd,
A'm ail cynghores,   gres grafrudd a'm rhoddes,
Odid traethator   mawr molhator,
Mi [y]dwyf Taliesin,   ry phrydaf iawnllin,
Parhawd hyd ffin   [f]yng nghynnelw Elffin.'

[Yr ail waith y'm rhithiwyd bûm yn leisiad glas, / bûm yn gi, bûm yn hydd, bûm yn iwrch y mynydd, / bûm yn foncyff, bûm yn rhaw, bûm yn fwyell mewn llaw, / bûm yn ebill mewn gefail am flwyddyn a hanner, / bûm yn geiliog brithwyn ar ieir yn Eidyn, / bûm yn geffyl ar yrr, bûm un darw - - -, / bûm yn fwch *melinau,* / fel y'm hamaethir / bûm yn ronyn - - - - - -, fe dyfodd ar fryn, / fe'm medir, fe'm dodir, fe'm gyrrir i - - - - - - -, / fe'm *gollyngir* o law wrth fy nghrasu, / fe lyncodd iâr goch ei chrafanc, filain ei chrib fi, / bûm yn gorffwyso yn fab yn ei chroth am naw noson, / fe'm haeddfedwyd, bûm yn ddiod o flaen arglwydd, / bûm farw, bûm fyw, - - - - - - - - - - - - - - - - - / bûm i mewn gwaddod, fe doddais o'i flaen. / Fe roddodd y sawl a'm cynlluniodd i'r ail waith imi angerdd [y tebyg yw fod ' grafrudd ' wedi ei gario drosodd o'r llinell am yr iâr yn lle'r gair iawn], / prin yw'r hyn a draethir, mawr yw'r hyn a folir. / Myfi yw Taliesin, fe ganaf am linach gyfiawn / — boed iddi barhau i'r diwedd — fy noddwr Elffin.]

Â Taliesin rhagddo gyda rhestr o ymrithiadau yn y gerdd sy'n dilyn hon yn Llyfr Taliesin, sef y gerdd ' Cad Goddau '. Y broblem yma yw darganfod cysylltiad rhwng y gyfres hir hon o newid ffurfiau a'r gyfres fer ac i bwrpas a geir yn y chwedl ddiweddarach. Y mae'n demtasiwn gweld y gyfres hir fel gwaith rhywun a welodd y gyfres fer, hoffi'r syniad, ac yna gwneud ati i luosogi ymrithiadau ar fydr. Nid felly y bu hi. Y mae'r gyfres hir yn hŷn, a'r tebyg yw fod rhywun wedi dethol ohoni a cheisio rhoi ystyr i'r newid ffurfiau. Yn y ffurf ar y chwedl a roddwyd uchod y mae ymlid

Gwion gan Geridwen yn rhoi rheswm dros yr ymrithiadau. Pa ystyr sydd i'r rhestr hir ynteu?

Ar ôl rhestr o ymrithiadau fe geir, yn y gerdd 'Cad Goddau', sôn am greu Taliesin y chwedl, nid o fam a thad ond o wahanol bethau — ffrwythau, blodau, pridd — trwy swyn Math a Gwydion a dau gant a hanner o gynorthwywyr. Cyfeirir hefyd at ei swyno 'O Eurwys, o Euron, o Fodron.' Hynny yw, cyn iddo gael ei greu'n berson yr oedd o'n flodau, ffrwythau ac ati — nid yn annhebyg i Flodeuwedd yn y bedwaredd gainc o'r *Mabinogi*. Y mae'n amlwg y gallai Taliesin sôn ei fod o'n hyn a'r llall gan gyfeirio at yr amser cyn iddo gael ei greu ar ffurf dyn. Ond nid dyna'i diwedd hi : llinell gyntaf 'Cad Goddau' yw :

'Bûm yn lliaws rhith cyn bûm disgyfrith.'

Un o ystyron y gair 'disgyfrith' yw 'rhydd'. Hynny yw, y mae modd deall fod Taliesin yn dweud yma ei fod wedi cael ei garcharu mewn gwahanol bethau neu ffurfiau ar wahanol amserau. Yn y cyswllt hwn y mae'r enw 'Modron', a nodwyd uchod, yn awgrymog canys (fel y dengys chwedl 'Culhwch ac Olwen' ac, i raddau mwy dirgel, chwedl 'Pwyll Pendefig Dyfed', y gainc gyntaf o'r *Mabinogi*) yr oedd gan Modron fab o'r enw Mabon; fe dducpwyd hwn oddi arni pan oedd o'n fabi ac fe'i carcharwyd am amser maith iawn. Yn 'Pwyll Pendefig Dyfed' ceir hanes cipio Pryderi oddi ar Riannon, ei fam, pan oedd yntau'n fabi a cheir hanes ei adfer yn ddiweddarach i'w fam. Modron — Matrona, Y Fam Fawr; Mabon — Maponos, Y Mab Mawr; Rhiannon — Rigantona, Y Frenhines-dduwies : yma yr ydym ym myd y duwiau Celtaidd. Fe wyddoch fod gan y Rhufeiniaid a'r Groegiaid eu duwiau, wel roedd gan y Celtiaid hwythau eu duwiau eu hunain hefyd. Y mae eu cysgodion yn ein chwedloniaeth fore ac, yn sicr, y maen nhw yn chwedl Taliesin ac ym marddoniaeth y chwedl. Y syniad sy'n ei gynnig ei hun am Daliesin y chwedl, fel am gymaint o chwedloniaeth gynnar Gymraeg, yw fod yna ryw chwedl wreiddiol am y duwiau Celtaidd y tu ôl iddi a bod honno wedi cymhlethu ac ymganghennu. Chwedl am dduw Celtaidd oedd ffurf gyntaf Chwedl Taliesin yn ôl Syr Ifor Williams. (Gyda llaw, wrth sôn am ymganghennu a chymhlethu dylid nodi fod W. J. Gruffydd wedi ymdrin â chymlethdodau ac ymganghennu posibl yn chwedlau Rhiannon a Math mewn dau lyfr, sef *Rhiannon* a *Math vab Mathonwy*.) Rhai o'r elfennau o'r chwedl a geir yn y cerddi cynnar yw creu Taliesin, rhyw lun o garchariad arno, a'i ymrithio mewn gwahanol ffurfiau. Yn y chwedl wreiddiol duw oedd y cymeriad sy'n cael ei enwi'n 'Taliesin' yn y farddoniaeth gynnar; yn wir, awgrymodd gŵr o'r enw Lewis Spence mai Duw Barddas oedd o. Pa un bynnag ai felly yr oedd ai peidio y mae un peth yn sicr, sef bod duw Celtaidd wedi'i gysylltu â'r bardd o'r chweched ganrif, Taliesin.

Eithr y mae awgrymiadau eraill sy'n codi o ystyried Chwedl Taliesin, rhai megis yr un a wnaethpwyd gan Syr John Morris-Jones yn ei astudiaeth fawr o Lyfr Taliesin a'r rhai a wnaethpwyd gan Alwyn D. Rees a Brinley Rees yn eu llyfr allweddol ar hen draddodiadau Celtaidd, *Celtic Heritage*. Yn ôl Syr John mae hi'n anodd osgoi'r casgliad fod traws-symud eneidiau o'u hen ffurfiau i ffurfiau newydd ar farwolaeth (*metempsychosis*) yn ganolog yn nysgeidiaeth y derwyddon. Mae'r Brodyr Rees hwythau yn ymdrin â sylfeini'r trawsffurfiadau. Maen nhw'n cyfeirio at hen gerdd Wyddeleg anodd am Amairgen fab Mile, bardd-ddewin, yn rhoi ei droed ar dir Iwerddon am y tro cyntaf ac yn canu fel hyn:

> ' Wyf Wynt ar Fôr,
> Wyf Don Eigion,
> Wyf Ru'r Môr,
> Wyf Darw Saith Gornest,
> Wyf Fwltur ar Glogwyn,
> Wyf Ddefnyn o Wlith,
> Wyf Brydferthaf o'r Blodau . . .'

ac ymlaen. Fel y noda'r Brodyr Rees y mae posibiliadau'r holl gread yn Amairgen. Dyna nhw, felly, wedi ein cyfeirio ni at is-stratwm Celtaidd y trawsffurfiadau; ond y tu hwnt i hynny y mae stratwm Indo-Ewropeaidd a hŷn. Fe gyfeiria'r Brodyr Rees at gymeriad o'r enw Sri Krishna yn y *Bhagavad-Gita*, sy'n cynnwys hen chwedlau Hindŵaidd; mae hwnnw hefyd yn medru symud ffurfiau :

> 'Wyf haul disglair ymysg rhoddwyr goleuni . . . wyf loer ymysg sêr y nos . . . wyf fôr ymysg y dyfroedd . . .'

ac ymlaen. Pen draw ystyriaeth y Brodyr Rees yw hyn :

> '. . . y mae'n deg casglu fod, ymysg y Celtiaid, fel yn India a gwledydd eraill, wrth ochr y gred mewn ail ymgorfforiad, ddysgeidiaeth nad oes yn hanfodol ond Un Cyfnewidiwr . . .'

79

Hynny yw, un ysbryd yw bywyd i gyd, un ysbryd sy'n newid ei ffurfiau ond byth yn darfod. Mae'n rhyfedd meddwl fod Taliesin y chwedl yn cynrychioli hen gredoau a myfyrdodau cyntefig dynion am fodolaeth.

Y mae cerddi eraill sy'n perthyn mewn rhyw ffordd neu'i gilydd i gyfarwyddyd ond, yn sicr, y rhai pwysicaf yw'r cerddi o englynion o Lyfr Coch Hergest (cerddi a fu yn Llyfr Gwyn Rhydderch ar un adeg er nad ydyn nhw ddim yno rŵan) a alwyd yn Ganu Llywarch Hen a Chanu Heledd. Fe olygodd Syr Ifor Williams y canu hwn gan ei drefnu a gweithio chwedl, neu'n gywirach chwedlau, o beth ohono. O'r englynion a drafodwyd gan Syr Ifor ymddengys mai'r ddau gylch y perthyn y chwedlau hyn iddyn nhw yw Cylch Llywarch Hen a Chylch Heledd. Eithr nid hwy yw'r unig ddau gylch o chwedlau a geir yn y canu. Er enghraifft, y mae yma ganu am farwolaeth Urien, brenin Rheged, ac am ŵr yn cario pen y brenin hwnnw ar ôl iddo ei dorri; y mae yma hefyd englynion am ryw Fab Claf o Abercuawg. Yn hen deyrnas Powys — a oedd gryn dipyn yn fwy na'r Bowys bresennol ac a ymestynnai dros y ffin bresennol i Loegr — y lleolir Canu Llywarch a Chanu Heledd, ond yn yr Hen Ogledd y lleolir Canu Urien. Hyd y gellir gweld y mae anffawd o ryw fath yn thema bwysig trwy'r canu englynol dan sylw ac y mae dewrder a llyfrdra'n ffurfio thema arall bwysig ynddo. Y tu ôl i lawer o'r canu y mae athroniaeth bur haearnaidd, sef bod ffawd yn rheoli bywyd dyn o'i grud i'w fedd. Un ai fe enir dyn yn ddedwydd — 'Ni raid i'r dedwydd ond ei eni,' meddai hen air — neu fe'i genir o'n ddiriaid. Bydd popeth yn dda i'r dedwydd a fawr ddim yn dda i'r diriaid. Ymddengys fod clwstwr o ganu cyffelyb ei athroniaeth a'i themâu wedi ei hel at ei gilydd ryw dro a bod y cwbl wedi ei gam-dadogi ar Lywarch Hen.

Fel y canu am ryw Ysgolan a geir yn y Llyfr Du y mae'n amlwg fod hwn hefyd yn anghyflawn, bod pethau heb eu hesbonio ynddo, ac nad yw'r stori'n gyflawn yn y canu. Ai rhan o'r fardd-oniaeth sydd ar goll? Gan fod crynswth y canu'n ymson neu'n ymgom ai rhyw lun o ddrama sydd yma? Cynnig Syr Ifor Williams ynglŷn â Chanu Llywarch a Chanu Heledd yw mai gweddillion cyfarwyddyd yw o. Hynny yw, roedd y cyfarwydd a adroddai'r chwedlau'n dweud peth o'i stori ar ffurf rhyddiaith a pheth ohoni — yn enwedig y rhan lle'r oedd cyfarch, ymddiddan ac ymson — ar ffurf barddoniaeth. Ceir peth o'r fath yn llenyddiaeth gynnar Iwerddon a cheir deialogau lle'r oedd angen hyd yn oed lladmerydd i fod yn gorws rhyngddyn nhw mewn hen ganu Tewtonig. Gydag amser fe gollwyd sgerbwd y rhyddiaith gan adael darnau o farddoniaeth sydd, yn y ffurf sydd arnyn nhw yn y Llyfr Coch, yn gymysglyd a digyswllt. Trefnodd Syr Ifor nhw fel eu bod yn dweud stori neu storïau. Er enghraifft, symudodd sgwrs rhwng Llywarch a'i fab, Gwên, a geir ar ôl ' Cân yr Henwr ' yn y Llyfr Coch, a'i rhoi o flaen ' Cân yr Henwr.'

Cymeriadau go-iawn oedd Llywarch Hen a'r Cynddylan, a welir yng Nghanu Heledd. Roedd Llywarch yn perthyn i'r chweched ganrif a Chynddylan i'r seithfed, ond — yn ôl Syr Ifor — nid storïau am gymeriadau hanesyddol a geir yn y cylchoedd hyn o chwedlau; erbyn y canu hwn yr oedd Llywarch a Chynddylan wedi troi'n gymeriadau chwedlonol. Dyma fel y dywed o :

' . . . dyna yw Canu Llywarch Hen a Chanu Heledd, gweddillion dwy ddrama [h.y. chwedl ddramatig] a luniwyd ym Mhowys i bortreadu cymeriadau o'r chweched a'r seithfed ganrif, ond eu hawdur neu eu hawduron yn byw mewn oes ddiweddarach.'

Dadleua hefyd mai'r cefndir addasaf a'r cyfnod addasaf i'r cylchoedd hyn o chwedlau yw Powys tuag 850, Powys pan oedd hi mewn adfyd a thristwch ac yn dioddef yn drwm mewn rhyfeloedd yn erbyn Mercia. Mewn gair, yr hyn a wnaeth pwy bynnag a gyfansoddodd y chwedlau am Lywarch a Heledd yw creu stori am hen gymeriadau a'u rhoi mewn sefyllfaoedd a oedd yn adlewyrchu profiad ac amgylchiadau diweddarach.

Y mae trafod y mater o gyfansoddi o fewn traddodiad llafar yn y cyfnod bore hwn yn un cymhleth am y rheswm syml fod chwedlau'n cael eu hadrodd o'r naill genhedlaeth i'r llall. Y mae'n anodd gen i weld cyfarwydd o fardd yn creu sefyllfaoedd ar gyfer dau hen gymeriad o'r gorffennol er mwyn portreadu'r presennol oedd ohoni ym Mhowys yn 850 : y mae gormod o gyfansoddi bwriadol yn hynny i gyfnod llafar. Heblaw hyn, beth am y chwedlau am Urien? A oedd Syr Ifor yn cyfeirio at y rheini pan ddywedodd o am y chwedlau hyn yn gyffredinol :

'Nid yw eu hawdur neu eu hawdwyr yn medru portreadu tiriogaeth y Brython yn 550-600.'?

Os oedd o, yna fe ymddengys i mi ei fod braidd yn ddibris o ran yr Hen Ogledd yng nghyfangorff y chwedlau a geir yn ei *Canu Llywarch Hen.*

Os ystyriwn ni'r canu sydd yn y llyfr o'i gwrr fe welwn fod iddo ddau leoliad, sef y prif un — yr hen Bowys o gwmpas Amwythig — a'r un llai pwysig, yr Hen Ogledd. Yr hyn a ymddengys yn fwyaf tebygol i mi (os caf fentro dweud hynny) yw fod sefyllfaoedd neu ddigwyddiadau hanesyddol wrth wraidd y chwedlau. Hynny yw, bod y digwyddiad hanesyddol o ladd Urien wrth gefn y farddoniaeth gyfarwyddyd a geir amdano yn y canu englynol, bod rhyw sefyllfa neu sefyllfaoedd yn hanes Llywarch Hen wrth wraidd y farddoniaeth amdano yntau, a bod digwyddiad neu ddigwyddiadau hanesyddol hefyd wrth fôn y farddoniaeth gyfarwyddyd am Heledd. Fe ellid ystumio ac ymestyn neu dalfyrru'r sôn am y digwyddiadau a'r sefyllfaoedd hynny, wrth reswm. Pam y mae ystumio ac ymestyn a thalfyrru defnyddiau gwreiddiol yn digwydd mewn llenyddiaeth? Y mae'r pethau hyn yn dueddol o ddigwydd o fewn traddodiad llafar am mai traddodiad llafar yw o, ac am ei fod o, wrth natur, yn llai cysact sefydlog na defnyddiau ysgrifenedig. (Dyw dweud hyn ddim yn amharu dim ar y gallu rhyfeddol sydd mewn traddodiad llafar i gadw ffeithiau cyffredinol neu syniadau cyffredinol am ffeithiau.) Ar wahân i hyn fe all arwyddocâd pethau gael eu newid dan bwysau'r presennol. Hyn a olygaf: adroddwch hanes Glyndŵr wrth Gymry pybyr heddiw ac y maen nhw'n siŵr o weld rhywfaint o'u sefyllfa nhw'u hunain yn yr hanes. Nid peth bwriadol yw hyn, nid mynd ati fel Jean Anouilh yn mynd ati i gyfansoddi drama wahanol i Sophocles am Antigone, ond peth greddfol, peth sy'n perthyn i deimlad a dychymyg. Yr hyn a gredaf fi a ddigwyddodd gyda hanes Llywarch Hen a hanes teulu Cyndrwyn yw eu bod nhw wedi tyfu'n ddelwedd o brofiad cyfnodau diweddarach ym Mhowys a bod eu hanesion nhw wedi newid rhywfaint dan bwysau cyfnod arbennig ym Mhowys. Am fod yn y canu batrymau mydryddol arbennig y mae'n siŵr fod pethau diweddarach wedi cael eu hychwanegu ato yma ac acw hefyd gan fod cân ar batrwm yn tueddu i fagu cân arall ar yr un patrwm — ystyriwch gymaint o'n hen benillion llafar sydd ar yr un patrwm, fel enghraifft o hyn. Yn wir, fe ddatblygodd profiad sylfaenol y canu yn thema neu fe ymgysylltodd â thema y diriaid. Roedd hon yn thema a oedd yn gweddu i'r amseroedd pan oedd Powys dan ormes Mercia. At hynny y mae hi'n thema sy'n mynegi rhan o brofiad dyn ymhob cyfnod.

Beth ydyw profiad sylfaenol y canu englynol hwn? Y mae o i'w weld, am wn i, mewn tair cân yn arbennig, un o Ganu Urien, un o Ganu Llywarch Hen, ac un o Ganu Heledd.

(i) *Cylch Urien*

Ymddengys yma fod Urien wedi ei ddifa a bod y mawredd a fu yn llwch.

DIFFAITH AELWYD RHEGED*

Tawel awel tu hirgliw.
Odid a fo molediw.
Am Urien cên ni ddiw.

Llawer ci geilig a hebawg [g]wyrennig
    A lithiwyd ar ei llawr,
    Cyn bu'r lle hon llawedrawr.

Yr aelwyd hon a'i goglyd gawr,
Mwy gorddyfnasai ar ei llawr
Fedd a meddwon [yn] eiriawl.

Yr aelwyd hon, neus cudd dynad,
Tra fu fyw ei gwercheidwad
. . . .

Yr aelwyd hon, neus cudd glesin —
Ym myw Owain ac Elffin
Berwasai ei phair breiddin.

Yr aelwyd hon, neus cudd callawdyr llwyd —
Mwy gorddyfnasai am ei bwyd
Gleddyfal dyfal diarswyd.

Yr aelwyd hon, neus cudd cain fieri —
Coed cynneuawg oedd iddi :
Gorddyfnasai Reged roddi.

---

* Mae'r testunau a geir yma yn destunau Syr Ifor Williams yn *Canu Llywarch Hen* ond bod yma ymgorffori rhai cyfnewidiadau testunol, bod eu horgraff wedi eu diweddaru a'r atalnodi weithiau'n wahanol i'w atalnodi o.

Yr aelwyd hon neus cudd drain —
Mwy gorddyfnasai ei chyngrain
Gymwynas gyweithas Owain.

Yr aelwyd hon, neus cudd mir —
Mwy gorddyfnasai babir
Gloyw, a chyfeddau cywir.

Yr aelwyd hon, neus cudd tafawl —
Mwy y gorddyfnasai ar ei llawr
Fedd a meddwon [yn] eiriawl.

Yr aelwyd hon, neus cladd hwch —
Mwy gorddyfnasai elwch
Gwŷr, ac am gyrn cyfeddwch.

Yr aelwyd hon, neus cladd cywen —
Nis eiddigafai angen
Ym myw Owain ac Urien.

Yr ystwffwl hwn, a'r hwn draw —
Mwy gorddyfnasai amdanaw
Elwch llu, bu llwybyr arllaw.

[Tawel yw'r awel ar ochor y mynydd hir. / Prin yw'r sawl sy'n
haeddu mawl. / Ni thâl cŵyn am Urien. // Llawer ci gwych a
hebog cryf / a gafodd eu bwydo ar ei llawr, / cyn y bu'r lle hwn
yn garnedd. // Yr aelwyd hon y mae'r llwydni'n ei gorchuddio, /
roedd hi wedi arfer mwy / â medd a meddwon yn eiriol (am rodd).
// Yr aelwyd hon, fe'i cudd y danadl, / tra bu byw ei cheidwad /
.... // Yr aelwyd hon, fe'i cudd y glesin [=
planhigyn : mae'n tyfu dros garnedd yr aelwyd] — / yn ystod
bywyd Owain ac Elffin / bu ei phair yn berwi ysbaid. // Yr
aelwyd hon, fe'i cudd y cen llwyd — / roedd hi wedi arfer mwy
â chael am ei bwyd / ddyrnodiau cleddyf dyfal, diofn. // Yr
aelwyd hon, fe'i cudd mieri hardd — / coed yn cynnau oedd
ynddi : / roedd hi'n arferiad gan Reged (sef y llwyth, neu efallai'r
brenin) roddi. // Yr aelwyd hon, fe'i cudd drain — / roedd ei
rhyfelwyr wedi arfer mwy â / chymwynas garedig Owain. //
Yr aelwyd hon, fe'i cudd mir [? rhyw fath o blanhigyn?] — /
roedd hi wedi arfer mwy â chanhwyllau / gloyw, a chymdeithion
cywir. // Yr aelwyd hon, fe'i cudd y tafol — / roedd hi wedi
arfer mwy â chael ar ei llawr / ddiod fedd a meddwon yn eiriol. //

Yr aelwyd hon, fe'i cloddia'r mochyn — / roedd hi wedi arfer mwy â miri / rhyfelwyr, a chyfeddach am gyrn [yfed]. // Yr aelwyd hon, fe'i cloddia'r gywen — / ni phoenai angen hi / yn ystod bywyd Owain ac Urien. // Y piler hwn, a'r un acw draw — / roedd hi'n fwy arferol amdano / gael miri llu a llwybrau gweinyddu [h.y. gweinyddwyr yn mynd a dod].]

(ii) *Cylch Llywarch Hen*

Y mae'n amlwg fod Llywarch yn hen ŵr yn siarad â fo'i hun yn y gân hon. Bu i Lywarch bedwar mab ar hugain ac fe'u lladdwyd i gyd yn ymladd yn erbyn gwŷr Lloegr, hynny yw, teyrnas Mercia. Ymddengys mai'r olaf i gael ei ladd oedd Gwên. Ymhlith yr englynion sydd ar gadw y mae cyfres lle ceir sgwrs rhwng Llywarch a Gwên ynglŷn â mynd i frwydr, a chyfres arall sy'n farwnad i Gwên.

CÂN YR HENWR

Cyn bûm cein faglawg bûm cyffes — eiriawg :
    Ceinmygid fy eres;
    Gwŷr Argoed erioed a'm porthes.

Cyn bûm cein faglawg bûm hy,
A'm cynwysid yng nghyfyrdy
Powys, paradwys Gymru.

Cyn bûm cein faglawg bûm eirian,
Oedd cynwayw fy mhar, oedd cyn [wan] :
Wyf cefngrwm, wyf trwm, wyf truan.

Baglan bren, neud cynhaeaf,
Rhudd rhedyn, melyn calaf :
Neur digerais a garaf.

Baglan bren, neud gaeaf hyn,
Yd fydd llafar gwŷr ar lyn :
Neud diannerch fy erchwyn.

Baglan bren, neud gwa[ea]nwyn,
Rhudd cogau, golau yng nghwyn :
Wyf digarad gan forwyn.

Baglan bren, neud cyntefin,
Neud rhudd rhych, neud crych egin;
Edlid i'm edrych i'th ylfin.

85

Baglan bren, gangen nodawg,
Cynhelych hen hiraethawg —
Llywarch lleferydd fodawg.

Baglan bren, gangen galed;
A'm cynnwys i — Duw diffred. [A'th] elwir
Pren, cywir gynired.

Baglan bren, bydd ystywell;
A'm cynhelych a fo gwell :
Neud wyf Lywarch lafar pell.

Cymŵedd y mae henaint
Â mi o'm gwallt i'm daint
A'r clöyn a gerynt yr ieuainc.

Y mae henaint yn cymŵedd
Â mi o'm gwallt i'm dannedd
A'r clöyn a gerynt y gwragedd.

Dir gwenn gwynt, gwyn gne godre
Gwŷdd; dewr hydd, diwlydd bre :
Eiddil hen, hwyr ei ddyre.

Y ddeilen hon, neus cynired gwynt,
    Gwae hi o'i thynged :
    Hi hen, eleni y'i ganed.

A gerais er yn was ysy gas gennyf —
    Merch, estrawn, a march glas :
    Neud nad mi eu cyfaddas.

Fy mhedwar prif gas eirmoed
Yd gyferynt yn unoed —
Pâs a henaint, haint a hoed.

Wyf hen, wyf unig, wyf annelwig oer;
    Gwedi gwely ceinmyg
    Wyf truan, wyf tri dyblyg.

Wyf tri dyblyg, hen, wyf anwadal, drud,
    Wyf ehud, wyf anwar :
    Y sawl a'm carawdd ni'm câr.

Ni'm câr rhianedd, ni'm cynired neb,
    Ni allaf ddarymred :
    Wi, a angau, na'm dygred !

Ni'm dygred na hun na hoen
Gwedi lleas Llawr a Gwên :
Wyf anwar, abar : wyf hen.

Truan a dynged a dynged i Lywarch
Er y nos y'i ganed —
Hir gnif heb esgor lludded.

[Cyn fy mod i'n grwm fy nghefn bûm barod, huawdl : / edmygid
fy nghampau; / gwŷr Argoed a'm cynhaliodd erioed. // Cyn fy
mod i'n grwm fy nghefn bûm hy, / fe'm croesewid yn neuadd /
Powys, paradwys Cymru. // Cyn fy mod i'n grwm fy nghefn bûm
hardd, / roedd fy ngwayw ar y blaen, roedd yn yr ymosod cyntaf :
/ rydw i'n gefngrwm, yn drist, yn druan. // Ffon fagl, mae hi'n
gynhaeaf, / y rhedyn yn goch, y gwellt yn felyn : / fe wrthodais
y pethau a garaf. // Ffôn fagl, gaeaf yw hi, / fe fydd gwŷr uwch-
ben eu diod yn siaradus : / does neb yn dod at erchwyn [fy
ngwely]. // Ffon fagl, mae hi'n wanwyn, / y cogau [yn y ceginau]
yn goch eu hwynebau, [mae] golau ar giniawau : / rwy'n wrth-
odedig gan forwyn. // Ffon fagl, mae hi'n haf cynnar, / mae'r
rhych yn goch, yr egin yn grych; / mae hi'n drist imi edrych yn
dy big di. // Ffon fagl gangen gynefin / cynhalia un hen,
hiraethus — / Llywarch fythol barablus. // Ffon fagl, gangen
galed; / y sawl a ddyry groeso i mi — amddiffynned Duw ef. Fe'th
elwir di'n / bren sy'n gyd-deithiwr ffyddlon. // Ffon fagl, bydd
yn hydrin; / cynhalia fi'n well : / Llywarch hir ei barabl wyf
fi. // Cellwair y mae henaint / â mi o'm gwallt i'm dannedd, /
a'r allwedd a gâr yr ieuainc. // Y mae henaint yn cellwair / â
mi o'm gwallt i'm dannedd, / a'r allwedd a gâr y gwragedd. //
Garw [?] yw'r gwynt, gwyn yw lliw godre / coed; dewr yw'r
hydd, heb dwf yw'r bryn : / mae'r hen yn eiddil, araf yw ei
symudiad. // Y ddeilen hon, mae'r gwynt yn ei symud hi yma a
thraw, / gwae hi oherwydd ei thynged : / mae hi'n hen, [eto]
eleni y ganed hi. // Mae'r pethau a gerais i er pan yn ifanc yn
gas gennyf — / merch, estron, a march glas : / nid wyf addas
iddynt. // Fy mhedwar prif gas beth erioed / a ddaethant ynghyd
yr un pryd — / peswch a henaint, haint a hiraeth. // Rwyf yn
hen, rwyf yn unig, rwy'n teimlo rhyw oerfel anodd ei ddisgrifio; /
ar ôl gwely anrhydeddus / rwy'n druan, rwy'n grwm iawn. //
Rwy'n grwm iawn, hen, rwy'n anwadal, ffôl, / rwy'n annoeth,

87

rwy'n anwar : / dyw'r sawl a'm carodd i ddim yn fy ngharu i mwyach. // Dyw merched ddim yn fy ngharu, does neb yn dod i'm gweld, / ni allaf fynd o gwmpas : / O! angau, pam na ddaw ataf! // Ni ddaw cwsg na llawenydd ataf / ar ôl lladd Llawr a Gwên. / Rwy'n hen gorffyn anwar : rwy'n hen. // Tynged druenus a dyngwyd i Lywarch / er y nos y'i ganed — / llafur hir heb fwrw lludded.]

(iii) *Cylch Heledd*

Llys teulu Cyndrwyn oedd Pengwern, sef Amwythig, neu — yn ôl y ddamcaniaeth ddiweddaraf ynghylch y lleoliad, sef damcaniaeth y diweddar Athro Melville Richards — Din Gwrygon, y gaer ar y bryn a elwir yn Saesneg yn 'Wrekin'. Llys wedi'i ddifetha a'i ddiffeithio gan wŷr Lloegr (Mercia) sydd yn gefndir i'r gerdd. Y mae'r brenin, Cynddylan ap Cyndrwyn, ac eraill o'r teulu brenhinol wedi eu lladd. Cân am y diffeithio hwnnw yw cân Heledd, chwaer Cynddylan.

STAFELL GYNDDYLAN

Stafell Gynddylan, ys tywyll heno,
   Heb dân, heb wely.
  Wylaf wers, tawaf wedy.

Stafell Gynddylan, ys tywyll heno,
   Heb dân, heb gannwyll.
  Namyn Duw, pwy a'm dyry pwyll?

Stafell Gynddylan, ys tywyll heno,
   Heb dân, heb oleuad,
  E[d]lid a'm daw amdanad.

Stafell Gynddylan, ys tywyll ei nen
   Gwedi['i] gwen gyweithydd.
  Gwae ni wna da a'i dyfydd.

Stafell Gynddylan, neud athwyd heb wedd,
   Mae ym medd dy ysgwyd :
  Hyd tra fu, ni bu dollglwyd.

Stafell Gynddylan, ys digarad heno
   Gwedi yr neb pieuad.
  Wi a angau, byr y'm gad!

Stafell Gynddylan, nid esmwyth heno
    Ar ben craig hydwyth
  Heb nêr, heb nifer, heb amwyth.

Stafell Gynddylan, ys tywyll heno
    Heb dân, heb gerddau.
  Dygystudd deurudd dagrau.

Stafell Gynddylan, ys tywyll heno
    Heb dân, heb deulu;
  Hidyl [fyn neigr] men yd gynnu.

Stafell Gynddylan a'm gwân i['w] gweled
    Heb doed, heb dân;
  Marw fy nglyw, byw fy hunan.

Stafell Gynddylan, ys peithawg heno
    Gwedi cedwyr bodawg —
  Elfan, Cynddylan, Caeawg.

Stafell Gynddylan, ys oergrai heno
    Gwedi y[r] parch a'm buai,
  Heb wŷr, heb wragedd a'i cadwai.

Stafell Gynddylan, ys araf heno
    Gwedi colli ei hynaf.
  Y mawr drugarawg Dduw pa wnaf!

Stafell Gynddylan, ys tywyll ei nen
    Gwedi difa o Loegrwys
  Gynddylan ac Elfan Powys.

Stafell Gynddylan, ys tywyll heno
    O blant Cyndrwyn[yn] —
  Cynon a Gwion a Gwyn.

Stafell Gynddylan a'm erwân bob awr
    Gwedi mawr ymgyfyrddan
  A welais ar dy bentan.

[Neuadd Cynddylan, mae mor dywyll heno, / heb dân, heb wely. / Wylaf dro, mi dawaf wedyn. // Neuadd Cynddylan, mae mor dywyll heno, / heb dân, heb gannwyll. / Ar wahân i Dduw, pwy a all fy nghadw'n gall? // Neuadd Cynddylan, mae mor dywyll heno, / heb dân, heb oleuad, / daw hiraeth amdanat ti drosof fi. // Neuadd Cynddylan, mae mor dywyll ei tho / ar ôl ei chwmni dymunol. / Gwae'r hwn ni wna'r da y caiff y cyfle i'w wneud. // Neuadd Cynddylan, fe aethost yn ddiolwg, / mae dy darian yn ei fedd : / tra oedd o'n fyw, doedd yna ddim clwyd doredig [hynny yw, lle i'r gelyn dorri trwodd]. // Neuadd Cynddylan, mae mor wrthodedig heno / ar ôl y sawl oedd biau hi. / O ! o angau, pam y mae'n gadael imi ! // Neuadd Cynddylan, nid yw'n esmwyth heno / ar ben craig *egr* / heb arglwydd, heb fyddin, heb amddiffyn. // Neuadd Cynddylan, mae mor dywyll heno / heb dân, heb ganu. / Cystuddia'r dagrau'r ddwy rudd. // Neuadd Cynddylan, mae mor dywyll heno / heb dân, heb lu tŷ ; / mae fy nagrau'n hidl lle cwympa['r llys]. // Neuadd Cynddylan, mae'n mynd drwof i'w gweld / heb do, heb dân ; / mae fy arglwydd yn farw, a minnau, fy hunan, yn fyw. // Neuadd Cynddylan, mae mor ddiffaith heno / ar ôl y rhyfelwyr diysgog — / Elfan, Cynddylan, Caeog. // Neuadd Cynddylan, mae mor drist heno / ar ôl y parch a fu imi, / [mae] heb y gwŷr a'r gwragedd a ofalai amdani. // Neuadd Cynddylan, mae mor dawel heno / ar ôl colli ei harglwydd. / Y Duw o fawr drugarowgrwydd beth wnaf fi ! // Neuadd Cynddylan, mae mor dywyll ei tho / ar ôl i wŷr Lloegr ddifa / Cynddylan ac Elfan Powys. // Neuadd Cynddylan, mae mor dywyll heno / o blant Cyndrwyn — / Cynon a Gwion a Gwyn. // Neuadd Cynddylan, mae'n mynd drwof o hyd / ar ôl y sgwrsio mawr / a welais o gwmpas dy aelwyd.]

Profiad o alar, o bresennol adfydus, o ddiffeithdra sydd yn y tair cerdd hyn, ac y mae'r profiadau yma'n cael eu dwysáu gan fod y presennol hwn yn dilyn ar orffennol gwych ac anrhydeddus. Y mae yma hen ŵr musgrell yn hel meddyliau am ei gyflwr ac yn cofio am y parch a fu iddo ; y mae yma ddwy aelwyd doredig a fu unwaith yn gartrefi brenhinoedd. Fe welwch mai byrdwn y tair yw anghyfanedd-dra. Mater o wrthgyferbynnu trueni anghyfan-nedd y presennol â chymdeithas a chynhesrwydd a chyfannedd y llys, a oedd hefyd yn gartref, a geir yn y tair. Y mae marwolaeth a musgrellni'n rhedeg trwy'r canu hefyd am fod arwyr ifainc a rhyfelwyr nerthol wedi eu lladd. Mae'r arwyr wedi eu lladd yng Nghanu Aneirin yntau ond y mae byd o wahaniaeth rhwng y presennol yn y canu hwnnw a'r canu hwn. Yn ' Y Gododdin ' y mae gorfoledd ymdrech yr arwyr yn goleuo'r presennol, y mae bywyd a chyffro'r ymdrech yn disgleirio trwy'r lladdfa a fu fel nad yw'r gofid ddim yn llethu. Yng nghanu cyfarwyddyd Urien, Llywarch a Heledd y mae trymder y presennol yn bwysau du. Hawdd iawn yw gweld yma ymateb y dychymyg i gyfnod o gyfyngder anobeithiol. Dyna pam nad yw'r canu hwn, mewn gwirionedd, ddim yn ganu arwrol fel y mae canu Taliesin ac Aneirin. Yng nghanu'r ddau hynny y mae'r safonau arwrol yn cael eu derbyn ar eu pen : yn y canu cyfarwyddyd hwn y mae yna glodfori ymdrech mewn brwydr, gallu rhyfelwyr, a dewrder; ond dyw'r pethau hyn ddim ym mêr y canu. Y mae'r canu wedi'i daflu ar gyfyng gyngor : ar y naill law y mae'r delfrydau arwrol, ac ar y llaw arall y mae diffeithdra'r presennol. O'r canu y mae yna ryw amheuaeth gyndyn yn codi ynglŷn â'r holl arwriaeth a fu — A oedd yr ymdrech yn werth yr holl ladd a difetha? A yw'r drychineb yn werth y clod a ddaw i'r marw ac i'w teuluoedd (os daw o i'w teuluoedd) am y methiant arwrol a fu?

Fe awgrymodd Saunders Lewis mai ymarferion disgyblion ydyw'r canu hwn. Dyma ei awgrym o ynglŷn â ' Stafell Gynddylan ' :

> ' Odid nad rhyw bencerdd a ganodd y cyntaf o'r gyfres [englynion] am Stafell Gynddylan . . . Rhoes yr englyn hwn batrwm i'w ddilynwyr. Craffent hwythau ar ei ddull, ansoddair pwysig yr ail hanner llinell, y trydydd hanner-llinell yn ddisgrifiadol a negyddol, yna'r llinell olaf bersonol, ddwys yn mynegi amgyffred o'r trychineb.'

Yna noda nad oedd pob un o'r disgyblion mor llwyddiannus â'i gilydd yn eu hymdrechion a noda mai'r peth pwysig oedd ' dysgu'r fformwla, cynllun y pennill.'

Ni dderbynnir hyn o gwbl gan ysgolheigion Celtaidd. Yn un peth y mae ailadrodd cynyddol ei rym, fel ag a geir yn ' Stafell Gynddylan ' yn nodwedd amlwg o hen ganu. Cynyddu teimlad a'i ddwysáu a wna'r ailadrodd hwn. Wrth gwrs, fe ellid dadlau wedyn — fel y gwna Saunders Lewis — mai ymarferiadau yw llawer iawn o'r hen ganu englynol, yn enwedig canu englynol y Llyfr Coch.

O'r trafod a fu ar y canu hwn, felly, y mae dau safbwynt llenyddol yn codi o ymateb i lawer o'r canu englynol cynnar, safbwynt Syr Ifor a'r rhan fwyaf o ysgolheigion Celtaidd, sef mai

91

cyfansoddiadau cyfain (fwy neu lai) yw canu Llywarch a Heledd, ac mai rhan o gyfarwyddyd oedden nhw; a safbwynt Saunders Lewis, sef mai ymarferion prentis-feirdd ydyn nhw. Doedd Syr Ifor ddim yn feirniad llenyddol yn yr ystyr ei fod o'n esbonio ei ymateb i lenyddiaeth, ac y mae Saunders Lewis yn un o feirniaid llenyddol mwyaf ein llên; eto yr oedd gan Syr Ifor reddf lenyddol, yn enwedig ynglŷn â'r hen ganu yma y bu o'n ymhel gymaint ag o, ac ymddengys i mi ei fod o'n llawer nes ati na Saunders Lewis ar y prif fater o gyfansoddiad cyfan yn yr achos hwn. Y mae sail storïol y grwpiau englynion yn cadarnhau'r dybiaeth mai efô oedd yn iawn. Eithr y mae hi'n bosibl, wrth reswm, fod englynion wedi eu hychwanegu at y cyfansoddiadau cyfain gwreiddiol a bod patrwm yr ailadrodd cynyddol wedi bod yn help i hynny ddigwydd.

Dowch inni fwrw golwg ar ychwanegiadau posibl at gyfansoddiadau. Y mae'r ffaith fod Llywarch Hen yn ei ymson, 'Cân yr Henwr', fel pe'n cyfeirio at bedwar tymor o'r flwyddyn ac at ddeilen grin yn gallu ymddangos braidd yn rhyfedd. (Dylwn nodi yma fod yr englyn i'r ddeilen grin i'w gael mewn cyfres arall o englynion, sef cyfres y 'Gnodiau' [y lluosog o *gnawd* = *arferol*]. Gan ei fod yn fwy chwithig yno nag yw o yn 'Cân yr Henwr' — yn enwedig gan nad yw o ddim ar batrwm y gyfres y mae'n fwy naturiol ystyried mai cael ei godi o'r gyfres hon i'r 'Gnodiau' a wnaeth, yn hytrach na chael ei godi o'r 'Gnodiau' i'r gyfres hon.) Fe ellid dadlau, gan fod cyfeiriad at ddeilen grin yn y gerdd, mai'r hydref neu ddechrau'r gaeaf oedd y tymor yn y cyfansoddiad gwreiddiol. Dyma roi inni amgylchfyd naturiol sy'n adlewyrchu henaint dynol. Fe all amser 'cynhaeaf', adeg rhedyn coch, ffitio i dymor yr hydref neu ddechrau gaeaf. Mae'r geiriau 'neud gaeaf hyn' yn iawn hefyd. Ond dyw 'neud gwaeanwyn' ddim. Yn lle deall 'rhudd cogau' fel 'cudd cogau' (Syr Ifor), yn cyfeirio at lawer o adar (y gwcw), deallaf y geiriau fel cyfeiriadau at gogau yn wynepgoch wrthi'n paratoi bwyd. Mae hyn yn cyd-daro â'r cyfeiriad at olau mewn gwledd a geir wedyn. Y tymor mwyaf addas at giniawau o'r fath oedd y gaeaf. Ond beth am 'gyntefin' wedyn? I mi yr englyn hwnnw sydd fwyaf tebygol o fod yn ychwanegiad, ychwanegiad a ddaeth i'r gerdd oherwydd i rywun fethu gweld mai un adeg arbennig o'r flwyddyn sydd yn y gerdd, ac ychwanegu englyn ar yr un patrwm am adeg arall o'r flwyddyn. Dyma sydd debycaf o fod wedi digwydd yma yn fy marn i yn hytrach na bod yma olwg ar bedwar tymor o'r flwyddyn ac awgrym nad oedd i'r hen ŵr gysur yn yr un ohonyn nhw.

Ystyriwch wedyn y gyfres o englynion a elwir yn 'Mechydd ap Llywarch'. Yn y gyfres honno ymddengys fod dadl rhwng mwy nag un ynghylch dewrder a llyfrdra eithr y mae llwyth o ganu natur bron iawn wedi llethu'r ymgom mewn mannau. Yr awgrym parotaf yma (i mi, beth bynnag) yw mai'r ymgom oedd y cyfansoddiad gwreiddiol a'i bod hi wedi tynnu ati bentwr o ganu englynol arall, sef canu natur.

Peth arall sy'n peri i rywun feddwl fod defnydd ychwanegol wedi hel o gwmpas 'defnydd gwreiddiol' yw'r hyn a alwodd Syr Ifor Williams yn 'eiriau llanw'. Fel hyn y mae o'n eu diffinio nhw :

'Anodd oedd estyn cwestiwn ac ateb bob tro i hyd englyn, ac felly goddefid llinell neu ddwy o eiriau llanw, a rhoi'r gwir ymddiddan yn y llinell olaf . . . fe'u ceir mewn ungan ac ymddiddan, ond yn arbennig yn yr olaf. Eu cynnwys yw canu Natur o'r hen ddull, a chanu diarhebol . . .'

(Dylid ychwanegu fod yr ail linell mewn englynion tair llinell hefyd yn gallu bod yn llinell lanw ar dro.)

Mae hyn yn sicr o fod yn aneglur heb enghraifft. Ystyriwch y tri englyn hwn o'r ymgom rhwng Llywarch Hen a'i fab, Gwên :

LLYWARCH : *Rhedegawg ton ar hyd traeth.*
Ech adaf torrid arfaeth.
Cad angdo gnawd ffo ar ffraeth.

LLYWARCH : *Meddal mignedd; caled rhiw.*
Rhag carn cann tâl glan a friw.
Eddewid ni wneler ni ddiw.

GwÊN : *Gwasgarwd naint am glawdd caer.*
A minnau, arma-af
Ysgwyd brwyd, briw cyn techaf.

[LLYWARCH : *Mae ton ar hyd traeth yn rhedeg.* / Wedyn fe dyrr y bwriad. / [Dan] gysgod brwydr mae'n arferol i'r parod ei dafod ffoi. // LLYWARCH : *Mae corsydd yn feddal; gallt yn galed.* / *O flaen carn [ceffyl] gwyn y mae ochr glan yn malu.* / Dyw addewid

93

na chedwir mohoni ddim yn bod. // GwÊn: *Gwasgaru y mae nentydd o gwmpas clawdd caer.* / A minnau, bwriadaf [beri bod] / tarian wedi'i staenio, dyllog cyn y ciliaf.]

Fe ellid diffinio'r llinellau sydd mewn teip italig yma fel llinellau llanw, llinellau o ganu natur a gwireb; eithr o edrych yn fanylach fe welir fod y rhain yn llinellau sydd, ar ffurf dameg neu drosiad, yn adlewyrchu pwnc yr ymddiddan arbennig sydd yn yr ymgom hon, sef y mater o ddewrder a llyfrdra. Mae yma ryw fath o daro'r post i'r pared glywed. Awgrymaf mai rhywbeth yn debyg i hyn yw arwyddocâd anuniongyrchol y geiriau :

1. *Mae ton ar hyd traeth yn rhedeg.*
   Mae rhywbeth meddal fel ton yn rhedeg, ddim yn dal ei dir (felly mae dyn meddal — fel ti — yn siŵr o redeg a pheidio â dal ei dir).
2. *Mae corsydd yn feddal, gallt yn galed.*
   Mae rhai pethau, fel corsydd, yn feddal (felly'r wyt tithau), a phethau eraill, fel llechweddau, yn galed (fel yr oeddwn i yn fy ieuenctid).
3. *O flaen carn [ceffyl] gwyn y mae ochr glan yn malu.*
   Mae peth meddal yn torri yn wyneb unrhyw galedi (felly y byddi dithau yn torri yng nghaledi'r frwydr).
4. *Gwasgaru y mae nentydd o gwmpas clawdd caer.*
   Pan yw'r peth meddal yn taro'n erbyn peth caled y meddal sy'n cael ei falu. (Yma y mae Gwên yn troi'r byrddau, fel petai, ac yn honni mai'r peth caled yw o, nid y meddal, fe fydd o'n sefyll fel clawdd y gaer a'i wrthwynebwyr yn cael eu chwilfriwio fel dŵr.)

Mae gan Diodorus Siculus, ysgrifennwr Clasurol, ddisgrifiad fel hyn o'r Celtiaid :

'Mewn sgwrs maen nhw'n brin eu geiriau ac yn siarad mewn damhegion, gan mwyaf yn awgrymu pethau ac yn gadael cryn dipyn i un i'w ddeall drosto'i hun.'

Mae'r disgrifiad hwn yn taro i'r dim am y llinellau a drafodwyd. Y mae llinellau eraill tebyg iddyn nhw i'w cael yng Nghanu Llywarch a Heledd o bryd i'w gilydd. Yn yr adran a elwir gan Syr Ifor Williams yn 'Dwy Blaid' yn ei argraffiad o *Canu Llywarch Hen,* er enghraifft, sonnir am fwriad gan ryw Forgant i ymosod ar dir. Y sylw am y bwriad hwn yw :

'Llyg a grafai wrth glegyr!'

94

Roedd siawns y gelyn i lwyddo gymaint â siawns llŷg (*shrew*) i grafu trwy graig ! Mae'r llinell :

'Lle ni bo mign y bydd maen'

a geir yn Adran X yn llyfr Syr Ifor yn chwarae ar enw mab i Lywarch, cef Maen. Ystyr y geiriau yw :

'Lle na fydd cors yno y cewch chwi garreg.'

Fe welwch fod hyn yn cysylltu â'r ymgom y buom yn ei thrafod. Yn anuniongyrchol, dweud y mae'r llinell hon na chewch chwi mo'r dewr, y caled, gyda'r llwfr, y meddal. Y mae'r trosiad am y dewr yn y fan yma, sef 'carreg', yn digwydd golygu enw mab Llywarch, Maen, hefyd. Yng Nghanu Heledd (Adran XI yn *Canu Llywarch Hen*) ceir Heledd yn sôn ar ddechrau ei hymson am :

'Un pren yngwyddfid a gofid arnaw'

sef 'Un pren mewn perth a gofid arno'. Yn nes ymlaen yn ei hymson sonia fel hyn :

'Ni elwir coed o un pren'
[Dydych chwi ddim yn galw un pren yn goed].

Yn anuniongyrchol, sôn y mae hi am ei brawd, Cynddylan, efô yw'r pren sydd ar ei ben ei hun, yr un arwr na all o ddim bod yn fyddin.

Fe gyfeiriodd Syr Ifor at y ffaith fod y llinell hon (y buom yn ei thrafod uchod) :

'Eddewid ni wneler, ni ddiw'

i'w chael yn 'Englynion y Clywaid', fel y'u gelwir ('Clywaid' am eu bod yn cychwyn gyda'r geiriau 'A glywaist ti?). Dyma hi'r llinell yn yr englyn :

'A glywaist ti a gant Gwynlliw,
Tad Catwg, cywir ymliw?
"Eddewid ni wneler, nid yw."'

[A glywaist ti beth a ganodd Gwynlliw, / tad Catwg, cywir ei gerydd? / "Dyw addewid ni chedwir ddim yn bod."]

Yn yr englyn hwn, blas dihareb sydd ar y llinell. Ond ichwi ystyried y mater fe sylweddolwch fod llawer o'r ymadroddion yr ydw i wedi bod yn eu trafod yn debyg i lawer o'n diarhebion —

95

maent hwythau'n aml yn gwneud sylwadau drwy drosiadau yn hytrach nag yn uniongyrchol. Ystyriwch, er enghraifft : ' I'r pant y rhed y dŵr ' sy'n golygu rhywbeth tebyg i, ' Y sawl y mae ganddo a gaiff ', neu ystyriwch ' Hawdd cynnau tân ar hen aelwyd ' sy'n golygu rhywbeth tebyg i ' Hawdd adfer hen gyfeillgarwch '. Y mae diarhebion a hen ddywediadau fel hyn yn dra phwysig mewn unrhyw gymdeithas y mae ei diwylliant hi'n llafar.

Yr hyn yr ydw i'n anelu ato yn y pen draw yw hyn, sef mai ymadroddion trosiadol tebyg i'r rhai a drafodwyd oedd yr hyn a elwir yn ' llinellau llanw ' i ddechrau. Mewn gair, doedden nhw ddim yn llinellau llanw am fod ganddyn nhw gysylltiad trosiadol â'r cerddi y'u ceir nhw ynddyn nhw. Mae angen bwrw golwg o'r safbwynt hwn ar ' linellau llanw ' ein hen ganu. Eithr y mae'n hawdd credu fod y math hwn o ymadroddi wedi dirywio i fod yn ' llinellau llanw ' a bod canu ymgom, yn y man, wedi ei gymysgu â chanu natur. Efallai mai dyma a ddigwyddodd gyda'r gyfres o englynion lle ceir ymgom rhwng Mechydd ap Llywarch ac eraill — er hyd yn oed yn y gyfres honno y mae lle i dybio fod y cyfeiriadau at aeaf a thywydd garw a geir ynddi yn berthnasol ar y dechrau gan nad oedd tywydd felly'n dywydd ymladd na'r gaeaf yn dymor ymladd. Mae gan y sawl sy'n gwrthod mynd i frwydr yn y gyfres hon felly ryw fath o esgus dros beidio â mynd.

Sut bynnag, pwy a ganodd y canu cyfarwyddyd hwn ? Y mae hi'n bosibl fod y beirdd hefyd yn gyfarwyddiaid ac mai hwy a'u canodd. Ond fe eill hefyd mai graddau is na'r penceirddiaid o ddiddanwyr a wnaeth hynny.

Canu Englynol Arall

Rydym ni wedi gweld yn barod mai canu englynol yw rhan helaeth o'r canu cyfarwyddyd a drafodwyd. At hyn y mae yna ganu englynol arall. Dyna'r englynion hynny a geir wedi eu sgrifennu mewn llawysgrif Ladin, llawysgrif sy'n aralleiriad o'r Efengylau gan un o'r enw Juvencus. Yn y llawysgrif hon fe geir cyfres o dri englyn a chyfres o naw. Dyma'r englynion cynharaf y gellir eu dyddio'n weddol fanwl. Maen nhw'n perthyn i'r nawfed ganrif. (Fe geir dau englyn yn Llyfr Aneirin ond nid ymddengys fod y rheini'n perthyn i'r chweched ganrif.) Ymddengys mai sôn am arglwydd gyda'i filwr cyflog, neu ryw gydymaith beth bynnag, a phethau'n o drist arnyn nhw y mae'r tri englyn. O ran naws dydyn nhw ddim yn annhebyg i ganu Llywarch Hen ac ni fyddai darganfod eu bod yn englynion cyfarwyddyd yn syndod o gwbwl. Englynion crefyddol yw'r naw. Y mae englyn crefyddol arall sy'n perthyn i'r cyfnod tua 1080-90. Englyn i grair, sef Bagl neu Ffon Padarn Sant yw hwnnw.

Fe gredir fod yr hyn a elwir yn Englynion y Beddau, a geir yn Llyfr Du Caerfyrddin (ac un neu ddwy o lawysgrifau eraill), yn perthyn i gyfarwyddyd, ond mewn ffordd arbennig. Cyfeiriadau at feddau hen arwyr a geir ynddyn nhw. Mae rhai o'r hen arwyr hyn yn bersonau hanesyddol — dyna ichwi Owain ab Urien, y sonnir amdano yng nghanu Taliesin, neu Gynon fab Clydno Eidyn, y sonnir amdano yng nghanu Aneirin, er enghraifft. Roedd y rhain yn bersonau go-iawn a fu'n byw yn yr Hen Ogledd. Fe dyfodd chwedlau yn eu cylch — yn enwedig am Owain ab Urien a'i franes, sef haid o frain rheibus. Fel cymeriadau chwedlonol y maen nhw'n cael eu lle yn yr Englynion Beddau. Y mae llawer o'r arwyr a enwir yn yr englynion hyn nad ydyn nhw bellach yn ddim ond enwau, ond — a barnu ar sail y dystiolaeth a ddaw i'r golwg o ystyried y cymeriadau hynny y gwyddys rywbeth amdanyn nhw — y tebyg ydyw fod y rhan fwyaf ohonynt hwythau ar un adeg yn gymeriadau mewn chwedlau. Dywedir ' y rhan fwyaf ' yma am y rheswm ei bod hi'n ymddangos fel petai un neu ddau o enwau-gwneud yn yr englynion — dyna'r enw ' Omni ', er enghraifft, sy'n swnio braidd fel cyflwr traws o'r gair Lladin ' omnis ' ac sy'n golygu ' i bawb ' :

'Ac yn Rhyd Friddw, bedd Omni '.

'Ac yn Rhyd Friddw ' : fe welir fod yma gyfeiriad at y man yr oedd bedd yr arwr. Fe geir hyn yn amryw byd o'r englynion :

'Yn Aber Gwenoli
Y mae bedd Pryderi
Yn y terau tonnau tir;
Yng Ngharrawg — bedd Gwallawg Hir.'

Dyna osod bedd y ffigur chwedlonol, Pryderi, yn Aber Gwenoli, a bedd Gwallog Hir yng Ngharrog. Dangosodd yr Athro Thomas Jones nad yw'r cyfeiriad hwn at fedd Pryderi yn anghymharus â'r hyn a ddywedir am ei fedd yn y *Mabinogi*. Yno dywedir iddo gael ei gladdu ym Maentwrog, uwchben Y Felenrhyd. Mae Gwenoli yn enw nant sy'n tarddu ger Llyn Tecwyn, heb fod ymhell o Faentwrog, ac sy'n llifo i'r Felenrhyd. Felly mae hi'n bosibl gweld cysylltiad rhwng rhai o'r arwyr a enwir a'r mannau lle dywedir bod eu beddau. Fel enghreifftiau pellach gellir nodi bedd Dylan y *Mabinogi* yn Llanfeuno. Llanfeuno yw Clynnog ac yr oedd gan Ddylan gysylltiadau â Chaer Arianrhod, sydd heb fod ymhell o Glynnog, yn ôl chwedl y *Mabinogi*. Dyw cael fod bedd Airgwl (sef Aercol) yn Nyfed ychwaith ddim yn beth i synnu ato gan fod traddodiad fod Aercol yn frenin yn Nyfed. Ond y mae lleoliad beddau eraill yn gryn benbleth. Pam lleoli bedd Rhydderch Hael, y brenin hanesyddol-chwedlonol o'r Hen Ogledd, yn Abererch, er enghraifft? Mae'n demtasiwn fawr i honni fod y lleoliad hwn wedi digwydd er mwyn odl:

> 'Yn Aber*erch* — Rhydd*erch* Hael.'

Fe awgrymodd Syr Ifor y gallai fod, ynghanol yr englynion, hanfod chwedl. Seiliwyd y ddamcaniaeth hon ar gymhariaeth â chwedl Wyddeleg, *Agallamh na Senórach* (*Ymgom yr Henwyr*), lle mae Padrig Sant yn cyfarfod arwr o'r hen fyd paganaidd ac yn ei holi ynghylch enwau lleoedd a hwnnw'n esbonio. Yn un o'r englynion Cymraeg ymddengys fel petai un o'r enw Elffin yn mynd â pherson nas enwir uwchben bedd ac yn ei holi yn ei gylch, ac yntau'n ateb:

> 'Neum dug i Elffin i brofi fy marddrin
> gysefin uwch cynran:
> Bedd Rhufawn, rhwyfenydd rân.'

[Fe'm dug Elffin i brofi fy medr barddol / yn gyntaf uwchben tywysog: / Bedd Rhufawn, olwg tywysogaidd. *neu* Bedd Rhufawn, [b]rân Rhwyfenydd.] Fe gofiwch mai Taliesin oedd bardd Elffin yn Chwedl Taliesin. Gan fod yna holi ac ateb mewn rhai englynion fe allai fod Elffin yn holi ynghylch rhai beddau a bod Taliesin yn ei ateb. Dyma enghraifft o'r fath englyn:

> ELFFIN : ' " Piau y bedd da ei gystlwn
> A wnâi ar Loegr lu cyngrwn? "
> TALIESIN : " Bedd Gwên ab Llywarch Hen hwn." '

[" Pwy biau'r bedd da ei enw / a ddug lu tynn yn erbyn Lloegr? " / " Bedd Gwên fab Llywarch Hen yw hwn."]

Awgrymiadau eraill a wnaethpwyd gan yr Athro Thomas Jones i oleuo rhai o'r dirgelion yw fod yna ymgais i esbonio hen feini, ac i esbonio enwau lleoedd yn y gyfres hefyd.

Fe welir fod casgliad y Llyfr Du o Englynion Beddau yn un braidd yn gymysglyd a bod, mae'n debyg, wahanol elfennau ynddo, fel ag y mae ynddo wahanol batrymau o osod yr englynion, ac o gyfresi o fewn y casgliad. Dyma ddetholiad o'r prif batrymau:

1. 'Y beddau a'u gwlych y glaw —
   Gwŷr ni *ddyfnasynt* wy dignaw:
   Cerwyd a Chywryd a Chaw.'

2. 'Piau y bedd dan y bryn?
   Bedd gŵr gwrdd yng nghynisgyn,
   Cynon, mab Clydno Eidyn.'

3. 'Bedd Lleu Llawgyffes y dan achles môr,
   Yn y bu ei gyfnes,
   Gŵr — gwir i neb ni roddes.'

[Y beddau y mae'r glaw yn eu gwlychu — / [beddau] gwŷr nad oeddynt wedi arfer cael eu blino: / Cerwyd a Chywryd a Chaw. //

Pwy biau'r bedd dan y bryn? / Bedd gŵr cryf mewn ymosodiad, / Cynon, mab Clydno Eidyn. //

Bedd Lleu Llawgyffes o dan orchudd y môr, / lle'r oedd ei waradwydd, / gŵr oedd hwnnw na rôi ei hawl i neb.

(Rwyf wedi elwa ar newidiadau yn y testun yn ôl awgrymiadau'r Athro Thomas Jones yn y fersiynau uchod.)]

Mae'n eithaf posibl fod amryw o'r englynion yn y casgliad yn rhyw fath o gyfeiriadur at chwedlau — efallai'n wir fod rhai wedi eu tynnu o chwedlau hyd yn oed. Sut bynnag, y maen nhw'n awgrymu'n gryf i ni fod cyfoeth o chwedlau Cymraeg wedi mynd ar goll am byth.

Canu englynol hefyd ydyw'n Canu Natur a'n Canu Gwirebol cynnar ni. Ymdrinir â'r ddau fath hwn o ganu dan un am eu bod i'w cael drwy'i gilydd yn ein hen ganu. Mae'r enw Canu Natur yn nodi'n ddigon cyflawn beth yw o — disgrifiadau o anifeiliaid ac o amgylchfyd ar adegau arbennig. Ar ei orau y mae'r canu'n gryno-awgrymog, yn creu amgylchiadau arbennig trwy ymateb synhwyrus ac yn gadael arnom argraffiadau byw o adegau o'r flwyddyn, o dywydd arbennig, o fanylion byd natur. Dyma enghraifft :

> ' Llym awel, llwm bryn, anhawdd caffael clyd ;
> Llygrid rhyd, rhewid llyn,
> Rysaif gŵr ar un conyn.'

[Mae'r awel yn llym, y bryn yn llwm, mae hi'n anodd cael lle clyd ; / mae hi'n fudr ar y rhyd, mae'r llyn yn rhewi, / fe all dyn sefyll ar un gwelltyn *neu* mae dyn yn sefyll ar ei ungoes (ac yn ei gwman i geisio cadw'n gynnes).]

Mae caledwch ac oerni a llymder wedi eu gweithio i'r englyn hwn yn ei gyfres o argraffiadau cwta, ond awgrymog ac arwyddocaol, o ddiwrnod o aeaf.

Fe all y wireb ymwneud â byd natur hefyd, ond y mae ffordd y Canu Gwirebol o ymdrin â natur yn wahanol i ffordd y Canu Natur. Ystyriwch y llinell hon, er enghraifft :

> ' Oerwlyb mynydd, oerlas iâ.'

[Mae mynydd yn oer wlyb, mae rhew yn oer ac o wawr las].

Disgrifiad sydd yn y rhan gyntaf am nad yw'r hyn a ddywedir yno am fynydd ddim yn wir am bob mynydd a than bob amgylchiadau. Mae'r hyn a ddywedir am rew, sef ei fod yn oer a bod arno wawr las yn wir amdano bob amser : nid disgrifiad yw o ond gwireb. Gwirionedd cyffredinol ydyw gwireb.

Nid â natur yn unig y mae gwirebau'n ymwneud ; fe allan nhw ymdrin ag unrhyw bwnc y gellir cyffredinoli yn ei gylch. Cynnyrch sylwi a dosbarthu yw gwireb. Awgrymodd yr Athro Kenneth Jackson fod eginyn amryw wyddorau mewn gwahanol fathau o wirebau, bod egin Seicoleg, er enghraifft, i'w gael mewn gwirebau am ymddygiad pobol —

> ' Ys odidawg wyneb cu o gâr
> Gyda mynych athreiddu '

[Peth prin yw wyneb cariadus gan gyfaill / o fynd ar draws ei dŷ o'n rhy aml].

Awgrymodd yr Athro Jackson hefyd fod egin astudiaethau megis Ffiseg, Botaneg a Sŵoleg i'w gael yn y gwirebau natur.

Fe geir rhai rhediadau o englynion gwirebol ar dro, fel y ceir rhediadau o englynion natur ; dro arall fe gymysgir y ddau fath o ganu. Ac weithiau fe welir cysgodion o ymgomio, sef adfeilion hen gyfarwyddyd, ynghanol y Canu Natur a Gwireb.

Does neb a ŵyr pa mor hen ydyw'r Canu Natur a Gwireb ar
lafar. Yn Llyfr Du Caerfyrddin y mae copïau sgrifenedig cynharaf
o beth ohono ar gael, ond mewn copïau diweddarach na hynny
y mae'r rhan fwyaf ohono — megis yr hyn a geir yn Llyfr Coch
Hergest. Heb fanylu gellir nodi ei bod yn amlwg fod rhannau
o'r canu a gadwyd yn hŷn na rhannau eraill, a bod olion perthyn
i'r ddegfed neu'r unfed ganrif ar ddeg ar rannau ohono yn ôl pob
tebyg. Diau ei fod yn hŷn na hynny ar lafar. Fe gredir mai beirdd
o radd is na'r penceirddiaid a'i cyfansoddodd.

Dyma gyfres sy'n enghraifft o'r canu hwn. Fe welir fod yma
gymysgfa o Ganu Gwirebol a Chanu Natur. Gyda llaw, fe welir
yma gyfeiriadau at y ' dedwydd ', yr un a aned yn ffodus, mater y
cyfeiriwyd ato o'r blaen.

' Gnawd gwynt o'r deau; gnawd adnau yn llan;
  Gnawd gŵr gwan godenau;
  Gnawd i ddyn ofyn chwedlau;
  Gnawd i fab ar faeth foethau.

  Gnawd gwynt o'r dwyrain; gnawd dyn bronrain balch;
  Gnawd mwyalch ymhlith drain;
  Gnawd rhag traha trallefain;
  Gnawd yng ngwig cael cig o frain.

  Gnawd gwynt o'r gogledd; gnawd rhianedd chweg;
  Gnawd gŵr teg yng Ngwynedd;
  Gnawd i dëyrn arlwy gwledd;
  Gnawd gwedi llyn lledfrydedd.

  Gnawd gwynt o'r môr; gnawd dygyfor llanw;
  Gnawd i fanw fagu hor;
  Gnawd i foch duriaw cylor.

  Gnawd gwynt o'r mynydd; gnawd merydd ym mro;
  Gnawd cael to yng ngweunydd;
  Gnawd ar laeth maeth dyn crefydd;
  Gnawd dail a gwiail a gwŷdd. [ar wŷdd?]

  Gnawd o fastardaeth grynwriaeth ar wŷr,
  A gwragedd drwg meddfaeth,
  A chyni ar ŵyr a gorŵyr waeth-waeth.

  Gnawd nyth eryr ym mlaen dâr,
  Ac yng nghyfyrdy gwŷr llafar,
  Golwg fynud ar a gâr.

Gnawd dydd a [th]anllwyth yng nghynllaith gaeaf;
Cynreinion cynrwyddiaith;
Gnawd aelwyd ddi-ffydd yn ddiffaith.

Crin calaf a llif yn nant;
Cyfnewid Sais ag ariant;
Digu enaid mam geublant.

Y ddeilen [hon] a drefydd gwynt,
Gwae hi o'i thynged —
Hen hi, eleni y'i ganed.

Cyd boed bychan, ys celfydd
Adeil adar yng ngorwydd coed;
Cyfoed fydd da a dedwydd.

Oerwlyb mynydd, oerlas iâ;
Ymddiried i Dduw ni'th dwylla;
Nid edau hirbwyll hirbla.'

[Arferol ydyw gwynt o'r deau; arferol ydyw claddu mewn eglwys;
/ arferol ydyw i ŵr gwan fod yn denau iawn; / arferol ydyw i
ddyn ofyn am newyddion; / arferol ydyw i fab maeth gael
moethau. // Arferol ydyw gwynt o'r dwyrain; arferol ydyw i
ddyn cefnstiff fod yn falch; / arferol ydyw mwyalch ynghanol
drain; / arferol ydyw wylo mawr rhag trais; / arferol ydyw i
frain gael cig mewn coed. // Arferol ydyw gwynt o'r gogledd;
arferol ydyw i ferched fod yn ddymunol; / arferol ydyw gŵr hardd
yng Ngwynedd; / arferol ydyw i frenin baratoi gwledd; / arferol
ydyw tristwch ar ôl diota. // Arferol ydyw gwynt o'r môr; arferol
ydyw i lanw godi; / arferol ydyw i borchell fagu chwain-moch; /
arferol ydyw i foch gloddio am gnau-daear. // Arferol ydyw gwynt
o'r mynydd; arferol ydyw twpsyn yn y wlad; / arferol cael to
[gwellt] mewn gweunydd; / arferol ydyw i ŵr eglwysig gael ei fagu
ar lefrith; / arferol ydyw dail a gwiail a choed [ar goed?]. //
Arferol ydyw i fastardaeth [fagu] anfoesgarwch ar wŷr / a
gwragedd drwg yn slotian medd, / a bod tlodi ar yr ŵyr a'r
gorŵyr yn waeth a gwaeth. // Arferol ydyw i nyth eryr fod ar
frig derwen, / a bod gwŷr siaradus mewn tafarn, / [a] golwg
addfwyn ar un sydd mewn cariad. // Arferol ydyw diwrnod efo
tanllwyth o dân yn lleithder gaeaf; / [arferol] ydyw i dywysogion
fod yn huawdl; / arferol ydyw i aelwyd ddi-ffydd fod yn

ddiffaith. // Coesau gwellt yn grin a llifogydd mewn nant; / mae Sais yn marchnata ag arian; / mae enaid mam plant diffaith yn galed. // Y ddeilen hon y mae'r gwynt yn ei gyrru, / gwae hi o'i thynged — / mae hi'n hen, [eto] eleni y ganed hi. // Er mai bychan ydyw, mae adeilad [= nyth] adar ar odre'r coed yn gelfydd; / bydd y da a'r dedwydd fyw i'r un oedran. // Mae'r mynydd yn oer a gwlyb, mae rhew'n oer a glas; / ymddirieda yn Nuw yr hwn na thwylla mohonot; / ni ad ystyriaeth iawn i ddyn fynd i helbul mawr. //]

Canu Crefyddol

Y mae yn Llyfr Du Caerfyrddin a Llyfr Coch Hergest ganu crefyddol. Gan fod peth ohono heb enwau beirdd wrtho fe gyfyd y cwestiwn, 'Ym mha gyfnod y canwyd o?' neu'n fanylach, 'Ym mha gyfnod y canwyd y gân hon a'r gân arall?' Yn y Llyfr Du fe geir cân grefyddol gan Gynddelw. Dyna ni, felly, yng nghyfnod y Gogynfeirdd (gweler y bennod nesaf). A ydyw'r cwbwl o'r canu'n perthyn i gyfnod y beirdd hynny? Mae'n amhosibl dweud. Fe awgrymodd yr Athro Geraint Gruffydd fod y saith cerdd grefyddol a geir gyda'i gilydd tua dechrau'r Llyfr Du (ac a geir yn *Hen Gerddi Crefyddol* Henry Lewis) yn waith bardd o fynach a chynigiodd mai ' cynnyrch adfywiad mynachaidd mawr y ddeuddegfed ganrif oedd awdur y cerddi hyn.' Un o'r ategion posibl a ddyry'r Athro Gruffydd i'w dybiaeth yw'r ' adleisiau o gerddi cynnar Chwedl Taliesin a glywir mewn amryw ohonynt.' Mae adlais arbennig o gryf yn yr hyn a alwyd yn ' Dadl y Corff a'r Enaid '. Dyma fel y llefara'r Corff wrth yr Enaid mewn un man :

' Enaid, cyd y'm gwneydd   yn angen dy gerydd,
(Gwir yw, gwae finnau,)   pyr daethost-i i'm goddau?
Nac erof-i nac angau   na diwedd na dechrau.
O saith lafanad   pan y'm syswynad;
O saith creadur   pan y'm dodaeth ar bur.
Oeddwn dân llachar   pan y'm rhodded pâr;
Oeddwn pridd daear,   ni'm dyhaeddai alar;
Oeddwn gwynt goucha'   llai fy nrwg no'm da;
Oeddwn niwl ar fynydd   yn ceisaw ce[u]donnydd;
Oeddwn flodau gwŷdd   ar wyneb elfydd.
A'm swynasai -i Dofydd,   y'm dodath ar ddeunydd.'

[Enaid, er iti fy ngwneud i fod ag angen dy gerydd, / (mae hyn yn wir, gwae fi) pam y daethost ti i roi [dy] fwriad arnaf? / Nid

103

oes [?] ar fy ngyfer i angau, na diwedd na dechrau. / O saith elfen y'm swynwyd; / o saith creadur y lluniwyd fy hanfod. / Roeddwn i'n dân llachar pan roddwyd bod imi; / roeddwn i'n bridd daear, ni chyrhaeddai galar ataf; / roeddwn i'n wynt uchel iawn, yn llai fy nrwg na'm daioni; / roeddwn i'n niwl ar fynydd yn chwilio am leoedd gwag; / roeddwn i'n flodau coed ar wyneb daear. / Duw a'm gwnaeth i, fe barwyd imi fod.]

Efallai fod rhyw adlais bach o ganu Llywarch yn y canu crefyddol hwn hefyd : mae yna ystyried henaint yn y gerdd a alwodd Henry Lewis yn ' Diwedd Dyn '. Does dim rhaid meddwl fod y bardd yn cofio am ' Gân yr Henwr ' yng nghanu Llywarch iddo fynd i feddwl am henaint wrth reswm, ond yn ' Dadl y Corff a'r Enaid ' sonnir am y corff yn cael ei roi dan draed :

> ' ymhlith pridd a thydwedd.'

Mae'r llinell :

> ' ymhlith pridd a thywarch

yn yr adran am gladdu corff yn y gân a elwir yn ' Celain Urien ' yn *Canu Llywarch Hen* yn debyg iawn i'r un a ddyfynnwyd. Efallai fod ystyried hyn a'r adleisiau o Chwedl Taliesin a geir yn y canu crefyddol dan sylw yn awgrymu fod y bardd yn gyfarwydd â chyfarwyddyd Cymraeg.

Ymhlith y saith cerdd mae cân sy'n dechrau trwy sôn am ddyfod Mai, y gân ' Tristwch ym Mai ' fel y'i gelwir gan Henry Lewis. Fel y sylwodd yr Athro Geraint Gruffydd eto, y mae'r dechrau hwn yn elwa ' ar hen draddodiad o ganu natur Cymraeg ar fesur englyn.' Dyma'r hen Ganu Natur yr ydym yn barod wedi bod yn sôn amdano. Fe gofiwch fod gwirebau'n gymysg â'r Canu Natur. Yn drawiadol iawn y mae hefyd rai gwirebau ac ymadroddion gwirebol yn y canu crefyddol a geir yn Llyfr Du Caerfyrddin, mewn canu a dadogir ar ddau fardd, sef Addaon ac Elaeth. (Dylwn nodi nad yw'r cerddi hyn ddim ymhlith y saith sydd yn nechrau'r Llyfr Du.) Dyma rai llinellau o ' Gysul Addaon ' [= Cyngor Addaon] :

> ' Yd gaiff bob Crist[i]awn cyreifaint '
> [Fe gaiff pob Cristion faddeuant]

> ' Traul i'th dud, golud a geffych '
> [Os treuli di dy hun [= gweithio] ar dy dir, fe gei di olud]

' Oni fynni ddrwg, gwna dda.'

Dyma rai o ' Gyngogion Elaeth ' [Cyngogion = cyswllt o englynion a'r geiriau olaf yn cyrchu'n ôl i'r geiriau cyntaf] :

> ' A goddwy Crist, na chysged '
> [Yr hwn sy'n digio Crist, na chysged]

> ' Ni thebyg drud y trengi '
> [Dyw'r ffôl ddim yn meddwl y bydd o farw]

Mewn un o englynion eraill Elaeth ceir :

> ' Pob present, ys hafod '
> [Tŷ haf dros dro yw'r bywyd hwn].

Yn y canu englynol crefyddol hwn hefyd fe geir y syniad o ddedwydd a diriaid. Ffawd dan reolaeth Duw sy'n rheoli bywyd dyn yma. Y sawl a sylweddolodd eni Crist o Fair :

> ' Mad ganed yr a'i canfu '
> [Yn ffodus y ganed pwy bynnag a sylweddolodd hyn]

chwedl Addaon.

> ' Diriaid nef, diriaid daear,'

meddai Elaeth a :

> ' Ni nawd i ddiriaid ymioli â Duw
> Yn erbyn dydd cyni . . .'

[Dyw hi ddim yn arferol i ddiriaid ymbil ar Dduw / yn wyneb dydd cyni].

Y mae'r holl nodweddion hyn yn tueddu i gysylltu'r canu crefyddol yma â'r canu cyfarwyddyd ac â'r canu englynol.

Dyw hyn ddim yn dod â ni ddim nes at amseru'r canu. Y gwir yw y gall rhannau ohono fod o wahanol gyfnodau cyn tua 1200, dyddiad Llyfr Du Caerfyrddin. Fe all peth ohono, yn ôl awgrym yr Athro Geraint Gruffydd, fod yn perthyn i'r ddeuddegfed ganrif. Ar y llaw arall, yr unig Aeddon y gwyddys amdano yw un a elwir yn fab Taliesin. A bwrw bod unrhyw werth yn y ffaith honno fe ellid tybio fod canu crefyddol Cymraeg yn eithaf hen. Fe gofir fod englynion crefyddol y Juvencus yn perthyn i'r nawfed ganrif. Os gellir derbyn yr awgrymiadau a wnaethpwyd uchod ynglŷn ag adlais o Ganu Urien (a briodolir gan Syr Ifor i'r nawfed

105

ganrif) ac adleisiau o'r Canu Natur a Gwireb (y gallai peth ohono ddyddio o'r ddegfed ganrif yn ôl yr Athro Kenneth Jackson) yn y canu crefyddol a bod y syniad o ddiriaid a dedwydd ynddo fel ynddynt hwythau, yna nid hollol afresymol fyddai awgrymu y gallai peth o'r canu crefyddol a drafodwyd berthyn i'r nawfed ganrif neu, yn fwy argyhoeddiadaol, i'r ddegfed.

Yr hyn a geir yn bennaf yn y canu crefyddol yw mawl i Dduw, eithr fe geir hefyd· fyfyrdod ar angau, nodi dyletswyddau crediniwr, stori am wyrth a ddigwyddodd pan oedd Mair a Joseff a'r baban Iesu'n ffoi i'r Aifft, a dadl rhwng y corff a'r enaid. Fel y noda'r Athro Geraint Gruffydd y mae 'elfennau o litwrgi, y Beibl a'r ysgrifeniadau apocryffaidd wedi eu gwau ynghyd trwyddynt.'

Un o'r cerddi mwyaf trawiadol yw 'Tristwch ym Mai'. Os derbynnir awgrym yr Athro Gruffydd ynglŷn â'r gerdd hon yna y mae hi y tu allan i gyfnod yr hengerdd — yn perthyn i'r ddeuddegfed yn hytrach na'r ddegfed ganrif. Er hynny, gan fod gan y gerdd gyswllt â'r Canu Natur y buwyd yn ei drafod a chan ei bod yn gerdd arbennig iawn rydw i am ei chynnwys hi yma. Fe welir fod fy ffordd i o edrych arni dipyn bach yn wahanol i ffordd yr Athro Gruffydd yn ei erthygl bwysig yn *Ysgrifau Beirniadol* IV.

> 'Cyntefin, ceinaf amser!*
> Dyar adar, glas calledd,
> Erydr yn rhych, ych yng ngwedd,
> Gwyrdd môr, brithotor tiredd.
>
> Ban ganont gogau ar flaen gwŷdd gwiw
> Handid mwy fy llawfrydedd —
> Tost mwg, amlwg anhunedd —
> Gan ethynt fy ngheraint yn adwedd.
>
> Ym mryn, yn nhyno, yn ynysedd môr,
> Ym mhob ffordd ydd eler,
> Rhag Crist gwyn nid oes anialedd.

---

* Rydw i wedi dewis diweddaru'r testun fel y mae yn y gwreiddiol (Llyfr Du Caerfyrddin) a heb dynnu geiriau ohono. O ddiweddariad yr Athro Geraint Gruffydd y cefais i'r awgrym o'r dotiau i awgrymu colli gair yn y bedwaredd adran.

Oedd ein chwant (ein câr, ein trosedd) dreiddaw
  Ddi dir dy alltudedd.
Saith saint a saithugaint a seithgant
  A want yn un orsedd :
  . . . I gyd â Christ gwyn
  Ni phorthyn' (wy) fygyledd.

Rheg a archaf (i), ni'm nacer —
  Yrhof a Duw dangnofedd.
A'm bo ffordd i borth rhiedd;
  Grist, ni bwyf i drist i'th orsedd.'

[Dechrau Mai, yr amser harddaf! / Adar yn canu, gwlydd yn wyrdd, / erydr yn y rhych, ych dan y wedd, / y môr yn wyrdd, newidir lliwiau'r meysydd. // Pan gano cogau ar flaen coed gwych / bydd fy nhristwch yn ddwysach — / siarp yw mwg, diffyg cwsg yn amlwg — / oherwydd i'm cyfeillion fynd i'w tranc. // Ar fryn, mewn dyffryn, yn ynysoedd y môr, / ym mha ffordd bynnag yr â dyn, / nid oes lle i guddio rhag y Crist sanctaidd. / Ein dymuniad (ein câr, ein cyfryngwr) oedd treiddio / i dir dy alltudiaeth. / Saith a saith ugain a seithgant o saint / a aeth drwodd at yr un orsedd : / Gyda'r Crist sanctaidd / ni ddioddefant ofn. // Dymunaf rodd, na'm gwrthoder — sef tangnefedd rhyngof a Duw. / Boed ffordd i mi i borth y gogoniant; / Crist, na foed imi fod yn drist gerbron dy orsedd.]

Mae dyfodiad dechrau'r haf yn codi calon pobol hyd yn oed rŵan, ond meddyliwch y fath groeso oedd i oleuni a chynhesrwydd a blagur yn yr Oesoedd Tywyll neu'r Oesoedd Canol pan oedd yn rhaid bwrw tywyllwch y gaeaf mewn aneddau drafftiog, oer, mewn goleuni gwantan yn fynych, yn bwyta cig wedi'i halltu. Roedd cysgod marwolaeth yn sicr dros y gaeaf. Ond wedyn dyna ddyfod y deffro, a bywyd yn ailgydio ynddi eto — 'Cyntefin, ceinaf amser!' Yn yr englyn cyntaf y mae'r bardd yn dethol ei fanylion i godi Mai yn ein dychymyg. Fe welir ei fod yn canolbwyntio ar liwiau. Yna daw cân y gog i'w dristáu, neu'n llythrennol i'w wneud yn fwy trist — am ryw reswm roedd cân y gog yn tueddu i wneud hyn yng ngwaith ein henfeirdd. Mae'r tristwch yn siarp fel mwg ac mor amlwg ag olion anhunedd ar rywun, ac y mae o'n codi o hiraeth am gyfeillion. Y mae'r bardd wedi ei wahanu oddi wrth ei gyfeillion. Ond ni ellir gwahanu oddi wrth Grist; mae ef ym mhobman, fel y pwysleisir trwy ailadrodd *yn.* Dywed y bardd wedyn ei fod o a'i gyfeillion wedi bod yn ceisio *treiddio,* gair sy'n dynodi ymdrech, i dir lle nad oedd Crist yno, 'i dir dy alltudedd.' Yr hyn sydd yma yw pechod yn peri ofni wynebu Crist, ac angau yn ddychryn am fod barn yn ei sgîl. Eithr bellach mae ceraint y bardd wedi marw ac ymhlith y saint, y dynodir eu rhif trwy 7, y rhif perffaith; roedden nhw wedi mynd, nid i wlad lle nad oedd Crist, nid i'w alltudedd, ond at ei orsedd, sef i'w drigfan. Yma y mae i'r gair *gorsedd* fwy nag un ystyr ac y mae'r bardd yn tynnu ar hynny: gall y gair olygu *trigfan, llys barn,* a *gorsedd* yn ein hystyr ni. Yno, yng ngŵydd Crist, doedd ganddyn nhw ddim ofn. Ar ôl glyn cysgod angau yr oedden nhw yng nghyntefin y nefoedd. Erfynia'r bardd am dangnefedd rhyngddo ef a Duw, hynny yw, maddeuant am ei bechod, y maddeuant a fydd yn dwyn ymaith yr ofn o wynebu Crist ac ofn angau. Maddeuant Crist yw'r ffordd at ei orsedd yn nhragwyddoldeb, ac os ceir hynny porth y gwynfyd yw'r bedd. Fe welir mai ceisio gweithio'i ffordd o'i dristwch i gyntefin llawenydd nefol y mae'r bardd.

Trwy'r gerdd hon y mae llawenydd Mai y ddaear, tristwch ar ôl cyfeillion marw, ofn marwolaeth oherwydd ymwybod o bechod, ofn wynebu Crist. Y mae yma hefyd yr ymdeimlad fod ffordd o'r pechod a thrwy'r ofn i lawenydd nefol fel un ei gyfeillion marw. Mae'r gerdd hon mor ddynol yn ei mynegiant o lawenydd Mai yn y byd, o dristwch ar ôl cyfeillion marw, o ofn wynebu Crist trwy farwolaeth, o geisio'i osgoi oherwydd pechod, nes bod cywirdeb a diffuantrwydd y profiad crefyddol sydd ynddi'n cael ei ddwysáu gan hyn. Nid syniad crefyddol sydd yma ond ymdeimlad cynyddol o lawenydd cymdeithas Crist.

4

Y GOGYNFEIRDD

Ar ben; bron ar ben; efallai ei bod hi ar ben; dyw hi ddim ar ben : sawl gwaith y bu hi fel hyn yn hanes Cymru? Fe ddaeth cyfnod brenhinoedd Cymru i ben, ac yn ei le fe ddaeth cyfnod y tywysogion. Beth yw arwyddocâd y newid hwn yn nheitlau arweinyddion Cymru, y newid o frenhinoedd i dywysogion?

Dylid dweud ar y dechrau na fu newid cyn belled ag yr oedd y beirdd Cymraeg yn y cwestiwn canys fe alwent hwy'r *tywysogion* yn *frenhinoedd*. Eithr yr oedd cyfreithwyr Cymru a'r rhai oedd yn ymdrin â safleoedd gwleidyddol arweinwyr y bobl mewn ffordd fwy technegol fanwl na'r beirdd yn gwahaniaethu rhwng *brenin* a *thywysog*. Fe fu'r hanesydd T. Jones-Pierce yn trafod yr union bwnc hwn mewn erthygl yn *Seiliau Hanesyddol Cenedlaetholdeb Cymru*. Fe nodaf yn gryno brif bwynt yr hyn a ddywedodd ef. Mewn rhai llawysgrifau o'r hyn a elwir yn *Brut y Tywysogion* (*Brut* = Cronicl sy'n nodi digwyddiadau) fe geir fod y gair *brenin* yn cael ei ddefnyddio am reolwyr gwledydd Cymru hyd at 1154. Cyn 1154 ceir Owain, Brenin Gwynedd; Madog ap Maredudd, Brenin Powys; Maredudd ap Rhys, Brenin Ystrad Tywi, Ceredigion a Dyfed; eithr ar ôl 1154 ac esgyniad Harri II i orsedd Lloegr nid y gair *brenin* a ddefnyddir ond *tywysog* neu *arglwydd* — Owain, tywysog Gwynedd, a'r Arglwydd Rhys (olynydd Maredudd ap Rhys). Y *brenin* bellach yw brenin Lloegr. Sonnir am reolwyr Cymru gyda'i gilydd fel *tywysogion*. Gair heb iddo ystyr dechnegol ydyw'r *tywysogion* hwn gan amlaf, gair hwylus i wahaniaethu rhwng rheolwyr gwledydd Cymru ac uchelwyr a barwniaid Anglo-Normanaidd y Mers (gororau Cymru a Lloegr). Â Jones-Pierce rhagddo i nodi fod rheolwyr Gwynedd wedi mynnu gwneud yr enw *tywysog* yn derm technegol arwyddocaol, ond awn ni ddim ar ôl hynny. Yr hyn y mae a wnelom ni ag o yw hyn — Brenin Lloegr : tywysogion (neu hyd yn oed *arglwyddi*) Cymru. Fe welir fod yma ddiraddio llywodraethwyr Cymru a bwrw cysgod Lloegr dros Gymru. Sut y bu i hyn ddigwydd?

Yn araf a thrafferthus yr oedd Lloegr wedi graddol uno, ac yn 1066 gyda dyfodiad y Normaniaid, pobl a chanddynt ddawn at weinyddu, fe gryfhawyd yr unoliaeth wleidyddol o dan frenhiniaeth. Nid peth unwaith ac am byth, amen a thangnefedd, oedd unoliaeth Lloegr dan frenin ac fe gafodd amryw o'r brenhinoedd — yn enwedig y gweiniaid — ddigon o drafferthion a helbulon. Ond fe barhaodd yr unoliaeth er hynny; yr oedd Lloegr yn wlad ac yr oedd ganddi frenin. Gwledydd oedd yng Nghymru, rhai bychain megis Gwynedd, Powys, Deheubarth, ond yr oedden nhw'n deyrnasoedd er hynny. Amryw deyrnasoedd — amryw reolwyr — diffyg unoliaeth : felly'r oedd hi. Fe lwyddodd rhai i ddwyn Cymru dan ryw fath o unoliaeth wleidyddol — Rhodri Mawr yn y nawfed ganrif, er enghraifft; ei ŵyr, Hywel Dda, yn y ddegfed ganrif; Gruffydd ap Llywelyn ap Seisyll yn yr unfed ganrif ar ddeg; Llywelyn ab Iorwerth (Llywelyn Fawr) a'i ŵyr Llywelyn ap Gruffydd (Llywelyn y Llyw Olaf) yn y drydedd ganrif ar ddeg. Ond ni ddaeth unoliaeth wleidyddol gref o gwbwl. Cynigiodd haneswyr esboniadau am hyn, megis fod ymdeimlad llwythol cryf y Cymry'n magu teyrngarwch lleol yn hytrach na chenedlaethol; bod natur ddaearyddol y wlad gyda'r mynyddoedd yn cadw pobl oddi wrth ei gilydd. Eithr prif achos y diffyg unoliaeth, meddir, oedd fod Cymru'n ffinio ar Loegr. Allai'r un tywysog o Gymro fwrw ati'n un swydd i uno teyrnasoedd Cymru am fod Lloegr — yn Saeson ac wedyn yn Normaniaid — yn rym yr oedd yn rhaid brwydro'n ei erbyn. Y mae'n bwysig cofio yma, hefyd, mai criw o bobol oedd yn eithafol selog dros eu hawliau eu hunain oedd tywysogion Cymru a'u bod yn fynych yn barod iawn i ymuno â'r Saeson yn erbyn eu cyd-Gymry pe bai rhyw fantais iddyn nhw o wneud hynny. 'Pobloedd anghydfod' oedden nhw, a benthyca ymadrodd o eiddo Llywarch, Prydydd y Moch; roedd eu cael nhw at ei gilydd yn aml mor anodd â chael cytundeb rhwng Ffred Ffransis a George Thomas.

Rydw i wedi cyfeirio cymaint â hyn at y sefyllfa wleidyddol yng Nghymru oes y tywysogion am fod y Gogynfeirdd (y rhai nesaf at y Cynfeirdd), neu Feirdd y Tywysogion fel y'u gelwir hefyd, yn ymwneud cymaint â'r tywysogion eu hunain ac â'u hymdrechion. Yr oedden nhw'n gynheiliaid eu tywysogion, yn datgan eu hanrhydedd o flaen eu pobol, yn canmol eu milwriaeth, yn cofnodi eu brwydrau ac yn canu marwnadau ar eu marwolaeth. Nododd Myrddin Lloyd hyn oll gyda llinell gan Gynddelw :

'Yn Ystrad Langwm ystyriais ein glyw.'

'Ystyried glyw' yw meddwl yn ddwys beth yw oblygiadau bod yn arglwydd ac arweinydd pobol.

Fe allen nhw ganu dychan hefyd, eithr y Gogynfeirdd diweddar — rhai fel Madog Dwygraig a Hywel Ystoryn — a wnâi hynny bennaf. Y mae eu dychan hwy i bersonau ac i leoedd yn aml yn aflednais iawn ac yn gras.

Mawl oedd pwnc mawr y beirdd. Roedden nhw, wrth reswm, yn moli tywysogion hael —

'Gnawd i fardd fendigaw haelon'
[Mae hi'n arferol i fardd fendigo rhai hael]

chwedl Cynddelw (gyda llaw, acennir ei enw fo ar y sillaf gyntaf, fel hyn, Cýnddelw). Am y mawl hwn fe dderbynient roddion; ceir yn y farddoniaeth amryw gyfeiriadau at dir, arian, aur, ceffylau, dillad a defnyddiau gwerthfawr a dderbyniwyd yn rhoddion. Gelwid rhodd yn aml yn *galennig*, hynny yw rhodd a dderbynnid ar galan, ac yr oedd mwy nag un calan — dyna galan Ionawr, er enghraifft, a chalan Hydref.

Os na thelid i'r beirdd y parch yr oedden nhw'n ei ystyried yn ddyladwy doedden nhw ddim ar ôl o ddweud hynny — fel y darganfu Dafydd, a Gruffydd ap Cynan ar ôl tarfu Prydydd y Moch. Fel roedd hi'n digwydd roedd gan Brydydd y Moch a Chynddelw syniadau go bendant am eu gwerth eu hunain.

'Mi i'm deddf wyf ddiamryson
O'r prif feirdd i'm prif gyfeillion,'

[Rydw i yn ôl fy neddf i'm cyfeillion pennaf yn ddiamheuol yn un o'r prif feirdd]

meddai Prydydd y Moch. Ac mewn cerdd i Owain ap Madog dywedodd Cynddelw amdano'i hun :

'Ydd wyf pen prifeirdd o'm heniaith.'
[Fi yw pen prifeirdd fy hen iaith.]

111

Mewn cerdd i ferch o'r enw Efa mae o'n ei ddisgrifio'i hun yn cyrraedd y llys a'r morwynion yn hel i'r ffenestri i gael cip arno :

'Trwy ffenestri gwydyr ydd y'm gwelant '

oherwydd :

'Am Gynddelw brydydd yd bryderynt.'

Chwedl Myrddin Lloyd, a roes sylw hwyliog i'r darn hwn, byddai'r morwynion yn estyn gyddfau i gael cip ar Gynddelw ac yn holi 'Ble mae o? Ble mae'r bardd mawr yma?' A iawn oedd ei bod hi felly, oherwydd onid oedd Cynddelw'n bencerdd, yn ŵr wedi'i hyfforddi yng nghrefft anrhydeddus y beirdd?

Roedd y beirdd yn haeddu cael eu parchu ac, fel y dengys y Cyfreithiau Cymraeg, roedd ganddyn nhw eu safle urddasol yn y llysoedd. Roedd ambell dywysog yn fardd ei hun — dyna Hywel ab Owain Gwynedd, ac Owain Cyfeiliog, er enghraifft. Y tebyg yw fod nifer o'r beirdd yn uchelwyr eu hunain. Roedden nhw, amryw ohonyn nhw, hefyd yn rhyfelwyr. O ystyried hynny dyw hi'n fawr ryfedd gweld profiad o faes y gad yn eu canu rhyfel.

Heblaw canu i dywysogion roedd y beirdd hyn hefyd yn canu i uchelwyr — marwnadau gan mwyaf yn y cyfnod cynnar — ac y mae ambell gân i rai oedd yn is eu safle mewn cymdeithas. Pan ddarfu am gyfnod y tywysogion fe amlhaodd cerddi i uchelwyr, yn naturiol. Rwyf wedi nodi eu canu rhyfel a chyfeirio at eu dychan ; y mae ganddyn nhw hefyd ganu crefyddol — canu i Dduw — a chanu natur, a chanu serch.

Mae cyfnod y Gogynfeirdd yn ymestyn o tua 1100 hyd tua 1350. Yn 1282 fe laddwyd Llywelyn y Llyw Olaf ; yn 1283 fe ddarniwyd ei frawd hyd strydoedd Amwythig : ar ôl hyn ni fu gan y Cymry dywysogion o blith eu teuluoedd brenhinol (ar wahân i Glyndŵr). Felly, a bod yn fanwl, dyw galw'r Gogynfeirdd yn 'Feirdd y Tywysogion' ddim yn weddus. Fe ellir galw'r cyfnod o tua 1100 hyd at 1283 yn gyfnod mawr y Gogynfeirdd, ac â'r beirdd oedd yn canu yn y cyfnod cyntaf hwn y byddwn ni'n ymwneud yn bennaf, eithr fe barhaodd *dull* y beirdd hyn o ganu ar ôl 1283 — dyna sy'n cyfrif am nodi tua 1350 fel diwedd eu cyfnod. Yn yr ail gyfnod hwn doedd y tywysogion, y sefydliad a fu, fel rhyw ddeinamo mawr, yn rhoi bodolaeth i'r canu, ddim yn bod bellach. Oherwydd hyn, graddol wanychu a wnaeth y farddoniaeth arbennig hon.

Fe gydnabyddir mai cerdd sydd i'w chael yn Llyfr Du Caer-fyrddin (tt. 74-77) yw un o gerddi cynhara'r Gogynfeirdd. Eithr y cynharaf o'r beirdd oedd Meilyr Brydydd. Y cynharaf o'r beirdd y mae ei waith ar gof a chadw a olyga hyn. Ystyriwch lywod-raethwr grymus fel Gruffydd ap Llywelyn (m. 1063) — does dim llinell o farddoniaeth iddo ar gael, eto rhaid bod canu iddo gan yr enwir bardd iddo, Berddig, yn Llyfr Domesday. Fel yr awgrymodd J. E. Lloyd, y tebyg yw fod rhyw adfywiad ym mywyd gwleid-yddol Cymru yn nyddiau Gruffudd ap Cynan (c. 1055-1137) wedi rhoi hwb i awen y beirdd. Yr oedd, ymysg y beirdd, draddodiad hirhoedlog, a godod ei ben yn yr unfed ganrif ar bymtheg dan y teitl Statud Gruffudd ap Cynan, fod y brenin hwnnw wedi dod â cherddorion a beirdd gydag ef o Iwerddon i Wynedd a'i fod wedi diwygio cerdd dafod a cherdd dant. Dyw traddodiad gwydn fel yna ddim heb ryw sail, does bosibl — er, wrth gwrs, nad dim byd a luniodd Gruffudd oedd y statud o'r unfed ganrif ar bymtheg a nodai ofynion crefft ac ymarweddiad beirdd a cherddorion. Sut bynnag y bu hi, y ffaith amdani yw fod cryn nifer o gerddi'r Gogynfeirdd ar gael.

Fe gadwyd eu gwaith yn bennaf yn Llyfr Coch Hergest ac yn *Llawysgrif Hendregadredd;* fe geir rhyw ddarnau mewn llaw-ysgrifau eraill. Hyd yn hyn y man mwyaf hwylus i gael gafael ar eu gwaith yw'r llyfr a dynnodd Edward Anwyl o'r *Myvyrian Archaiology of Wales* (casgliad o hen lenyddiaeth Gymraeg a wnaed yn 1801). Copïau diweddar o'r cerddi a geir yno.

Cadwyd cerddi tua thrigain o'r Gogynfeirdd. Mae cryn swmp o waith un neu ddau, megis Cynddelw Brydydd Mawr, wedi'i gadw; mae nifer o gerddi gan eraill, a rhyw ambell un gan eraill wedyn. Y mae yna ambell fardd na chadwyd dim o'i waith — dyna Gwrgant ap Rhys a Chadwgan o Ddyfed, er enghraifft. Roedd yna ambell deulu o feirdd. Dyna Feilyr, a enwyd yn barod; mab iddo fo oedd Gwalchmai (c. 1130-80), a meibion iddo yntau oedd Meilyr arall — Meilyr ap Gwalchmai (c. 1170-1220) — ac Einion (c. 1203-23), ac, efallai, Elidir Sais (canai yn niwedd y ddeu-ddegfed ganrif a dechrau'r drydedd ar ddeg). Gwrandewch ar enwau eraill o feirdd y cyfnod hwn. Daniel ap Llosgwrn Mew, Gwilym Ryfel, Gwynfardd Brycheiniog, Llywarch ap Llywelyn (Prydydd y Moch), Dafydd Benfras, Llygad Gŵr, Gruffudd ab yr

Ynad Coch. Mae eu henwau nhw'n canu fel clychau a dyw o fawr ryfedd fod eu galw nhw'n Feirdd y Tywysogion yn beth mor naturiol.

Fe amcangyfrifodd y diweddar Athro J. Lloyd-Jones fod, yn y cyfnod hyd at 1282, rhyw ddau ar bymtheg neu ddeunaw o feirdd yn perthyn i Wynedd, wyth neu naw i Bowys, un i Frycheiniog, a thri i'r Deheubarth. Dywed fod y ffaith fod cymaint o'r beirdd yn dod o Wynedd, a'r ffaith fod llawer o'r lleill hefyd wedi canu i lys brenhinol Gwynedd yn dangos blaenoriaeth y dalaith honno yn y ddeuddegfed ganrif a'r drydedd ganrif ar ddeg, ac yn dangos diolchgarwch y mynaich i'w cymwynaswyr — hwy a sgrifennodd eu clodydd ar femrynnau er mwyn iddyn nhw fod ar gof a chadw.

Dowch inni droi rŵan at y canu ei hun. Dyw'r bobol hynny sy'n cadw copïau o *Lawysgrif Hendregadredd* wrth erchwyn eu gwlâu ddim yn baglu ar draws ei gilydd gan eu lluosoced, does dim dwywaith am hynny. Y tebyg yw y gallech chi ollwng bom hydrogen ar Gymru heb anafu'r un ohonyn nhw. Ac eto y mae barddoniaeth y Gogynfeirdd ar ei gorau'n ysgytwol a mawreddog a chwbwl arbennig. Pam fod barddoniaeth gwir fawr fel hyn mor brin o'r gydnabyddiaeth y mae'n ei haeddu? Yr ateb ar ei ben yw, "Am ei bod hi'n farddoniaeth astrus, ddieithr ei geirfa, ac yn gofyn disgyblaeth gan y darllenydd i'w deall."

Os cymherwch chwi'r ddau ddyfyniad nesaf yma, mi welwch yr hyn sydd gen i dan sylw.

(i)   'Ac yna y torrwyd ei ben ef [Bendigeidfran], ac y cych-wynasant a'r pen ganddynt drwodd, y seithwyr hyn, a Branwen yn wythfed. Ac i Aber yn Nhâl Ebolion y daethant i'r tir. Ac yna eistedd a wnaethant a gorffwys. Edrych ohoni hithau ar Iwerddon, ac ar Ynys y Cedyrn, yr hyn a welai ohonynt.

"O fab Duw," eb hi, "gwae fi o'm genedigaeth. Da o ddwy ynys a ddiffeithiwyd o'm hachos i."

A dodi uchenaid fawr, a thorri ei chalon ar hynny. A gwneuthur bedd petrual iddi, a'i chladdu yno yng Nglan Alaw.'

(Stori Branwen o'r *Mabinogi*)

(ii)   'Eurddraig Eryri, eryron fyhyr,
            Eryr gwŷr goluchon,
         Dangosed gweithred Gwaith Faddon.
         Yn nydd gwyth — gweithfuddug ddragon;

114

Ar lwrw — ysgwydfwrw ysgyrion;
Ar lwybyr — lladd â llafnau rhuddion;
Ar greulif — argreulyd feirwon;
Ar greulan — baran berion;
Ar greulen — argreuled Arfon;
Creulanw gwaed am draed amdrychion.'
(Cynddelw Brydydd Mawr am Owain Gwynedd)

Y mae'r ddau ddyfyniad wedi eu diweddaru o ran orgraff ac y mae'r ddau wedi eu hatalnodi: mae'r cyntaf yn ddealladwy i Gymro heddiw, dyw'r ail ddim.

Y peth amlwg cyntaf ynglŷn â'r ail ddyfyniad yw fod ynddo doreth o hen eiriau na ddefnyddir mohonyn nhw heddiw. Gadewch inni roi ystyron diweddar i'r geiriau hynny ynteu:

FERSIWN A:

' Aur ddraig Eryri, eryrod ruthr,
  Eryr gwŷr tanbaid,
Dangosed ymladd Brwydr Baddon.
Yn nydd llid — brwydr-fuddugol ddragon;
Ar ymlid — tariannau-wedi'u-taflu, yn deilchion;
Ar lwybr — lladd â chleddyfau cochion;
Ar waed-lif — gwaedlyd feirwon;
Ar waed-faes — ffyrnigrwydd gwaywffyn;
Ar waedlen — gwaedlyd Arfon;
Gwaed-lanw gwaed am draed y gwanedig.'

Siawns fod pethau'n eglurach rŵan ond dyw'r darn ddim fel haul ganol dydd eto ychwaith. Beth sy'n cyfrif am hyn? Rhan bwysig o'r ateb ydyw cystrawen ryfedd y dyfyniad.

Cystrawen yw'r enw am y ffordd y mae geiriau iaith yn cydweithio i roi ystyr. Dyma enghraifft:

Ciciodd	/	*y bachgen*	/	*y bêl.*
Berf	/	Goddrych —	/	Gwrthrych —
		sef yr un sy'n		sef peth y mae'r
		gwneud y		weithred yn cael
		weithred.		ei wneud iddo.

Y mae'r drefn hon, sef Berf + Goddrych + Gwrthrych yn gystrawen sy'n gyffredin ac arferol yn Gymraeg. Petai arnoch eisiau dweud yr un peth yn Saesneg yr hyn ddywedech chwi fyddai:

The boy	/	*kicked*	/	*the ball.*
Goddrych	/	Berf	/	Gwrthrych

115

Fe welwch fod trefn yr elfennau yn wahanol yma; golyga hynny fod y gystrawen Saesneg yn wahanol i'r un Gymraeg.

Petai arnom ni eisiau dweud rhywbeth yn debyg i'r hyn y mae Cynddelw yn ei ddweud yna fe ddywedem ni :

FERSIWN B :

[Draig aur Eryri, un o ruthr eryrod, / eryr ar wŷr tanbaid, / boed iddo ddangos [y math o] ymladd oedd ym Mrwydr Baddon [= un o frwydrau Arthur]. / Yn nydd brwydr [bydd yn] ddragon buddugoliaethus mewn ymladd; / [lle bydd ef] yn ymlid [bydd] tariannau wedi eu taflu, yn deilchion; / ar lwybr [y gelyn bydd ef yn] lladd â llafnau cochion [= gwaedlyd]; / [lle bydd] gwaed yn llifo [bydd] celannedd gwaedlyd; / [ar] faes brwydr [bydd] gwaywffyn ffyrnig; / ar len waed [bydd] rhai gwaedlyd Arfon; / [bydd] llanw gwaedlyd o waed am draed [y rhai] wedi eu gwanu].

O fwrw golwg fanylach ar y gwahaniaeth rhwng yr hyn a ddywedodd Cynddelw a'r hyn a fyddai'n fwy normal yn Gymraeg gallwn nodi rhai pethau fel a ganlyn :

1. *Eurddraig Eryri* = Draig aur Eryri ydyw.
   Y drefn arferol yn Gymraeg yw :

   Enw (Draig) + Ansoddair (Aur.)

   Ystyriwch enghreifftiau i lawn sylweddoli hyn — *dyn du, cath wen, tŷ mawr*. Yr hyn a wnaeth y bardd yw gwyrdroi'r drefn arferol a chael *eurddraig* yn hytrach na *draig aur*. Yr un effaith sydd i hyn â phe dywedid *du ddyn; gwen gath; mawr dŷ*.

2. Fe welir fy mod wedi gorfod rhoi ffurf o'r ferf *Bod* yn fersiwn B o'r gerdd — 'bydd' yw'r ffurf y dewisais ei defnyddio. Dyw'r ffurf hon ddim yng ngherdd y bardd. Y mae o, felly, yn hepgor ffurfiau o'r ferf 'bod' o'i waith, a hynny mewn mannau lle byddem ni'n teimlo'u heisiau. Mae'r arfer hon rywbeth yn debyg i ddweud, am bêldroediwr dywedwch :

   Ar y cae — medrus iawn

yn lle :

   Mae o'n fedrus iawn ar y cae.

3. *Gweithfuddug ddragon.* = Dragon buddugoliaethus mewn brwydr.

116

Ansoddair yn disgrifio '*dragon*' yw *gweithfuddug*. Y mae o, mewn gwirionedd, yn ddau air — *gwaith* + *buddug* — wedi eu cysylltu ynghyd. Gelwir geiriau o'r fath yn Eiriau Cyfansawdd neu Gyfansoddeiriau. Fe welwch fod cyfansoddeiriau eraill heblaw hwn yn y darn — dyna ichwi *ysgwydfwrw* (*ysgwyd* + *bwrw,* sef enw + berfenw), *creulif* (*crau* + *llif,* sef enw + enw), er enghraifft.

4.   *eryron fyhyr** = rhuthr eryrod

Petai arna' i eisiau dweud fod het yn perthyn i ddyn mi allwn ddweud *het dyn*. Petawn i eisiau dweud fod dyn yn bennaeth ar bobol mi allwn ddweud *pennaeth pobol*. Wrth ddweud hyn yn Saesneg fe fyddem yn defnyddio *'s* neu *of*; er enghraifft, *a man's hat; hat of a man*. Does dim byd i gyfateb i *'s* ac *of* yn y cyswllt hwn yn Gymraeg — cyfosod y ddau enw sy'n cyfleu'r ystyr (cyflwr Genidol fel y'i gelwir). Fel rheol mae'r enw sy'n cyfleu *'s* neu *of* y Saesneg yn dod yn ail yn Gymraeg: *het dyn; hat of the man*. Ond ar dro — nid bob tro — fe ellir newid y drefn: yn lle dweud *rhuthr eryrod* (*the onrush of eagles*) gellid dweud *eryrod ruthr*. Dyma a wnaeth y bardd yn *eryron fyhyr* (*eryrod ruthr*). Gwelir ei fod yma eto wedi gwyrdroi'r ffordd arferol o fynegiant.

5. *Eur ddraig Eryri . . . eryr gwŷr . . . dangosed . . . / gweithred Gwaith Faddon.*

                    NEU'N fwy normal
   Berf   Goddrych   Gwrthrych
Dangosed / draig aur Eryri, eryr gwŷr . . . / gweithred Gwaith
                                                            Faddon.
Yn Gymraeg, fel y gwelsom, y drefn arferol ydi Berf + Goddrych. Fe welir fod y bardd yma eto'n gwyrdroi'r drefn arferol.

---

* Rwy'n dra diolchgar i Mr. R. J. Thomas, M.A., Golygydd *Geiriadur Prifysgol Cymru,* am ei hynawsedd yn anfon ataf enghreifftiau o ddefnyddio'r gair *myhyr/mehyr*. Dywedodd Mr. Thomas wrthyf fod yr ystyr a gynigiodd Syr Ifor i'r gair, sef 'gwaywffyn neu lafnau' yn gweddu'n iawn i'r rhan fwyaf o'r enghreifftiau, gan gynnwys hon. Er hyn y mae'n well gennyf gydio'r gair â 'hyrddio' yma a'i gysylltu â'r syniad o 'ruthr eryr yn ebyr' a geir yng Nghanu Aneirin.

117

O ddarn bach o farddoniaeth y Gogynfeirdd yr ydym wedi medru codi nifer o bwyntiau ynglŷn â chystrawen eu canu — canys y mae'r pwyntiau hyn a godwyd o gerdd gan Gynddelw'n gyffredinol wir am farddoniaeth y Gogynfeirdd yn ei chrynswth. O ystyried y pwyntiau mi welwn ni mai'r duedd yn wastad yw mynd yn groes i'r hyn sy'n arferol. Croes i'r arferol, sylwer, ond nid yn afreolaidd. Dyw'r beirdd ddim yn gwneud camgymeriadau, manteisio y maen nhw ar hyblygrwydd yr iaith Gymraeg.

Ond os nad yw ieithwedd y Gogynfeirdd yn afreolaidd y mae hi'n sicr yn artiffisial. Erbyn hyn ystyr ddrwg sydd i'r gair 'artiffisial': dydw i ddim yn ei olygu o mewn ystyr felly. Fe fyddai 'gwneuthuredig' efallai yn well gair ond ei fod o braidd yn afrosgo. Yr hyn y mae 'artiffisial' yn ei olygu yw fod y beirdd yn ymwybodol o'r hyn yr oedden nhw'n ei wneud â geiriau; hynny yw, doedden nhw ddim yn canu'n naturiol fel cog ar gangen. Cynnyrch cyfnod o fewn y traddodiad barddol Cymraeg yw canu'r Gogynfeirdd ac yr oedd o'n ffrwyth hir fyfyr ar adnoddau'r iaith a'i sŵn ac yr oedd o'n dilyn o'r hen ganu.

Efallai eich bod wedi sylwi fod Cynddelw, yn y dyfyniad y buom yn ei drafod, yn defnyddio geiriau y darfu inni daro arnyn nhw wrth drafod yr hengerdd. Mae hyn yn nodweddiadol o farddoniaeth y Gogynfeirdd. Roedden nhw'n defnyddio toreth o eiriau ac ymadroddion a oedd yn eu dyddiau nhw yn hen. Hynny yw, nid hen i ni yn unig ydyw geirfa'r Gogynfeirdd, roedd hi hefyd yn hen i bobol oedd yn byw yn eu cyfnod nhw. Mae eu barddoniaeth yn adleisio'r hengerdd yn lled fynych. Ystyriwch rai enghreifftiau :

1.   ' A gwedi boregad *briwgig* '
     [Ac wedi brwydr yn y bore, cnawd wedi malu]
(Taliesin)

   ' Cnoynt frain *friwgig* o lid llawrudd '
   [Cnoai'r brain gnawd wedi'i falu gan gynddaredd lladd]
(Meilyr)

2.   ' *cwl* ei fod o dan frain '
     [gwarth ei fod o dan frain]
(Aneirin)

   ' *cwl* oedd fy ngadu can ni adwyd '
   [gwarth oedd fy ngadael i'n fyw gan na adawyd ef]
(Gwalchmai)

3. ' dygymyrrws eu hoed eu hanianawr '
   [byrhaodd eu natur eu hoes]

(Aneirin)

' cymyrrws eu hoedl eu hyder '
[byrhaodd / torrodd eu hyder eu hoes]

(Cynddelw)

4. ' cyd ryladde[d] hwy, [h]wy laddasant '
   [er iddynt gael eu lladd, fe laddasant hwythau]

(Aneirin)

' A chyd lladded, lladdesynt '
[ac er iddynt gael eu lladd, fe laddasant]

(Cynddelw)

5. ' Greddf gŵr, oed gwas '
   [Natur gŵr, oed llanc]

(Aneirin)

' Huysgwr gŵr yn oed gwas '
[Diffeithiwr o ŵr yn oedran llanc]

(Prydydd y Moch)

6. ' ysgwydawr anghyfan '
   [tariannau toredig]

(Aneirin)

' Prennial dywal gal ysgwn '
[un ffyrnig mewn brwydr, o wrhydri cyndyn]
(Canu Llywarch Hen)

' Gal ysgwn ysgwyd anghyfan '
[Un o wrhydri cyndyn, un â tharian doredig]

(Cynddelw)

7. ' Caith cwynynt grydynt alaf '
   [cwynai'r caethion, brefai'r gyrr]

(Marwnad Cynddylan)

' Caith cwynynt, cerddynt gan elfydd '
[cwynai'r caethion, cerddent ar hyd y byd]

(Meilyr)

8. ' Ef cwynif ni fwyf i'm derwin fedd '
   [fe gwynaf hyd nes byddwyf yn fy ' medd ' o dderw]
(Marwnad Cynddylan)

' Yni fwyf gynefin â derwin wŷdd
Ni thorraf â'm câr fy ngherennydd '
[Hyd oni fyddaf fi'n gynefin â choed derw [h.y., wedi marw]
/ ni thorraf fy nghyfeillgarwch â'm ffrind]

(Meilyr)

9.   ' llym llifaid llafnawr llwyr y lladdant '
    [gwaywffyn llym wedi'u hogi, lladdant yn drylwyr]

                                      (Armes Prydain)

     ' bwlch llifaid llafnawr '
     [bwlch llafnau wedi'u hogi]

                                       (Prydydd y Moch)

10.   ' Allmyn ar gychwyn i alltudydd '
     [Alltudion ar gychwyn i alltudiaeth]

                                        (Armes Prydain)

     ' i gychwyn allmyn alltudedd '
     [i gychwyn alltudion i alltudiaeth]

                                       (Prydydd y Moch)

11.   ' Nid oedd fagawd meirch Mechydd '
     [nid oedd meirch Mechydd wedi'u trin yn dyner]

                                (Canu Llywarch Hen)

     ' ni bu fagawd feirch Forgant '
     [ni bu meirch Morgant yn dyner eu triniaeth]

                                        (Cynddelw)

12.   ' Eryr Eli, gorelwi heno,
     Yng ngwaed gwŷr gwynofi . . .'
     [Eryr Eli, sgrechiai heno,   /   Yng   ngwaed   gwŷr
     ymdreiglai . . .]

                                  (Canu Llywarch Hen)

     ' Gwyach rhudd gorfudd goralwai,
     Ar doniar gwyar gonofiai '
     [Gwyach coch uwchben ei ddigon sgrechiai, / ar donnau o
     waed y nofiai]

                                        (Cynddelw)

13.   ' Nid adwna Duw ar a wnêl '
     [Dyw Duw ddim yn dadwneud yr hyn a wnelo]

                                (Canu Llywarch Hen)

     ' Nid adwna Duw ar a wnêl '

                                       (Prydydd y Moch)

14.   ' Y ddeilen hon, neus cynired gwynt;
       Gwae hi o'i thynged !
       Hi hen; eleni y'i ganed.'
     [Y ddeilen hon, fe wthia'r gwynt hi yma ac acw; / Gwae hi
     oherwydd ei ffawd ! / Mae hi'n hen; (eto) eleni y'i ganed
     hi].

                                (Canu Llywarch Hen)

' Nid hŷn hoes dyn nag oes dail '
[Dyw oes dyn ddim hwy nag oes dail]

(Prydydd y Moch)

15. ' Tywarchen Ercal ar erdywal wŷr
    O etifedd Morial,
    A gwedi rys mag, rys mâl.'
[Daear Ercal ar wŷr ffyrnig iawn, / Rhai o etifeddiaeth Morial, / Ac wedi (i'r ddaear) eu magu, fe'u dinistria.]

(Canu Llywarch Hen)

' O'r a fag daear hi a'i dwg '
[Beth bynnag y mae'r ddaear yn ei fagu mae hi'n ei gymryd]

(Elidir Sais)

16. ' Gwedi gwrwm a choch a chain
    A gorwyddawr mawr, mirain,
    Yn Llan Heledd — bedd Owain.'
[Ar ôl yr (arfogaeth?) dywyll a choch a hardd / A meirch mawr, teg, / Yn Llan Heledd mae bedd Owain.]

(Englynion Beddau)

' Gwedi serch a seirch, meirch meingan,
Emys llys llysaidd uwch ebran,
Gwedi treth mal traethawd Ieuan
Cyn glasfedd, cyn glasu fy ngrân
Duw a'm rhydd o'm rheiddun ofan
Rhwydd obaith o waith ei winllan . . .'
[Ar ôl serch ac arfau, ceffylau meinwynion, / Ceffylau llys llysaidd (= *courtly*) uwch bwyd, / Ar ôl treth, yn ôl traethawd (= efengyl?) Ioan / Cyn bedd glas, cyn i'm grudd lwydo / Boed i Dduw roi i mi o'm *gwneuthuriad rhyfelgar* (?) / Rwydd obaith am waith ei winllan . . .]

(Casnodyn)

17. ' Gnawd aelwyd ddi-ffydd a fo ddiffaith '
[Mae hi'n arferol i aelwyd heb ffydd fod yn ddiffaith]

(Englynion ' Y Gnodiau ')

' Gnawd aelwyd ddiffydd a fo ddiffaith '
(Credaf mai dyfyniad wedi'i godi'n uniongyrchol yw hwn gan Lywelyn Fardd.)

18. Cymharer y dyfyniad hwn a 19 isod ag Englynion ' Y Gnodiau ' a geir yn y bennod flaenorol, t. 101.
' Gnawd o'm gwawd gwychran e falchlan febin,
    Gnawd o drin dref anaele,
    Gnawd wedi ryserch ryse . . .'
[Mae hi'n arferol o'm cân ran wych i ŵr ifanc balch a hardd, / Mae hi'n arferol fod tref enbyd ar ôl brwydr, / Mae hi'n arferol fod llawer o — (?) ar ôl llawer o gariad . . .]

(Gwalchmai)

19. ' Gnawd gan draws lys maws luman archauad
        Un aergad i ar gann;
     Gnawd rhodawg rhag marchawg midlan,
     Gnawd cynteiryf cyntwryf i arnan.'
     [Mae hi'n arferol i arglwydd gormesol (gael) baner wych
     ddyrchafedig / Oddi ar gefn (march) gwyn mewn brwydr;
     / Mae hi'n arferol bod tarian gron (gan) farchog o'i flaen
     (ar) faes twrnameint; / Mae cyffro a chynnwrf yn arferol
     gennym.]

                                                  (Cynddelw)

20. ' Gorwyn blaen afall . . .'
     [Mae brig y pren afalau'n wyn iawn . . .]
                                            (Hen ganu natur)

     ' Gorwyn blaen afall blodau fagwy '
     [Mae brig y pren afalau'n wyn iawn (ac) yn magu
     blodau . . .]
                                                  (Gwalchmai)

21. Cymharer y dyfyniad a ganlyn ag arddull gyffredinol yr
     hen ganu natur :
     ' Addfwyn cyntefin, cain hinddydd,
       Araf eriw haf, hyfryd dedwydd.'
     [Mae dechrau haf yn addfwyn, tywydd diwrnod yn deg, /
     Mae'r haf yn dyner, egnïol, mae'r 'dedwydd' yn
     ddymunol . . . NEU Mae'r haf yn dyner, egnïol, yn
     ddymunol, yn ddedwydd . . .]
                                                  (Gwalchmai)

Dyna restr ddigon hir fyth. Mae yna bwrpas i ddyfynnu mor
helaeth oherwydd ei bod yn bwysig rhoi argraff o'r graddau yr
oedd y Gogynfeirdd yn tynnu ar yr hengerdd. Rydw i wedi cyfeirio
mewn man arall at ddywediadau a gwirebau a diarhebion; fe
welwch y gall un neu ddau o'r dyfyniadau fod yn ddywediadau
o'r fath — dyna ichwi ' Nid adwna Duw ar a wnêl,' er enghraifft.
Er hynny mae hi'n gwbwl amlwg fod y Gogynfeirdd yn gyfarwydd
iawn â'r hengerdd, â'r cyfan o'r hengerdd y gwyddom ni amdano.
Y mae hyn yn bwysig; nid tynnu oddi ar y canu mawl a marwnad
yn unig yr oedden nhw ond tynnu ar yr hen ganu englynol yn
ogystal. Yn wir, yr argraff a gefais i yw mai eu dwy brif
ffynhonnell yn yr hengerdd ydyw Canu Aneirin a'r canu englynol.
Y gerdd fwyaf nodedig o dynnu ar Ganu Aneirin yw 'Hirlas
Owain ', sef cerdd gan y tywysog Owain Cyfeiliog, ond y mae
nifer sylweddol o dameidiau yng nghanu'r Gogynfeirdd drwodd a

thro yn tynnu ar y Gododdin. O ystyried y tameidiau yng ngwaith y Gogynfeirdd sy'n tynnu ar y canu englynol y mae yna gwestiwn yn codi ei ben. Fe gofiwch imi nodi ichwi'r awgrym nad canu'r penceirddiaid oedd y canu englynol. Os felly, pam fod y canu hwnnw'n gymaint rhan o gynhysgaeth canu penceirddaidd y Gogynfeirdd? At hyn rhaid cofio fod yr englyn wedi cymryd ei le yn eu canu hwy. Y mae hyn yn awgrymu, i mi beth bynnag, y gallai'r hen ganu englynol fod yn rhan o ganu'r penceirddiaid; yn sicr yr oedd yn rhan o gynhysgaeth lenyddol y Gogynfeirdd. Eto, fe ddylid sylwi ar awgrym pwysig Lloyd-Jones, sef bod yr awdl a'r englynion yn y lle cyntaf yn cael eu canu ar wahân ar gyfer dwy gynulleidfa wahanol a bod bardd yn gallu canu awdl fel pencerdd ac englynion fel bardd teulu. Fe grynhowyd y mater hwn yn daclus gan yr Athro Caerwyn Williams yn ei astudiaeth fawr o'r Gogynfeirdd (*Llên Cymru*, Cyfrol XI, Rhif 1 a 2) :

> ' Er bod y Gogynfeirdd wedi derbyn yr englyn ac yn ei ddef-nyddio eu tuedd yw cadw'r mesurau englyn a mesurau'r traethgan [traethgan = caniad amhenodol o linellau o'r un hyd, yn rhes o gwpledau unedig neu glymiadau] ar wahân ac nid ydynt yn defnyddio'r englyn gyda'r mesurau eraill oddi mewn i gorff awdl.'

Heblaw am yr adleisiau o'n hengerdd a geir gan y Gogynfeirdd rhaid cadw mewn cof fod yna bethau eraill a ddaeth i'w canu o'r hen gyfnod. O ran ei phynciau — yn foli arweinwyr cymdeithas a chanu eu marwnadau a disgrifio eu rhyfeloedd — y mae bardd-oniaeth y Gogynfeirdd yn debyg iawn i'r hengerdd.

Dyna ichwi wedyn fater geirfa'r Gogynfeirdd, peth a grybwyllwyd yn barod, mae honno hefyd i raddau yn deillio o'r hen ganu. Wrth drafod gwaith y Gogynfeirdd fe nododd Vendryes fod yn eu canu nifer sylweddol o eiriau gwahanol i gyfeirio at ' frwydr ' ac ' arglwydd ' a nifer sylweddol o ymadroddion i fynegi haelioni, tristwch ac ati. Yr hyn na ddarfu Vendryes ei sylweddoli (ond a sylweddolodd J. Lloyd-Jones) oedd fod bron y cyfan o eiriau'r Gogynfeirdd am ' frwydr ' ac ' arglwydd ' i'w cael yn yr hengerdd. Mae nifer o'u hymadroddion i fynegi haelioni a thristwch hefyd i'w cael yn yr hen ganu.

Yn yr un modd fe nododd Vendryes nifer o drosiadau o anifeiliaid a ddefnyddiai'r Gogynfeirdd am yr arglwydd, rhai megis *llew, gwalch, hebog, blaidd, arth, tarw, twrch, carw.* Dangosodd Lloyd-Jones fod amryw o'r rhain, ac eraill, hwythau i'w cael yn yr hengerdd hefyd.

Yn ogystal â'r rhan o'r hengerdd sydd wedi'i gweithio i gyfansoddiad canu'r Gogynfeirdd yn adleisiau ac ati fe geir ynddo lawer o gyfeiriadau tra pharchus at rannau o'r hen ganu gan y Gogynfeirdd. Wrth ganu yn erbyn ' gofeirdd ysbyddawd ', sef rhai llawer is eu safle mewn cymdeithas na'r Gogynfeirdd, fe gyfeiriodd Phylip Brydydd at wirionedd ei awen o a'i gyd-feirdd a gwirionedd parhaol yr hen ganu :

> ' Hengerdd Taliesin i deyrnedd elfydd,
>   Hi a fu newydd naw saith mlynedd . . .'

[Hengerdd Taliesin i frenhinoedd byd, / Hi a fu'n newydd am 63 blynedd . . .]

(Cyfeiriad at y ffaith nad oedd y gân ddim yn heneiddio yn hytrach na chyfrif cysact o flynyddoedd sydd yn y tair blwydd a thrigain uchod.)

Gofynnodd Dafydd Benfras i Dduw ei gynysgaeddu â :

> ' Cyflawn awen, awydd Fyrddin,
>   I ganu moliant fal Aneirin gynt
>   Dydd y cant Ododdin.'

[Awen gyflawn, awydd fel un Myrddin, / I ganu moliant fel Aneirin gynt / Yr amser y canodd y Gododdin.]

Taliesin, Aneirin, Myrddin : mae cyfeiriadau at y rhain yn britho'r canu. Ond nid atyn nhw'n unig y cyfeirir. Mewn cerdd hir i Hywel fab Owain dywedodd Cynddelw :

> ' Gnawd canaf ei foliant fal Afan Ferddig
>   Neu farddwawd Arofan . . .'

[Mae hi'n arferol i mi ganu ei foliant fel Afan Ferddig, / Neu gerdd farddol Arofan . . .]

Wrth ganu i Syr Gruffudd Llwyd dywedodd Gwilym Ddu :

> ' Mal cofain cywrain Cywryd, fardd Dunawd,
>   Mau i'm draig priawd, gwawd ni bo gwŷd,
>   Mau [Darllen ' Mal '] gwawdgan Afan ufuddfryd, ffrwythlawn
>   O gof Gadwallawn brenhinddawn bryd.'

[Fel cofion cywrain Cywryd, fardd Dunawd, / [Yw] fy un i i'm draig fy hun, cân na fo'n gelwydd, / Fel cân Afan, ufudd-feddwl, gynhyrchiol, / I gof Cadwallon, un ag arno olwg un â dawn frenhinol.]

Dyma ni Afan Ferddig, Arofan a Chywryd. Pwysleisio parhad traddodiad canu Aneirin a Thaliesin a wna hyn, wrth reswm, a dangos mor ymwybodol oedd y Gogynfeirdd o'u rhagflaenwyr.

Roedd y traddodiad hwn, yr olyniaeth farddol a'r frawdoliaeth farddol, yn beth byw iddyn nhw oherwydd yn ystod cyfnod y Gogynfeirdd fe geir mwy nag un bardd yn enwi ei gymrodyr o feirdd. Mewn marwnad i Drahaearn Brydydd cyfeiriodd Goronwy Ddu at Daliesin, ac enwa Fyrddin, Cynddelw, Elidir Sais, Llywarch ap Llywelyn (Prydydd y Moch), Dafydd Benfras, rhyw Gruffudd, Philip Brydydd, Gwilym, Einion ap Gwalchmai, Cnepyn Warthryn a Llygad Gŵr. Wrth ymliw ag Esgob Bangor am esgeuluso beirdd a mawrhau cerddorion dywedodd Iorwerth Beli :

> ' Tra fu Llywarch parch perchenogion elw
> A Chynddelw arddelw urdd(o)ledigion
> Gwilym Ryfel ryfyg anfon urddas
> A Dafydd Benfras ym mawrblas Môn
> Ni wnâi arglwydd rhwydd rhoddion ddigroniad
> Neb rhyw gonglad brad ar brydyddion.'

[Tra fu Llywarch, parch y rhai sy'n berchenogion cyfoeth, / A Chynddelw yn hawlio (gan) rai urddol, / (A) Gwilym Ryfel feiddgar i anfon urddas / A Dafydd Benfras ym mhlas mawr Môn / Ni wnâi arglwydd hael, roddion anghybyddlyd, / Unrhyw gornelu (cyfoeth nac unrhyw) frad i feirdd.]

At y parhad yn y traddodiad a welir yn yr enwi yma y mae hefyd eiriau ac ymadroddion sydd i'w cael drwy ganu'r Gogynfeirdd eu hunain. Nodaf un enghraifft yn unig, sef cyfleu'r syniad o freuder einioes trwy gyfeirio at wydr. Fel arfer, nodi fod bywyd mor hawdd i'w dorri â gwydr a wneir. Dyma rai dyfyniadau lle ceir y syniad hwn :

> ' hoedyl wydyr wodrudd '
> (Cynddelw)

[cyffröwr hoedl wydyr]

> ' gwŷr hoedylwydyr '
> (Prydydd y Moch)

> ' oswydd oeswydr '
> (Sefnyn)

[Coed â'u hoes fel gwydr]

125

Rhaffau parhad yw'r pethau hyn ac yr ydw i wedi pwysleisio mater y traddodiad parhaol hwn eto oherwydd nad dau ganu gwahanol yw'r hengerdd a barddoniaeth y Gogynfeirdd ac nid dwy arddull hollol wahanol sydd ynddyn nhw. Y mae'r ffaith fod cynifer o adleisiau a dywediadau a dulliau dweud o'r hengerdd yn ffitio'n naturiol i ganu'r Gogynfeirdd yn dangos fod elfennau tebyg yn y ddau ganu. Yn wir dadleuodd yr Athro T. J. Morgan mai 'ail gyfansoddi awdlau'r Cynfeirdd' a wna'r Gogynfeirdd.

At y rhaffau parhad hyn sydd yn yr hengerdd a chanu'r Gogynfeirdd y mae yng ngwaith y Gogynfeirdd gryn dipyn o gyfeiriadau at arwyr cyfnod yr hengerdd, rhai hanesyddol a chwedlonol. Fe ddefnyddir y rhain yn bennaf er mwyn clodfori'r tywysog. Fe'i cymherir â gwŷr hael megis Nudd, Mordaf a Rhydderch; cymherir ef o ran ei ddewrder â rhai fel Arthur, Urien, Drystan, Cynon, Aergol, Llywarch, Cai, Bedwyr ac eraill; a chymherir merched â rhai teg o bryd megis Enid, Tegau neu Eigr.

Fe geir cyfeiriadau clasurol (er enghraifft, Iason, Eneas, Echdor, Cesar) a rhai Beiblaidd (megis Dafydd a Selyf) hefyd yng nghanu'r Gogynfeirdd o bryd i'w gilydd. Yn hyn o beth y mae'n wahanol i'r hengerdd. Diau fod y cyfeiriadau hyn i'w priodoli i ddylanwad cynyddol yr eglwys a'i dysg Ladin ar feirdd Cymru.

Arwyr hanesyddol, arwyr chwedlonol; arwyr clasurol, arwyr ysgrythurol: mewn gwirionedd, pobol y dywedid amdanyn nhw mewn barddoniaeth ac mewn hanesion a chwedlau oedd y rhain i gyd. Ac y mae'n amlwg fod gan y Gogynfeirdd stôr o hanesion a chwedlau (cofiwch, fel y nododd yr Athro Caerwyn Williams, nad oedd ein hen hynafiaid ni'n gwahaniaethu fel y gwnawn ni rhwng chwedl a hanes) a'u bod yn tynnu ar eu gwybodaeth ohonyn nhw. Er enghraifft, roedd y rhan fwyaf o'r beirdd, mae'n debyg, yn gwybod Chwedl Taliesin — y mae amryw byd o gyfeiriadau ati yn y farddoniaeth; roedd ganddyn nhw, yn amlwg, ryw fath o chwedlau am Emrys, Arthur, Urien, Myrddin a Llywarch hefyd. Yn ei gerdd i Esgob Bangor mae gan Iorwerth Beli stori am Faelgwn yn mynd i Gaer Seion ac yn dwyn gydag ef feirdd a thelynorion. Roedd yn rhaid croesi dŵr ar y daith a pharwyd i'r beirdd a'r telynorion nofio. Ar ôl y nofio hwn doedd y telynorion yn dda i ddim, ond

'Cystal y prydai'r prydyddion â chynt'
[Cystal y canai'r beirdd â chynt].

Dyna ni stori fach gan Iorwerth at ei bwrpas, sef un i ddangos rhagoriaeth y beirdd dros y cerddorion. Mae ganddo un arall i'r un perwyl am ryw Dudur Wion. Wedyn dyna inni'r chwedlau am saint a'u rhyfeddodau a geir yng nghanu'r Gogynfeirdd i'r seintiau a'r disgrifiadau echrydus o uffern a geir yn rhai o'u cerddi. Awgryma hyn oll fod y beirdd yn hyddysg yn y chwedlau, a'r casgliad amlwg o hyn yw fod cyfarwyddyd yn debyg o fod yn rhan o'u hyfforddiant ffurfiol.

At hyn gwelir olion o wybodaeth arall. Er enghraifft, mewn cerdd ar freintiau gwŷr Powys mae Cynddelw fel pe'n dyfynnu o'r Cyfreithiau Cymraeg —

'Ni thelir o wir . . . ebediw gŵr briw . . .
yn nydd brwydyr rhag bron ei arglwydd.'
[Ni thelir trwy hawl . . . ebediw [= tâl i frenin neu arglwydd ar farwolaeth un o'i ddeiliaid] gŵr anafus . . . yn nydd brwydr gerbron ei arglwydd.]

Wrth sôn am ddiffyg parch i'w ganu y mae Prydydd y Moch yn dweud fod hynny

'Mal hau rhag moch mererid'
[Fel hau perlau o flaen moch].

Cymharer hyn â'r ymadrodd gan Grist fel y'i cyfieithwyd yn ddiweddarach :

'na theflwch eich gemau o flaen y moch' (Mat. vii, 6).

Awgryma geiriau Prydydd y Moch fod ganddo wybodaeth fanylach o'r Ysgrythur na chrap cyffredinol ar chwedlau am gymeriadau'r Beibl. Ai gwybodaeth arbennig dau fardd arbennig oedd y wybodaeth o'r Cyfreithiau a'r Ysgrythurau a awgrymir yma ynteu un fwy cyffredinol ymhlith y beirdd? A oedd y pethau hyn hwythau'n rhan o hyfforddiant y beirdd? Wn i ddim : y cwbl y gellir ei ychwanegu yma yw fod mwy o dystiolaeth dros wybodaeth y beirdd o'r Ysgrythurau ar gael nag o dystiolaeth o'u gwybodaeth o'r cyfraith.

Yn ychwanegol at hyn eto roedd rhai o'r beirdd yn effro i

ddiddordebau noddwr go fywiog ei feddwl, megis Hopcyn ap Thomas, gŵr y dywedodd Dafydd y Coed fod yn ei lys:

> ' Eur ddar y Lucidarius
> A'r Greal a'r Yniales '

[Derwen aur [= praffter cyfoethog] Lucidarius / a'r Greal a'r Annales. Lucidarius = traethawd Lladin ar faterion diwinyddol; Y Greal = hanesion am y Greal Santaidd; Yniales = Annales, nodiadau blwyddiadurol ar ddigwyddiadau.]

Gŵr hynod ddiwylliedig oedd yr Hopcyn hwn yn ôl tystiolaeth y beirdd amdano. Dengys y mawl a ddyfynnwyd i Hopcyn fod o leiaf rai o'r beirdd yn dangos diddordeb mewn llên ar femrwn, o'i chyferbynnu â'r llenyddiaeth lafar yr oedden nhw wedi'u hyfforddi ynddi.

Ers tro rŵan rydw i wedi bod yn pwysleisio fod elfennau tebyg yng nghanu'r Gogynfeirdd ac yn yr hengerdd. Y cwestiwn sy'n codi o hyn oll yw hwn: ' Os oes yna gymaint yn gyffredin rhwng canu'r Gogynfeirdd a'r hengerdd pam fod yr argraff y mae'r ddau ganu'n ei gael ar ddarllenydd mor wahanol i'w gilydd? ' Fe ddangosodd J. Lloyd-Jones hanfod y gwahaniaeth inni pan ddywedodd o fod y Gogynfeirdd yn gwahaniaethu oddi wrth y Cynfeirdd yn eu defnydd mawr — ' afradlon ' (*extravagant*) yw ei air o — o epithetau. (Epithet yw dywediad neu ymadrodd.) Yr oedd epithetau yn yr hengerdd, rhai megis ' post cad ' neu ' biler cad ' am ryfelwr nerthol, ond dyw'r Cynfeirdd — yn enwedig Aneirin a Thaliesin — ddim yn llwytho'r cerddi ag epithetau. Mae eu canu nhw'n syndod o uniongyrchol: mae canu'r Gogynfeirdd yn dryfrith goludog. Y mae'r Ffrancwr, Vendryes, wedi taro'r hoelen ar ei phen wrth ddisgrifio canu'r Gogynfeirdd fel hyn:

> ' Yn ei hanfod dyna yw'r farddoniaeth — cyfosod enwau ar eu pennau eu hunain heb derfyniadau eu cyflwr.' (La poésie consiste essentiellement en la juxtaposition de noms isolés dépourvus de flexion.')

Yr hyn a olygir yw hyn — roedd y Frythoneg, yr iaith y datblygodd y Gymraeg ohoni, yn un lle dynodid swyddogaeth ramadegol geiriau trwy eu terfyniadau; roedd hi'n debyg i'r Lladin yn hyn o beth. Er enghraifft, petai arnoch eisiau dweud *tŷ geneth* mewn Lladin yr hyn fyddech chwi'n ei ddweud fyddai *villa puellae.* A phetaech chwi'n dweud *puellae villa* mi fyddai'r geiriau'n golygu'r un peth. Y rheswm am hynny yw mai terfyniadau'r geiriau (yr *-a* a'r *-ae*) sy'n dynodi eu swyddogaeth ramadegol nhw. Mae'r *-ae* yn *puellae,* er enghraifft, yn dweud mai Genidol yw cyflwr y gair, neu'n blaenach, ei fod yma'n golygu perchenogaeth — yr eneth biau'r ty. Mewn iaith sy'n dibynnu ar derfyniadau fel hyn fe ellir symud enwau o gwmpas mewn brawddeg yn weddol rhwydd ac fe fydd yr ystyr yn dal i fod rhywbeth yn debyg — er enghraifft, mae *villa puellae* a *puellae villa* yn golygu *tŷ geneth.* Petaech chwi'n newid trefn y geiriau Cymraeg o fewn brawddeg dyw ystyr y frawddeg ddim yn rhwym o aros rhywbeth yn debyg. Fel y mae'n digwydd nid yr un ystyr sydd i *geneth tŷ* ag i *tŷ geneth.* Ond petaem ni'n dweud *geneth dŷ,* a threiglo'r *tŷ,* fe allem ni gyfleu ystyr tebyg i *tŷ geneth.* Yr hyn y mae Vendryes yn ei awgrymu yw fod y Gymraeg, yng nghanu'r Gogynfeirdd, wedi dal at ryddid yn achos trefn geiriau i gyfleu ystyr, rhyddid oedd yn yr iaith Frythoneg. Awgrymodd Henry Lewis beth tebyg am yr hengerdd. Dyma ni felly awgrym neu ddamcaniaeth sy'n ceisio esbonio pam fod canu'r Gogynfeirdd mor ystwyth o ran trefn geiriau, yn enwedig o ran trefn enwau.

Y mae damcaniaethau eraill. Dyna ichwi ddamcaniaeth Saunders Lewis yn ei *Braslun o Hanes Llenyddiaeth Gymraeg hyd 1536.* Noda fo fod gwahaniaeth sylfaenol rhwng rhyddiaith bur a barddoniaeth bur. Fformwla rhyddiaith bur ydyw hyn:

cystrawen = trefn = ystyr

Mewn barddoniaeth bur, ar y llaw arall, nid ystyr geiriau yw'r peth pwysig ond eu gwerth nhw. Gwerth gair yw ei *aura* fo, sef ei apêl gymhleth at y synhwyrau a'r teimladau a'r glust. Er enghraifft, bwriwch fod un o'r Gogynfeirdd yn defnyddio hen air a ddefnyddiasid gan y Cynfeirdd — *carennydd,* er enghraifft — neu'n defnyddio enw arwr — *Arthur,* dyweder — yn ei gerdd, yna fe fyddai cysylltiadau a rhin a sŵn y geiriau hynny'n cyfrif lawn cymaint, os nad mwy, na'u hystyron yn yr argraff a gaen nhw ar gynulleidfa. Yr elfennau hyn mewn gair, pethau heblaw ei ystyr o, yw ei 'werth' o. Fformwla barddoniaeth bur ydyw:

mydr = trefn = gwerth

' Mydr ' yw trefn llinell a phennill mewn barddoniaeth. Cryfhawyd mydr â chyseinedd ac odl a chymeriad, ond doedd hyn oll ddim yn ddigon i'r Gogynfeirdd ac fe drowyd yr elfennau a nodwyd yn system ' gyflawn ' yn eu gwaith, sef y gynghanedd. Felly ceisio canu ' barddoniaeth bur ' yr oedd y Gogynfeirdd ac fe ellir eu cymharu yn hyn o beth â rhai oedd yn ymgeisio, yn eu ffordd eu hunain, at yr un peth — Mallarmé a Paul Valéry yn Ffrainc, Gerard Manley Hopkins yn Lloegr, a'r mudiad symbolaidd yn Ffrainc a'r Almaen yn y ganrif ddiwethaf a dechrau'r ganrif hon.

Mae gen innau ryw lun o ddamcaniaeth hefyd. Ystyriwch fater y trefn geiriau yma yn yr iaith Gymraeg fel ag y mae hi rŵan mewn brawddeg fel hyn :

Mae'r gŵr fel llew o ffyrnig.

Gadewch inni geisio mynegi syniad sydd rywbeth yn debyg i hyn gan ddefnyddio'r un geiriau, fwy neu lai, i gael gweld beth a ddigwyddith :

Mae'r gŵr yn ffyrnig fel llew.
Fel llew o ffyrnig yw'r gŵr.
Gŵr ffyrnig fel llew ydyw.
Fel llew yw'r gŵr o ffyrnig.
Gŵr llew-ffyrnig ydyw.
Ffyrniglew ŵr ydyw.

A bod yn fanwl gywir y mae gwahanol bwyslais yn ystyron y brawddegau hyn ond fe allwn weld fod yr un syniad cyffredinol yn rhedeg drwyddyn nhw. Fe sylwch fod y gystrawen yn mynd yn fwy gwahanol i'r arferol mwya yn y byd y ceisir ailadrodd syniad heb ailadrodd trefn y geiriau. Y mae elfen o hyn yng nghanu'r Gogynfeirdd yn fy marn i. Roedden nhw'n trin syniadau a phrofiadau cyffelyb i'r hengerdd. O wneud hynny ac o ddal ati i wneud hynny roedd hi'n anochel fod eu cystrawen yn mynd i ddatblygu'n wahanol i'r arferol os oedd dychymyg y beirdd yn mynd i ddal i greu o fewn y traddodiad. Heb hynny byddai'r hyn a gynhyrchid yn farwaidd o debyg i'r hyn a fu o'i flaen.

Dyw'r ddamcaniaeth annwyl hon ddim yn gwarafun fod elfennau eraill yn cyfrannu at arbenigrwydd arddull y Gogynfeirdd. Dyw hi ddim yn cau'r drws ar y syniad o orchest bwriadol y canu, peth a awgrymodd John Lloyd-Jones. Gorchest oedd honno a fyddai'n gofyn fod yn rhaid i'r bardd wrth hyfforddiant trylwyr a fyddai'n sicrhau arbenigrwydd ei swydd gan na allai rhywun-rywun mo'i chyflawni hi.

Elfen arall aruthrol o bwysig yn arddull y Gogynfeirdd ydyw sŵn, yn gyflythreniad neu gyseinedd, odl a chynghanedd. Rydym ni eisoes wedi crybwyll damcaniaeth Saunders Lewis ynglŷn a datblygiad y gynghanedd; gadewch inni fanylu ychydig bach ar ei thwf hi yng ngwaith y Gogynfeirdd. Odl o fewn llinell, cyfatebiaeth cytseiniaid o gwmpas acenion o fewn llinell, neu gyfuniad o'r ddau beth hyn yw elfennau cynghanedd. Gwelsom fod yr elfennau hyn i'w cael o bryd i'w gilydd yn ein hengerdd. Yn ei *Cerdd Dafod* galwodd Syr John Morris-Jones hyn yn ' cynghanedd rydd '. Erbyn i gyfnod Beirdd yr Uchelwyr gael ei draed dano yn y bedwaredd ganrif ar ddeg roedd cynghanedd y beirdd yn system gaeth. Fe welir, felly, fod twf sylweddol iawn yn systemeiddio'r gynghanedd wedi digwydd yng nghyfnod y Gogynfeirdd. Fel y dywed y Dr. Thomas Parry yn ei astudiaeth, ' Twf y Gynghanedd ' :

' Mae'n bur ddiogel dywedyd mai yn awdlau urddasol Beirdd y Tywysogion y datblygwyd y ganghanedd.'

Dydw i ddim yn bwriadu ailadrodd ei ddadansoddiad ef o'r datblygiad hwnnw eithr fe ddylwn nodi un neu ddau o bethau am gynghanedd a mesurau'r Gogynfeirdd.

Canu awdlau a wnaent. Etifeddasant hen fesurau awdl gan y Cynfeirdd, ond ddarfu nhw ddim derbyn yr hen fesurau i gyd ac fe adawsant rai i'r gofeirdd — mae'n debyg am nad oedden nhw'n eu hystyried yn ddigon urddasol i'w canu. Yn wahanol i Aneirin a Thaliesin roedden nhw'n canu englynion ac fe ddaeth cadwynau ohonyn nhw wedi eu cydio trwy gymeriad i gyflawni'r un swyddog-aeth ag awdl. Er hyn dylid nodi iddi gymryd peth amser i gyfresi fel hyn o englynion gael eu derbyn fel petaen nhw'r un mor urddasol â'r awdlau.

O safbwynt rheolau'r gynghanedd fel y datblygasant yn oes Beirdd yr Uchelwyr ni ellir galw plethiadau'r Gogynfeirdd at ei gilydd yn ddim ond cynghanedd rydd. Eithr fe ddangosodd ysgol-heigion ei bod hi'n bosibl codi patrymau o fewn y rhyddid hwn. Er enghraifft, ceir patrwm o ddau, neu fwy, o eiriau'n dechrau â'r un llythyren :

' Gwelais wedi *c*ad *c*oludd ar ddrain '
[Gwelais goluddion ar ddrain ar ôl brwydr]

131

' *Bl*aidd a *bl*wng a *bl*aengar '
[Blaidd a ffyrnig a blaengar].

Y mae patrymau eraill mwy cymhleth na hyn hefyd i'w canfod, a chymhlethu a graddol ymsefydlogi a wnaeth y patrymau nes bod gennym gynghanedd gaeth. Y mae nifer o ystyriaethau anodd y dylid eu trafod yma, megis a ganiatâi'r Gogynfeirdd i lythyren gyseinio â'i ffurf dreigledig — *c* ac *g*, er enghraifft, gan y gall *g* fod yn ffurf dreigledig o *c* (*c*ath — ei *g*ath). Wedyn, a oedd yna ryw ffordd arbennig o bwysleisio geiriau wrth eu datgan? Ac yn y blaen.

Hyd yn oed pe na bai gennych ddim diddordeb o gwbwl yn nhwf y gynghanedd yr ydych yn siŵr o gael eich taro gan soniaredd urddasol barddoniaeth y Gogynfeirdd. Dyma ichwi bedwar dyfyniad :

1.   ' Gŵr hyfriw ei wayw, gŵr hyfryd ei fyw,
           Gwraidd eurllyw, glyw glew o'i febyd,
           Gŵr golau ei arfau, aergreu ergryd,
           Gŵr gelyn i ddyn ei ddiofryd.'
                                (Bleddyn Fardd)
[Gŵr â'i waywffon yn andwyol, gŵr hyfryd ei fywyd, / gwrol lyw ardderchog, arglwydd dewr o'i febyd, / gŵr â'i arfau'n ddisglair, arswyd brwydr waedlyd, / gŵr yr oedd iddo ymwrthod â dyn yn beth gelyniaethus.]

2.   ' Ei lafn yng nghreulif yng nghreulyn gwyar,
             Yng nghreulawn ymwrthryn,
           Gwychyr y gwylch, gweilch amddiffyn,
           Gwalch gwenwynfalch, Gwenwynwyn.'
                                  (Cynddelw)
[[Roedd] ei gledd mewn llif o waed, mewn llyn gwaedlyd o waed, / Mewn gwaedlyd fwrw ymosodiad yn ôl; / Un ffyrnig y gweilch (?), (sef) gweilch yr amddiffyn, / Gwalch yn falch o'i wenwyn — Gwenwynwyn.]

3.   ' Rhoi i wan yw ei annwyd.'
                                  (Einion Wan)
[Rhoi i rai gwan yw ei natur.]

4.   ' Dygyn yw hebod bod byd,
              Dygynnelw, a Duw gennyd.'
                                  (Cynddelw)
[Mae hi'n galed fod byd hebot ti, / Dygynnelw, a boed Duw gyda thi.]

Mae'r dyfyniadau hyn yn dangos yn amlwg fod y Gogynfeirdd yn hoffi creu patrymau o sŵn ac yn hoffi chwarae â sŵn ac ystyr geiriau. Fe ddefnyddir y gair 'chwarae' yma yn yr ystyr o drin a thrafod geiriau nes gweld eu hamryfal bosibiliadau ac nid mewn ystyr o ddiffyg difrifoldeb. Sylwch fel y mae Dyfyniad 1 yn cadw'r llythrennau *g* ac *r, f* ac *l* yn y meddwl ac fel y mae'r farddoniaeth yn tyfu rywsut trwy chwarae â'u sŵn. Yn Dyfyniad 2 y mae'r bardd yn ymhel â'r gair *crau* (gwaed) ac yn cordeddu'r seiniau *g, l* ac *ch* trwy ei gyfansoddiad i greu argraff o lid gwaedlyd ymladdwr. Y mae Einion *Wan* yn amlwg yn chwarae ar amwysedd y 'Gwan' yn ei enw ei hun yn Dyfyniad 3. Yn Dyfyniad 4 y mae Cynddelw'n creu colled, o sŵn ac ystyr dau air, sef *dygyn* ac enw ei fab marw, *Dygyn*elw.

Wrth fynd heibio mae'n ddiddorol sylwi fod parodrwydd ymadrodd, addasrwydd gair yn ei gyd-destun, a dysg fel petaen nhw'n nodweddion pwysig yng ngolwg y beirdd eu hunain. Pe bai yna feirniadaeth lenyddol adeg y Gogynfeirdd dyna'r math o bethau y byddid wedi eu cymeradwyo mae'n debyg. Yn ei farwnad i Drahaearn Brydydd ceir y geiriau cymeradwyol hyn gan Gwilym Ddu :

'Ffraeth dafawd, detholwawd, doeth'
[Ffraeth ei dafod, dethol ei gân, doeth]

a 'gair uniawn syberw'

[yr union / cyfiawn, y pwyllog air]

Dyma eiriau gan Gynddelw amdano'i hun :

'yn brydydd, yn brifardd dysg.'

Ffraethineb dysgedig, hyfforddedig, dyna sy'n rhoi — a dyfynnu geiriau Cynddelw eto — 'rhwysg awdurdawd cerdd.'

Soniais am sŵn; ond cofiwch fod tawelwch yn rhan o gyfanswm ei effaith. Dyna pam y mae'r seibiau yng nghanu'r Gogynfeirdd (yr unig atalnodi sy'n bosibl mewn datganiad llafar) yn eithriadol o bwysig. Yn wir, ar ôl ymgydnabod â'u hiaith, lleoliad eu seibiau yw'r allwedd i ddeall canu'r Gogynfeirdd yn fy marn i. Argraffiadau synhwyrus, soniarus a gewch chwi gan y Gogynfeirdd a'r rheini'n magu ystyr a phrofiad hollol arbennig.

Gadewch inni rŵan fwrw golwg ar y gwahanol fathau o ganu a geir gan y Gogynfeirdd.

Y mae'n amlwg fod y Gogynfeirdd yn feirdd Cristnogol. Yn ôl y Cyfreithiau Cymraeg roedd canu i Dduw i gael blaenoriaeth ar bob canu arall :

'Pan fynner canu cerdd, y bardd cadeiriawg a ddechrau; yn gyntaf o Dduw, a'r ail o'r brenin bieiffo y llys . . .'

(Llyfr Iorwerth)

Yn y canu crefyddol fe geir argraff o ardderchowgrwydd Duw, disgrifiadau enbyd o ddioddefaint Crist, sicrwydd angau (fe geir math o gerdd lle mae'r bardd yn cogio bod ar ei wely angau hyd yn oed, math o gerdd a elwir yn *marwysgafn*), arswyd dydd y farn ac erchylltra dioddefaint uffern, ynghyd ag ambell hanes, chwedl neu draddodiad. Dylid nodi nad mewn math arbennig o ganu'n unig y ceir crefydd, y mae elfen grefyddol gref ar brydiau mewn cerddi i dywysogion hefyd.

Un o'r cerddi crefyddol mwyaf hyfryd yw cân y Brawd Madog ap Gwallter am eni Crist — 'efallai'r carol Nadolig hynaf sy gennym yn Gymraeg,' chwedl Henry Lewis. Dyma bwt o'i gân :

'Mab a'n rhodded,	Mab mad aned,	dan ei freiniau;
Mab gogoned,	Mab i'n gwared,	y Mab gorau;
Mab fam forwyn,	grefydd addfwyn,	aeddfed eiriau;
Heb gnawdawl dad,	hwn yw'r Mab Rhad,	rhoddiad rhadau.
Doeth ystyriwn	a rhyfeddwn	ryfeddodau,
Dim rhyfeddach	ni fydd bellach	ni bwyll enau.
Duw a'n dyfu,	dyn yn crëu	creaduriau.
Yn Dduw, yn ddyn,	a'r Duw yn ddyn,	yn un ddoniau.
Cawr mawr bychan,	cryf, cadarn, gwan,	gwynion ruddiau.
Cyfoethawg tlawd,	a'n Tad a'n Brawd,	awdur brodiau.
Iesu yw hwn	a erbyniwn	yn ben rhiau.
Isel, uchel,	Emanuel,	mêl feddyliau.'

[Mab a roddwyd i ni, Mab da a anwyd, dan ei freintiau; / Mab y gogoniant, Mab a'n gwareda, y Mab gorau; / Mab mam o forwyn, addfwyn ei chrefydd, aeddfed eiriau; / Heb dad o gnawd, hwn yw Mab y Gras, rhoddwr grasusau. / Ystyriwn yn ddoeth a rhyfeddwn at ei ryfeddodau, / Dim rhyfeddach ni fydd bellach, ni chrybwyll genau [ddim rhyfeddach]. / Daeth Duw atom, dyn yn creu creaduriaid. / Yn Dduw, yn ddyn, a'r Duw yn ddyn, o'r un doniau [â dyn]. / Cawr mawr — bychan; cryf, cadarn — gwan; gwynion ei ruddiau. / Cyfoethog — tlawd, a'n Tad a'n Brawd, awdur barnau. / Iesu yw hwn a dderbyniwn yn ben arglwydd. / Isel-uchel, Emanuel, mêl feddyliau.]

Fe welwch yn syth fod hon yn haws cerdd na'r rhai y dyfynnwyd ohonyn nhw ynghynt. Mae hi'n gerdd syml, uniongyrchol, yn llawn o burdeb llawenydd diolchgar. Hawdd credu fod y Brawd Madog yn perthyn i Urdd Sant Ffransis.

Ceir golwg arall ar brofiad gŵr crefyddol yn y byd yng nghanu Gruffudd ab yr Ynad Coch. Hwn oedd awdur y farwnad fwyaf nodedig mewn unrhyw lenyddiaeth y gwn i amdani petai hi'n dod i hynny, hwn oedd awdur y gân ar farwolaeth Llywelyn Ein Llyw Olaf, y gân honno sy'n cynnwys y geiriau enwog :

> ' Poni welwch-chwi hynt y gwynt a'r glaw?
> Poni welwch-chwi'r deri'n ymdaraw?
> Poni welwch-chwi'r môr yn merwinaw'r tir?
> Poni welwch-chwi'r gwir yn ymgyweiriaw?
> Poni welwch-chwi'r haul yn hwylaw'r awyr?
> Poni welwch-chwi'r sŷr wedi r'syrthiaw?
> Poni chredwch-chwi i Dduw, ddyniadon ynfyd?
> Poni welwch-chwi'r byd wedi r'bydiaw?
> Och hyd atat-ti, Dduw, na ddaw môr dros dir !
> Pa beth y'n gedir i ohiriaw !
> Nid oes le y cyrcher rhag carchar braw,
> Nid oes le y triger : och o'r trigaw ! '

[Oni welwch-chwi hynt y gwynt a'r glaw? / Oni welwch-chwi'r coed derw'n taro'n erbyn ei gilydd? / Oni welwch-chwi'r môr yn parlysu'r tir? / Oni welwch-chwi'r ffyddlon [= crediniwr] yn ei baratoi ei hun? / Oni welwch-chwi'r haul yn hwylio drwy'r awyr? / Oni welwch-chwi'r sêr wedi syrthio? / Oni chredwch-chwi yn Nuw, ddynionach ffôl? / Oni welwch-chwi'r byd wedi gorffen bod? / Ochenaid atat ti, Dduw, O ! na ddaw môr dros y tir ! / I beth y'n gadewir i ohirio'n bywyd ! / Does dim un lle y gellir mynd iddo rhag carchar braw, / Dim un lle ychwaith y gellir byw ynddo : och, y fath fyw !]

Cân gan Ruffudd i'w dywysog a laddwyd yw hon ond fe welwch fod yna deimlad o ddiwedd y byd ynddi. Bardd felly oedd Gruffudd, un yn ymdeimlo â grymusterau ysbrydol yn hyrddio trwy'r cread a thrwy fywyd : dyna pam nad ydw i ddim yn amau — fel yr amheuir yn *Y Bywgraffiadur* — mai fo yw awdur y canu crefyddol a briodolir iddo. Dyma awdl gyfan ganddo :

Och hyd ar Frenin — fraint ucheldaw,
Haeldad, goleuad, llygad a llaw —
Na chred pechadur i'i ddifuriaw —
Oni êl i bwll i bell drigaw —
Na phoeni gan galon [ei] dreuliaw,
Na myned o Grist i'r grog erddaw,
Ac na ŵyr yn llwyr llebyddiaw ein Arglwydd
A thrwy waradwydd ei wir adaw.
Bei meddyliai dyn, a'i feddyliaw,
A fu o ddolur ar Ei ddwylaw
Gan gethri parawd yn cythruddiaw cnawd,
　Ni wna-ai bechawd na'i rybuchaw.
Bei na bai undydd Dofydd a'n daw,
Dyddbrawd yn barawd i'n diburiaw
A'r gwaed gyn ired â'r dydd y'i croged
　A'i ddwylaw ar lled wedi'r llidiaw
A'r gwaed yn ffrydiau ynghylch ei fronnau
　A'i holl welïau heb elïaw
A'i goron yn ddrain ac yntau yn gelain
　A'i ben yn anghrein wedi'r greiniaw
Ac ôl ffrewyllau ar ei ystlysau
　Er gwneuthur angau a phoen iddaw
Er prynu mab dyn o'r tân ufelyn
　Y gan ei elyn a oedd yn aelaw
Er dangos i'r byd ei boen a'i benyd,
　Er ei ddwyn i gyd o gidwm law.
Ac yna y dywaid, y dydd uchenaid,
　" Mae ef y diriaid o'i eneidiaw,
　A cham gyhuddwr, a cham usurwr,
　A thwyllwr, bradwr bradawg ddwylaw,
　A lleidr annoniawg, a dyn defeiriawg,
　A glwth, a diawg, dial cymraw,
　A god, a chelwydd, a geuawg crefydd? "
　Gan nid eiddynt ffydd, ffoynt rhagddaw
I blith y gethern i waelawd uffern,
　Y lle y mae migynwern gwedi'r fignaw,
　A chynnau o dân a defni brwnstan,
　A phob marchdaran yn ymdaraw,
Rhag tragwres y tân a gormod boethfan
　A wnaeth Baraban i benydiaw
Er cythruddaw cnawd, er dial pechawd —
　Perchen drygddefawd a ddêl ataw.
Archwn i'r Ysbryd Celi, o'th blegid,
　Cyn pridd a gweryd i'n gwarandaw;
A chaffel angen ac olew a llen

A chymod â'n Rhên cyn no'n rheiniaw,
A nefawl orsedd a rhan drugaredd,
A Christ o'r diwedd i'n dwyn ataw.

[Ochenaid at Frenin — un y mae ganddo fraint *tangnefedd* goruchel, / Y Tad hael, goleuni, llygad a llaw — Na chred pechadur yn ei ddinistr [ei hun] — / Nes yr elo i bwll draw ymhell i fyw — / [Ac] na phoena'r un anwir ei galon ynghylch ei ddadfeiliad, / Na [phoeni] am i Grist fynd i'r groes er ei fwyn / Ac na ŵyr i'n Harglwydd gael ei labyddio / A thrwy waradwydd ei wir adael. / Pe meddyliai dyn, a meddwl [hynny o ddifrif], / Am y doluriau a fu ar ei ddwylo / Oherwydd hoelion parod yn poeni cnawd / Ni wnâi bechod na'i ddymuno. / O na bai'r undydd y daw'r Arglwydd atom ddim yn bod, / [Sef] dydd y farn [pan fydd yr Arglwydd] yn barod i'n puro / A'r gwaed mor ffres â'r dydd y'i croeshoeliwyd / A'i ddwylo ar led yn llidiog / A'r gwaed yn ffrydiau o amgylch ei fron / A'i holl archollion heb eu hiro ag eli / A'i goron yn ddrain, ac yntau'n gelain / A'i ben wedi'i ostwng ar ôl yr ymostyngiad / Ac ôl ffrewyllau ar Ei ystlysau / Er mwyn peri poen iddo Ef a'i ladd / Er mwyn prynu dynion o'r tân gwreichionog / Gan ei elyn lluosog / Er mwyn dangos i'r byd Ei boen a'i benyd / Er mwyn eu dwyn [dynion] i gyd o law gnafaidd. / Ac yna y dywaid ar ddydd yr ochenaid / *ac yr ochneidia* / " Ble mae'r rhai drwg ar ôl eu bywiogi / *atgyfodi*, / A'r cam gyhuddwr, a'r cam usuriwr, / A'r twyllwr, y bradwr bradwrus ddwylo, / A'r lleidr anraslon, a'r dyn dau-eiriog, / A'r glwth, a'r diog, yr un brawychus ei ddial, / Y puteiniwr, y celwyddog, a'r gŵr o grefydd anwir? " / Gan nad oes ganddynt ffydd rhaid iddynt ffoi rhagddo / I blith y giwed i waelod uffern / Lle y mae siglen/*cors* wedi ei chreu, / A chynnau tân, a defnynnau brwmstan, / A phob taran uchel yn clecian, / Rhag / *O flaen* gwres ofnadwy y tân a'r poethder eithriadol / A wnaeth *Barabân,* yr un sy'n codi llid i gosbi / Er mwyn poenydio cnawd, er mwyn dial ar bechod — / fe ddêl pawb y mae ganddo ddrwgweithredoedd ato. / Gofynnwn i'r Ysbryd Glân [Ysbryd y Nefoedd] o Dy blegid Di, / I wrando arnom cyn [amser] pridd a daear; / A boed inni gael angen ac olew, [= S. *extreme unction*] a [darllen inni] ysgrythur, / A chymod â'n Harglwydd cyn inni gyffio mewn marwolaeth; / A [boed inni gael] gorsedd nefol, a rhan trugaredd, / A Christ o'r diwedd i'n dwyn ato.]

Os ydych wedi gweld rhai o luniau'r arlunydd Matthias Grunewald o'r croeshoeliad fe welwch fod tebygrwydd echryslon rhwng y manylu ar y dioddefaint yn y gerdd hon ac yn ei luniau o. Yn 1528 y bu farw Grunewald ond yr oedd dioddefaint Crist yn cael ei ddangos yn egr mewn celfyddyd o tua'r bedwaredd ganrif ar ddeg. At y disgrifiadau o'r Crist dioddefus y mae yna ymateb llidiog synhwyrus i boen yn sŵn y darn. Fe gawn yma hefyd fraw y *Dies Irae* (Dydd Digofaint), a'r farn a ddaw y dydd hwnnw. Yna cawn argraff fer ond nodweddiadol danbaid o ofidiau uffern. Gorffennir gyda gweddi am drugaredd Duw a hyn cyn dyfod angau priddlyd a'r bedd, y 'pwll i bell drigiaw' ynddo. Mae'r gerdd hon drwyddi-draw yn ddrych o ymwybod crefyddol yr Oesoedd Canol.

Crybwyll y bedd a wneir yng ngherdd Gruffudd; y mae cerddi eraill lle manylir ar yr hyn a ddigwydd i'r corff ynddo. Dyma ichwi enghraifft nodedig o gerdd gan Ddafydd Ddu o Hiraddug. (Fe ddylwn nodi mai braidd yn hwyr — ryw ben cyn 1400 — yw o i gael ei gyfrif fel un o'r Gogynfeirdd hefyd.)

> 'A'r pryd gweddeiddliw
> A oedd weddus, wiw,
> Cyd boed deg heddiw
> A hyddysg falchedd
> Ef a fydd annelwig
> Dan bridd a cherrig,
> Heb na chroen na chig,
> Dremyg drymwedd;
> Y llygaid glwysion
> Yn dyllau crynion,
> Yn llawn o gynrhon
> Myn y gwirionedd.'

[A'r wyneb gweddaidd ei liw, / A oedd weddus, wych, / Er ei fod yn deg heddiw / Ac yn gwybod sut i fod yn falch / Fe fydd o heb siâp / Dan bridd a cherrig, / Heb na chroen na cnawd, / Yn wawd, yn drist ei olwg; / Y llygaid prydferth / Yn dyllau crynion, / Yn llawn o gynrhon / Ar fy ngwir.]

Dyma farddoniaeth sy'n egr synhwyrus, yn dychryn dyn — peth yr oedd wedi ei bwriadu i'w wneud, wrth gwrs. Y mae mor egr â rhai o ddychanau garwaf y Gogynfeirdd, rhai Madog Dwygraig, er enghraifft. Ond y mae'r rheini hefyd yn gyfoglyd o aflan. O

138

ddarllen ei waith dychanol o ac eraill o'r Gogynfeirdd Dıweddar — rhai fel Hywel Ystoryn a Dafydd y Coed — mae dyn yn dod i ddeall pam nad oedd gan y beirdd swyddogol fawr o olwg ar ddychan. Lle'r oedd dychan yn ddychan o ddifrif yr oedd ynddo fwy o naws gwir felltith na dim arall; dyma'r gair du a gysylltai â phwerau negyddol, dinistriol byd y beirdd. Ond rhyw ganu lled ochr yw dychan y Gogynfeirdd o ran y swm ohono a gadwyd.

Deuwn yn awr at brif ganu'r Gogynfeirdd, sef eu canu mawl a marwnad i'w tywysogion a'u harglwyddi. Rydw i am ddyfynnu un gerdd gyfan yma eto fel enghraifft o'r canu, sef 'Marwnad Madog fab Maredudd' gan Gynddelw Brydydd Mawr:

' Cyfarchaf i'm Rhi rad o obaith,
Cyfarchaf, cyferchais ganwaith,
I brofi prydu o'm prifiaith eurgerdd
I'm [h]arglwydd gydymdaith,
I gwynaw Madawg, meddfaith ei alar,
A'i âlon ym mhob iaith.
Dôr ysgor, ysgwyd ganhymdaith;
Tarian yn aerwan, yn eurwaith;
Twrf grug yng ngoddug yng ngoddaith;
Tarf esgar, ysgwyd yn nylaith;
Rhwyf myrdd cyrdd, cerddorion obaith,
Rhudd, diludd, dileddf gydymdaith
Rhy gelwid Madawg cyn no'i laith
Rhwyd gâlon, difogion diffaith.
Rhwydd ataf ateb fy ngobaith,
Rhydd wisgoedd, Wesgŵyn ganhymdaith,
Rhudd on-gyr Brân fab Llŷr Llediaith,
Rhwydd ei glod o gludaw anrhaith,
Rhuddfoawg faon ni olaith,
Rhad wastad, wystlon ganhymdaith,
Llafn aerfrad yng nghad, yng nghunllaith,
Llafn gwyar a gâr o gydwaith,
Llaw esgud dan ysgwyd galchfraith,
Llyw Powys, peues diobaith,
Hawl ofyn, gŵr ni mynn mabwaith,
Hwyl ysgwn, ysgwyd pedeiriaith,
Hil tëyrn, yn hëyrn henwaith.
Hael Fadawg, feuder anhywaith,
Can deryw — derfuam o'i laith,
Can daerawd — darfu gydymdaith.
Oedd beirddgar barddglwm dilediaith;
Oedd cadarn angor dyfnfor diffaith;
Oedd hir ei drwydded, oedd hyged, hygar;

Oedd llafar gwyar o'i gyfarwaith,
Oedd buelin blas, gwanas gwaedraith,
Oedd eurllew o aerllin Gadiaith,
Oedd difarn, gadarn gydymdaith unbyn
Oedd dyrn yn hëyrn, haearn dalaith,
A'i ddiwedd ys bo — can bu ei laith —
I ddifwyn cam gymaint ei affaith
Yng ngoleuder saint, yng ngoleudaith,
Yng ngoleuad rhad rhyddid perffaith.'

[Gofynnaf i'm Harglwydd fendith o obaith, / Gofynnaf, gofynnais ganwaith, / I fedru barddoni trwy fy mhrif eiriau gerdd ardderchog / I'm harglwydd gydymaith, / Er mwyn cwyno am Fadog yr oedd ganddo lawnder o fedd, / [Un yr oedd] iddo elynion ym mhob gwlad. / Dôr yr amddiffynfa, cydymaith [oedd yn] darian; / Tarian mewn brwydr, un â gwaith aur arni; / [Rhyfelwr â'i dwrw fel] twrw grug yn clecian wrth losgi; / Tarfwr gelynion, tarian yn far ar ddrws, / Rhwyf [trosiad am *arglwydd*] llu o gerddi, gobaith cerddorion, / [Un] coch, un na ellir ei luddias, cydymaith diŵyro. / Fe elwid Madog — cyn ei farwolaeth — / [Yn] rhwyd gelyn diffeithgar, drwg, / Rhwydd (oedd) ateb fy ngobaith i mi, / Hael [ei] wisgoedd, cydymaith [ar ei farch o] Wasgwyn, / [Un a chanddo'r un] ergyd waedlyd gwaywffon [â] Brân fab Llŷr Llediaith, / [Un] hawdd ei foli am ddwyn ysbail, / Nid â o ffordd llu *wedi'i staenio â gwaed* (?), / Un gwastad [ei] fendith, cydymaith i rai [o'i blaid ef] a roddid [i'r gelyn] fel sicrwydd o gadw addewid (*gwystlon*), / Llafn cyffro mewn brwydr, mewn lladdfa, / Llafn gwaed a gâr ryfela, / Llaw barod o dan darian galchog fraith, / Llyw Powys, gwlad heb obaith, / [Un oedd yn] mynnu [ei] hawl, gŵr na fynn rhyw chwarae plant, / Parod [ei] hwyl, tarian pedair gwlad, / [O] hil brenin, yn heyrn [o] hen ddefnydd. / Madog hael, cyfoeth na ellir ei drin, / Oherwydd iddo ddarfod, fe ddarfuasom ninnau yn ei farwolaeth, / Oherwydd iddo gael ei ddaearu, darfu cymdeithas. / Roedd yn hoff o feirdd, o farddoniaeth, groyw ei hiaith; / Roedd yn angor cadarn y dyfnfor diffaith; / Roedd yn hir ei groeso, parod i roi, hynod gyfeillgar; / Roedd [llif] gwaed i'w glywed yn ei frwydrau, / Roedd yn gorn yfed *plas* (?)/*blasus,* piler (ei) bobl (y rhai yr oedd hawl gwaed yn eu dal ynghyd). / Roedd yn llew euraid o linach ryfel Cadiaith, / Roedd yn un na ellid ei farnu,

140

cadarn gydymaith brenhinoedd, / Roedd yn ddwrn [prin mai *teyrn* yw hwn] mewn heyrn, yn gwisgo coron haearn. / A boed i'w farwolaeth — gan ei fod wedi'i ladd — / [Fod yn foddion] i dalu cam gan gymaint ei effaith, / [Fod] yng ngoleuni saint, yn y daith olau, / Yng ngoleuni gras rhyddid perffaith.]

' Cydymdaith ' (neu ' cydymddaith '); dyna'r gair sy'n rhedeg trwy'r awdl hon — awdl yn yr ystyr fanwl o gerdd yn cynnal un brifodl — ac y mae'r golled o fod heb y cydymaith yn crynhoi drwy'r canu. Mae'r golled yn dwysáu fel y mae'r mawl, y mawrygu, yn cynyddu. ' Arglwydd gydymdaith,' meddai Cynddelw tua dechrau ei gerdd, ac yn y ddeuair hynny y mae o'n rhoi dau olwg inni ar Fadog. Mae'r bardd yn amlwg yn adnabod Madog yn dda ac y mae'n agos ato, yn gydymaith iddo; ond y mae yma hefyd y gair ' arglwydd ' ac yn hynny y mae yna ryw ddieithrwch, sef yr elfen anghyffwrdd mewn uchelwriaeth sy'n cadw'r gŵr rhag bod yn union fel y rhelyw o'i bobol am fod ganddo gyfrifoldebau arbennig. Yn y cydymaith hwn o'r eiddo Cynddelw y mae yna ryw aruthredd ac ni ellir bod yn rhy hy gydag o. Cyfleir yr aruthredd hwn yn ysblennydd yn yr awdl —

> ' Tarian yn aerwan, yn eurwaith.
> Twrf grug yng ngoddug yng ngoddaith.'

> ' Hil tëyrn, yn hëyrn henwaith '

ac yn y llinell ryfeddol :

> ' Oedd gadarn angor dyfnfor diffaith.'

Mae gan Gynddelw linellau cyffelyb i rai o'r rhain yn ei ' Arwyrain [= *dyrchafu, moli*] Owain fab Madog ' :

> ' Dyrnheyrn haearn ei dalaith . . .'
[Dwrn haearn, haearn ei goron]

> ' Braw bronnddor, bâr dyfnfor dyfnfaith . . .'
[Braw amddiffyn bron, llid y dyfnfor dwfn a maith]

> ' Brad eurgrwydr gynfrwydr gynfraith ei darian
> Yn aerwan, yn eurwaith . . .'
[Brad eurwaith blaen y gad, brith ei blaen oedd ei darian / Mewn brwydr, (â) gwaith aur arni . . .].

Yn wir mae'r syniad sydd yn y llinell am rug yn llosgi i'w gael yn glos gan feirdd eraill; dyna linell Llygad Gŵr :

141

'Rhwysg goddaith pan lwyrfaith losgo'
[Aruthredd tân pan losgo'n llwyr a maith]

neu'r llinell gan Brydydd y Moch:

'Llym anian tra thân trwy gras a choed'
[[Un] llym ei natur y tu hwnt i dân trwy dyfiant sych a choed].

Ond dyw hyn oll yn mennu dim ar y farwnad na'r arwyrain. Mae grym eithriadol ym mhlethiad y cytseiniaid ac yn y delweddau a ddangosir inni. Ystyriwch yr angor yn dal yn erbyn nerth y cefnfor: y mae'r llinell o ran sŵn a llun yn cyfleu aruthredd. Fe welwch, wedyn, fod nodweddion yr arglwydd — ei haelioni, ei ddewrder, ei filwriaeth — wedi eu dweud nes bod y cwbwl fel symffoni o glywed a gweld.

Wrth bortreadu tywysog mewn cyfnod o gythrwfwl y mae'n anochel fod ei filwriaeth yn bwysig iawn. Dyma un rheswm pam fod cymaint o ryfel ac o ladd yng nghanu'r Gogynfeirdd. Rheswm arall dros bortreadu rhyfelwr oedd fod hynny'n rhan o'r portread traddodiadol. Mae'r farddoniaeth hon yn atseinio o frwydrau ('cette poésie toute vibrante du fracas du champ de bataille,' meddai Vendryes).

Yn y portread o ryfelwr fe geir syniadau neu ddelweddau o erwinder sy'n codi eu pennau fwy nag unwaith. Cyfeiriaf at un ffordd o gyfleu gerwinder, sef dweud fod gwaed gwŷr yn gymysg â dŵr (fe gofiwch fod hyn i'w gael gan Daliesin yntau). Dyma ddwy enghraifft:

'A Menai heb drai o drallanw gwaedryar,
A lliw gwyar gwŷr yn heli.'

(Gwalchmai)

[A'r Fenai ddim yn treio oherwydd llanw mawr o waed, / A lliw gwaed gwŷr yn yr heli.]

'Cymysgai grau gwŷr a gwyrdd heli môr'

(Cynddelw)

[Cymysgai gwaed gwŷr a heli gwyrdd y môr].

Mae cymysgu'r coch a'r gwyrdd yn fan'ma yn wir frawychus. A Chynddelw biau'r llinell.

Cynddelw, yn anad neb efallai, sy'n medru codi egrwch y brwydro gryfaf i'n golwg ac i'n clyw.

142

' Mal Gwaith Arderydd, gwyth ar dyrfain cad
　　Yn argrad, yn aergrain.
Uwch myrdd ŵyr, uwch Myrddin oedd cain,
Uwch gwalchlan yn gwalchladd pennain,
Uwch gwayw rhynn yn rhuddaw adain,
Uwch gwaedd gwynt, golau hynt gwylain,
Uwch gwaedd llyry gwaedlanw gwaeddai gigfrain,
Uwch gwaed ffrau uwch adnau ednain.'

[Fel Brwydr Ar[f]derydd, cynddaredd ar lu brwydr / Yn ddychryn,
yn gelanedd. / Uwchlaw llawer o wŷr, uwchlaw Myrddin hardd, /
Uwchlaw maes y gweilch, yn torri pennau yn null gwalch, /
Uwchlaw gwaywffyn union yn cochi *plu/aelodau* [= breichiau
etc.] (?), / Uwchlaw cri'r gwynt a hynt olau y gwylanod, /
Uwchlaw sŵn tebyg i [sŵn] llanw o waed gwaeddai cigfrain, /
Uwchlaw llif o waed, uwchlaw ysglyfaeth yr oedd adar.]

　　' Gwelais-i glod a rhod a rhawd o beleidr
　　　　A rhëydr rhudd o gnawd.'

[Gwelais i glod ac olwyn a llawer o waywffyn / A rhaeadrau coch
[yn llifo] o gnawd.]

Rhaid fod gweld creaduriaid — brain yn arbennig — yn ysglyfio
cyrff y meirw neu'n disgwyl eu cyfle i wneud hynny yn weld
dychrynllyd. Yn sicr y mae o'n ddychrynllyd yn y farddoniaeth.
Dyma ichwi Einion fab Gwgon yntau yn gweld hyn :

　　' Yn Aberteifi tew oedd frain uwchben.
　　　　Oni ddoeth perchen parchus gyfrain,
　　　　Oedd tew peleidr crau, crëynt cigfrain —
　　　　Celanedd gorwedd gorddyfnesain.'

[Yn Aberteifi roedd y brain yn drwchus uwchben. / Hyd nes y
daeth yr un oedd ag awdurdod parchus-gladdu, / Roedd y
gwaywffyn gwaedlyd yn drwchus, gwaeddai'r cigfrain — /
Roeddynt wedi arfer â chelanedd ar-eu-gorwedd.]

Ceir y peth yn gryfach, os rhywbeth, gan Beryf fab Cedifor yn ei
awdl i Hywel ab Owain :

　　' Fy nghalon a gryn rhag erchlais y frân.
　　　　Dechrau gwân dychrynais.
　　　　Gwae fi pan y'i harhais :
　　　　Gwayw yn Hywel a welais !
　　　　Brân a gre yn y gyfarthfa.
　　　　Ni ddarogan im ddim da
　　　　Bod mab brenin gwyn Gwynedd
　　　　Yn gorwedd yn yr aerfa.'

[Mae fy nghalon yn crynu rhag gwaedd ddychrynllyd y frân. /
Ar ddechrau brwydr/*gwanu* dychrynais. / Gwae fi pan oeddwn
lawen o'i blegid [Hywel] : / Gwaywffon yn Hywel a welais! / Mae
brân yn crawcian yn y frwydr. / Nid yw'n darogan dim da i mi /
Fod mab brenin bendigaid Gwynedd / Yn gorwedd ar faes y gad.]
Mae drychiolaethau ac ofnau ac angau, pethau oedd yn perthyn
i'r tywyllwch, yn cael eu codi gydag ' erchlais ' y frân yna. Ar ôl
yr erchlais crëir i'r llygad syndod yr arglwydd lladdedig. A thrwy'r
amser y mae crawcian y frân yn ymennydd y bardd. Ceir ganddo
leihad wedyn — ' Ni ddarogan im ddim da ' — ond yn y lleihad
hwnnw y mae'r gair *darogan* sy'n cysylltu â'r pwerau sydd y tu
hwnt i ddynion. Daeth y tywyllwch terfynol dros ei arglwydd,
mae o wedi ei ddileu, ac fe wyddom hyn nid yn gymaint am fod
y bardd yn dweud wrthym ond am ei fod o'n ei awgrymu o gyda
gordd sy'n dyrnu terfynoldeb trwy'r gytsain *g* a thrwy'r odl *-edd*
nodedig sydd yn y llinellau :

> ' Bod mab brenin *g*wyn *G*wyn*edd*
> Yn *g*orw*edd* yn yr aerfa.'

Does gen i ddim amheuaeth yn fy meddwl fy hun fod y profiad
o ladd ac o ryfel a geir yng nghanu'r Gogynfeirdd yn deilwng o'i
gymharu â'r profiad ohono a geir yn yr *Iliad*. Y trueni yw tra
bod yr *Iliad* yn haeddiannol wybyddus ar draws y byd does ond
rhyw lond het o bobol yn gwybod am ganu'r Gogynfeirdd.

Y mae amryw wedi tynnu sylw at natur yng nghanu'r
Gogynfeirdd (nid fod eu canu'n dryfrith o gyfeiriadau at natur
ychwaith) a rhai wedi awgrymu mai rhyw olygon go ffurfiol a
chonfensiynol sydd ganddyn nhw ar y byd naturiol. Y mae gwir
yn hynny, mae yna duedd i ailadrodd y trawiad oedd yn amlwg
yn llwyddiant megis, er enghraifft, sôn am liw croen merch fel
dwfr yn torri am rwyf. Ond y mae yna olwg go iawn yn hytrach
na golwg ' lenyddol ' ar natur yng ngwaith y Gogynfeirdd hefyd.
Ceir gan y beirdd rai cerddi ag ynddyn nhw ragymadroddi ynglŷn
â natur, er enghraifft :

> ' Calan Hydfref, tymp dydd yn edwi,
> Calaf gan lloer fan llwrw fynegi,
> Cyndwrf yn ebyr llŷr yn llenwi,
> Cyngyd gaeafawr, hwylfawr heli.'

(Prydydd y Moch)

[Calan Hydref, amser pan edwina'r dydd, / Mae'r gwellt yn y lloergan yn dangos llwybr, / Mae twrw [dyfroedd] mewn aberoedd fel y llenwa'r môr [hwy], / Dynesa awr y gaeaf, mae'r heli'n fawr [ei] hwyl.]

Yn lle ein bod yn ystyried hwn a'i debyg fel dechreuadau confensiynol awgrymodd J. Lloyd-Jones ein bod yn ystyried eu bod yn cyfeirio at adegau arbennig o'r flwyddyn ac yn gallu adlewyrchu teimlad y bardd neu ei wrthgyferbynnu. Hynny yw, nid canu i Galan Hydref i gael rhyw fath o gychwyn i'w awdl yr oedd Prydydd y Moch ond, yn fwy tebygol, canu i amser arbennig pan ddechreuodd ryw ffrwgwd rhyngddo ef a Dafydd ab Owain. Fe welir fod y pwt hwn o ragymadrodd yn atgoffa dyn o'r hen ganu natur o ran ei arddull. Ychydig sylwadau arwyddocaol am y tymor a geir a chynnwrf soniarus o eiriau : trwy'r rhain y mae'r bardd yn ail greu hydref ar ein cof ac ar ein synhwyrau. Y mae'r ychydig linellau hyn yn llawn o hoywder dychymyg.

Codi argraff o amser i'n dychymyg a wnaeth Prydydd y Moch, ond y mae cyfeiriadau'r Gogynfeirdd at natur fel rheol yn dod yn rhan o bwnc eu cerddi. Mae natur yn dod yn ffordd o oleuo teimladau dynol yn aml, neu'n ffordd i helpu i roi argraff drosiadol. Dyna ichwi'r :

'Twrf grug yng ngoddug yng ngoddaith'

a welsom yng ngherdd Cynddelw, er enghraifft. Yn y llinell yma mae twrw'r llosgi'n cael ei gysylltu ag arglwydd ac â brwydr; rhoi argraff drosiadol o ryferthwy gŵr arbennig yn ymladd y mae'r cyfeiriad hwn at fyd natur. Ym marwnad Gruffudd ab Yr Ynad Coch i Lywelyn mae enbydrwydd teimlad y bardd yn cael ei adlewyrchu gan stormydd allanol. Yn fanylach gwelwch yr hyn sydd gan Lywelyn Fardd i'w ddweud mewn marwnad i Gedifor ap Genillyn :

'Hoedlfyrion haelion hil Bleddynt,
　　Trwm arnaf eu lletgynt;
　Fal y deryw y derynt,
　Fal y derfydd gwŷdd rhag gwynt.'

[Byr [eu] hoes [yw] haelion hil Bleddyn, / Mae eu hiraeth yn drwm arnaf; / Fel y darfu y darfuant, / Fel y derfydd coed o flaen gwynt.]

Marwolaeth hil Bleddyn ydyw pwnc y bardd ond wrth ganu i'w marwolaeth mae'n eu cysylltu â'r gwynt yn dinoethi'r coed. Trwy gyfeirio at natur y mae'r bardd yn rhoi inni argraff rymus o farwolaeth pobol.

Wrth ddechrau sôn am natur yng nghanu'r Gogynfeirdd dywedais eu bod yn tueddu i ailadrodd disgrifiad o liw croen merch. Ar y cyfan, yn eu canu i ferched, eu canu serch, y mae cyfeiriadau'r Gogynfeirdd at natur ar ei fwyaf confensiynol. Mae'r hogiau fel petaen nhw'n mynd i'r droriau i chwilio am eu dillad gorau er mwyn dangos eu hunain i'r merched, braidd fel ceiliogod adar yn dangos cyfoeth eu plu i'r ieir adeg cymharu. Dyna pam y ceir am ferched gyfeiriadau tebyg i :

'Cymrawd ewyn dwfr a'i dyfriw gwynt'
(Cynddelw)
[Cymar i ewyn dwfr y mae'r gwynt yn ei chwalu]
'Lliw golau tonnau taenferw gwenyg'
(Cynddelw)
[Lliw golau tonnau wrth iddynt chwalu a berwi]
'. . . hoen gynwaneg maen
Pan wisg ton frwysgflaen gaen am garreg'
(Casnodyn)
[. . . lliw carreg sy'n derbyn y don flaen / Pan wisga'r don fywiog sy ar y blaen gaen am garreg].

Dyna gwrteisi hyfryd. Pa un a ddaeth o i Gymru o'r cyfandir (yn y pen draw o ffynhonnell Ewropeaidd y canu serch cwrtais, sef Profens y ddeuddegfed ganrif) ynteu a ddaeth o o ganu serch a chanu natur Gwyddeleg, ynteu a oedd o'n beth brodorol, sy'n fater nad wyf yn bwriadu ei drafod. Fe drafodir y pynciau hyn yn 'Arolwg' yr Athro Caerwyn Williams, astudiaeth yr ydw i wedi cyfeirio ati hi'n barod.

Mae gan y Gogynfeirdd nifer o gerddi serch, ond y mae enw un bardd yn dra dyrchafedig uwch enwau ei gymrodyr i gyd yn y cyswllt hwn, sef enw'r bardd-dywysog Hywel ab Owain Gwynedd. Dyma fo'n canu :

'Fy newis i, rhiain firain, feindeg,
Hirwen, yn ei llen lliw ehöeg;
A'm dewis synnwyr, synio ar wreigïaidd
Pan ddywaid o fraidd weddaidd wofeg;

146

A'm dewis gydran, cyhydreg â bun
A bod yn gyfrin am rin, am reg.
Dewis yw gennyf i — harddliw gwaneg,
Y ddoeth i'th gyfoeth — dy goeth Gymraeg.
Dewis gennyf i di : beth yw gennyd di fi?
Beth a dewi di, deg ei gosteg?
Dewisais i fun fal nad atreg gennyf;
Iawn yw dewisaw dewisdyn teg.'

[Fy newis i [yw] geneth hardd, feindeg, / Fain a phrydferth, yn ei chlogyn o liw porffor; / A'm hoff ymdeimlad yw gwylio'r un wreigiaidd / Pan braidd y dywed hi [= siarad yn isel] ddoethineb gweddus; / A'm hoff ffawd [yw] cydsymud â'r ferch / A bod yn hollol gyfrinachol ynghylch [ei] rhinwedd a'i rhodd. / Fy newis i — un o liw hardd ton, / Yr un sy'n ddoeth yn dy wlad — yw dy Gymraeg coeth. / Ti yw fy newis i : beth ydw i gennyt ti? / Pam yr wyt ti'n gwrthod dweud, yr un deg ei distawrwydd? / Dewisais i ferch fel nad yw'n edifar gennyf; / Peth iawn yw dewis gwraig ddethol, hardd.]

Yn nrama Saunders Lewis, *Siwan,* mae Gwilym Brewys yn synnu fod gŵr mewn caer wen ger ymyl Menai'n canu 'Cerddi mor sidanaidd â'r Arabiaid.' ' Sidan ' yw'r gair a ddaw i'r meddwl wrth geisio disgrifio canu serch Hywel. Mae yma gyfoeth moethus gryno o ddisgrifiad, rhyw ddireidi annwyl a chwestiwn oesol :

' Dewis gennyf i di : beth yw gennyd di fi? '

Nid Hywel oedd yr unig un i ganu nifer o gerddi serch. Dyna ichwi'r bardd Gruffudd ap Dafydd, mae ganddo yntau nifer o gerddi i ferched :

' Cyn cyfraith Pab Mai drabludd
Y gorug pawb ei garedd
Â'i gares yn ddigerydd.
Digerydd fydd, rhydd rhwydd gael;
Da y gwnaeth Mai dai o'r dail !
Deu-oed dan goed y dan goel
I minnau, mi a'm annwyl.'

[Cyn i'r Pab ddeddfu fod Mai'n drwbwl / Fe wnâi pawb yn ôl ei chwant / Gyda'i gariad heb ei feio. / Difai fydd [hefyd], mae dyn yn rhydd i gael yn rhwydd; / Da y gwnaeth Mai dai o'r dail ! / Dau oed dan goed yn ôl addewid / I minnau, mi a'm hannwyl un.]

Caru ym Mai dan ddail y coed. Mae pwy bynnag sydd wedi darllen gwaith Dafydd ap Gwilym yn gyfarwydd â hyn. Yr hyn a ddigwyddodd oedd fod canu'r Gogynfeirdd yn newid fel yr âi eu cyfnod rhagddo ac yr oedd agweddau newydd ac arddull newydd wedi bod yn magu a datblygu. Mae'r agweddau hynny a'r arddull honno (a llawer mwy) ar eu hanterth yng nghanu Dafydd ap Gwilym.

5

DAFYDD AP GWILYM

Mae Dafydd ap Gwilym yn mynnu lle iddo'i hun yn hanes ein barddoniaeth, a hynny nid am ei fod o'n sefyll o'r naill du i'r traddodiad ond am fod ei bersonoliaeth a'i athrylith fel sblash llachar o baent yn ei ganol o. Erbyn ei amser o — roedd o yn ei flodau o tua 1340 i tua 1370 — roedd dull y Gogynfeirdd o ganu'n tynnu tua'i derfyn, er nad oedd wedi peidio â bod, a chyfnod Beirdd yr Uchelwyr, cyfnod mawr y cywydd, yn cychwyn. Yn wir y mae i Ddafydd le pwysig iawn yn natblygiad y cywydd. Fe gredir fod mesur rhydd o'r enw'r 'traethodl', sef dwy linell o saith sillaf yr un â'r rheini'n odli, yn bod ymysg y beirdd o isel radd cyn cyfnod Dafydd ac iddo yntau — ac eraill mae'n fwy na thebyg — gywreinio'r mesur hwnnw trwy ei gynganeddu a phennu bod diwedd un o'r llinellau i fod yn acennog a'r llall yn ddiacen. (Fe ddylid sylwi nad yw pob llinell yng nghanu cywyddol Dafydd ddim wedi'i chynganeddu, er bod y mwyafrif mawr; y mae o weithiau'n hepgor cynghanedd o'r llinell gyntaf mewn cwpled, neu bennill o gywydd fel y'i gelwir.) Heblaw cywreinio'r mesur fe roed iddo urddas, digon o urddas iddo gyflawni prif swyddogaethau unrhyw fesur, sef bod yn gyfrwng canu mawl a marwnad. Fel ym mhob astudiaeth hanesyddol mae'r damcaniaethau'n dibynnu ar y dystiolaeth sydd ar gael : a rhaid cadw'r ffaith anesmwyth honno mewn cof, sef y gall y darn mwyaf pwysig o'r dystiolaeth fod ar goll. Mae dyn yn teimlo hyn yn gryfach gyda rhai materion nag eraill; rwyf fi'n digwydd teimlo felly ynglŷn â mater datblygiad y cywydd. Dyna ichwi'r ffaith nad oedd y Gogynfeirdd ddim yn canu cywyddau ar un llaw, a'r ffaith fod yr enghraifft a geir o gywydd yn un o 'ramadegau' hyna'r beirdd (Gramadeg Einion Offeiriad) yn bendant yn arddull y Gogynfeirdd. Y cwestiwn sy'n codi yw : 'Pa mor hen ydi dechreuad y cywydd?' Fyddwn ni ddim haws o ofyn oblegid, o'r dystiolaeth sydd ar gael, allwn ni ddim dod yn agos iawn at gael gwybod. Mae'r brif ddamcaniaeth — ynglŷn â datblygiad y traethodl — ac ystyriaethau eraill, wedi eu cynnig gan y Dr. Thomas Parry. Mi fydd yn amlwg i bwy bynnag sy'n gyfarwydd â'i waith fod darnau hanesyddol y bennod hon dan ddyled fawr i'w astudiaethau o.

1282, marw Llywelyn y Llyw Olaf, a dyna, i bob pwrpas, ben ar dywysogion Cymru. Os nad oedd tywysogion, pwy oedd i noddi'r beirdd? Fel y mae'n digwydd doedd fawr o feirdd o nod yn nechrau'r bedwaredd ganrif ar ddeg a doedd eu cerddi nhw ddim yn lluosog. O gerddi'r cyfnod, yr oedd nifer ohonyn nhw'n gerddi i wragedd neu'n rhai crefyddol. Ymddengys ei bod hi'n fain ar farddoniaeth y cyfnod ac yn fain ar feirdd hefyd o bosibl. Ond fel yr âi'r ganrif rhagddi fe gafodd y beirdd nawdd uchelwyr o Gymry a swyddogion yr Eglwys. Mae hi'n edrych, felly, fel petai'r gyfundrefn farddol wedi cael ei thraed dani erbyn canol y bedwaredd ganrif ar ddeg ar ôl rhywfaint o anhrefn yn niwedd y drydedd ganrif ar ddeg a dechrau'r bedwaredd ar ddeg. O bosibl, fe all fod a wnelo dogfen a elwir yn Gramadeg Einion Offeiriad â hyn. ('Gramadeg' yma yw truth am ddysg farddol.)

Fe welwch fod yma gryn ansicrwydd. Yn ôl pob golwg, nid rhyw nawdd dyletswyddgar oedd y nawdd newydd hwn ond nawdd bywiog. Yn wir, roedd diddordeb rhai uchelwyr mewn cerdd dafod mor fywiog nes iddyn nhw eu hunain fynd ati i farddoni. Y mae'n eithaf pwysig sylwi fod nifer o feirdd cyfnod yr uchelwyr yn uchelwyr eu hunain. Yn eu plith yr oedd Dafydd ap Gwilym.

Mab i Gwilym Gam ap Gwilym ab Einion a'i wraig Ardudfyl oedd Dafydd. Dôi o deulu dylanwadol yn y Deheubarth yn ystod y bedwaredd ganrif ar ddeg, teulu oedd wedi bod ar du brenin Lloegr ers cenedlaethau. Efallai fod a wnelo hyn â'r ffaith nad oes dim rhithyn o daeogrwydd yn agwedd Dafydd tuag at y Saeson, yn wir bod ynddo, hyn y gellir barnu, ryw sicrwydd di-lol ei fod o'n well na nhw.

Yn ôl traddodiad, Bro Gynin, plwyf Llanbadarn Fawr, Ceredigion, oedd cartref y bardd. Mae cerdd fel honno i 'Ferched Llanbadarn' (Rhif 48 yn *Gwaith Dafydd ap Gwilym* y Dr. Thomas Parry — at y llyfr hwnnw y cyfeirir yn y bennod hon drwyddi), a chyfeiriadau eraill sy'n dangos cyfarwydd-deb â'r ardal yn tueddu i ategu hynny. Ond threuliodd o mo'i oes yn y cylch hwn. Yn ôl cyfeiriadau yn ei waith ei hun, a gwaith rhai beirdd eraill, fe fu yn Nyfed — yn Emlyn — gyda brawd ei dad, sef Llywelyn ap Gwilym ab Einion. Roedd yr ewyrth hwn yn ŵr o ddysg ac, o'r hyn a ddywed Dafydd, y mae'n bosibl ei fod o wedi dysgu crefft y bardd yn ei lys, efallai gan ei ewyrth ei hun — 'Ys difai ym dysgud,' meddai, er enghraifft (Rhif 13). Yn llys ei ewyrth (neu llysoedd, efallai, canys yr oedd ganddo dri llys) y tebyg yw fod Dafydd wedi dod i ryw fath o gysylltiad â Saeson ac â diwylliant Ffrainc canys yr oedd Ffrangeg yn iaith uchelwyr Lloegr am gyfnod ar ôl Goresgyniad y Normaniaid. Bu hefyd yn fardd — ac yn gyfaill — i Ifor ap Llywelyn o Fasaleg (Sir Fynwy heddiw, ond Morgannwg dyddiau Dafydd). Ar ben hyn fe grwydrodd Gymru benbaladr.

Petai gofyn barnu gwaith Dafydd oddi wrth ei awdlau yn unig yna fe fyddid yn tueddu ei alw'n un o'r Gogynfeirdd. Yn 'Mawl Llywelyn ap Gwilym' (Rhif 12), 'Marwnad Angharad' (Rhif 16) ac 'I Hywel ap Goronwy, Deon Bangor' (Rhif 15), er enghraifft, fe geir arddull y Gogynfeirdd diweddar. Mae nodweddion o'r arddull i'w gweld hefyd yn ei gywyddau mawl a marwnad. Dyma ichwi bwt o 'Marwnad Rhydderch' (Rhif 17) fel enghraifft o hyn :

  ' Pa'r dwrw yw hwn? Pryderoch.
  Pefr loes. Pwy a roes yr och?
   1   4
  Llywelyn / o'r syddyn serch, /
      6
  A roddes hon am Rydderch, /
   2   5
  Fychan / gerllaw ei lan lys, /
   3
  Ffyddfrawd Rhydderch ddiffoddfrys.'

[Pa dwrw yw hwn? Ochenaid o bryder. / Poen llachar. Pwy a roes yr ochenaid? / Llywelyn Fychan, brawd yn y ffydd i Rydderch a gipiwyd yn rhy gynnar, o dyddyn cariad gerllaw ei lys hardd, a roddodd hon am Rydderch. (Sylwer nad yw hanner mor hawdd i ni nodi terfyn llinellau o hyn ymlaen.)]

Sylwer, yma, ar yr ystwythder cystrawennol — y modd y trefnodd Dafydd ei frawddeg ar y mesur a'r gynghanedd. Rydw i wedi rhifo trefn adrannau o frawddeg uchod yn ôl trefn brawddeg mwy normal a rhyddieithol er mwyn dangos yr ystwythder hwn. Gwelir nodweddion o arddull y Gogynfeirdd hefyd yn ei gywyddau serch a natur, os caf eu galw felly :

> ' Dyddgu *ddiwaradwyddgamp,*
> Fy nghariad *oleuad lamp,*
> Anlladrwydd, dioer, yn lledrad
> Ydoedd ymy fry o frad.
> Arglwyddes *eiry ei gloywddaint*
> Dy garu fu haeddu haint.'   (Rhif 37)

[Dyddgu ardderchog ei champau, / fy nghariad fel golau lamp, / anlladrwydd, yn sicr, yn lladradaidd / oedd i mi oddi uchod (o'r nef?) trwy dwyll. / Arglwyddes sydd â'i dannedd gloywon fel eira, / dy garu fu cael clefyd.]

Fe welwch fod 'diwaradwyddgamp' yn glamp o air cyfansawdd a'r ddau ymadrodd italig arall yn cyflawni gwaith ansoddair i ddisgrifio Dyddgu. Ymadroddion ansoddeiriol ydyn nhw, felly, pethau tebyg i epithetau'r Gogynfeirdd. At hyn y mae'n amlwg fod Dafydd mor hoff o 'chwarae' â geiriau ag ydoedd y Gogynfeirdd. Yn 'Cystudd y Bardd' (Rhif 102) mae o'n cynnal cymeriad llythrennol trwy'r gerdd o wyth llinell ar hugain gan ddechrau pob llinell â'r llythyren 'h'; yn 'Mai' (Rhif 23), 'Yr Haf' (Rhif 24), mae'n cynnal yr un odl â'r un gair ym mhob pennill cywydd trwy'r cerddi — dyma bwt o enghraifft :

> ' Duw gwyddiad mai da y gweddai
> Dechreuad mwyn dyfiad *Mai.*
> Difeth irgyrs a dyfai
> Dyw Calan mis mwynlan *Mai.*'

[Duw a wyddai y byddai dechrau mwyn dyfiad Mai yn weddus. / Corsennau irion difeth a dyfai / ar ddydd Calan mis Mai mwynlan.]

Ac felly ymlaen am dros hanner cant o linellau. Mae hyn yn ddigon i awgrymu fod Dafydd wedi etifeddu syniad y Gogynfeirdd am orchest eiriol barddoni a llawer o safonau eu crefft.

Rydw i wedi cyfeirio uchod at 'ystwythder cystrawennol' darn o ganu Dafydd. Yr ystwythder hwn a fagodd dorymadroddi, neu arddull sangiadol y cywyddau. Trwy enghraifft y gellir esbonio ystyr y termau hyn orau :

Myn y Nef, yr oedd hefyd
Y bi, *ffelaf edn o'r byd,*
Yn adeilad, *brad brydferth,*
Yn nhalgrychedd perfedd perth,
O ddail a phriddgalch, *balch borth,*
A'i chymar yn ei chymorth.'   (Rhif 63)

Dyma rediad yr ymadrodd yn narn cyntaf y dyfyniad : 'Myn y nef yr oedd hefyd y biogen yn codi adeilad ar wrych uchaf canol perth.' Fe welir, felly, fod y geiriau 'ffelaf edn o'r byd' (yr aderyn mwyaf cyfrwys yn y byd) a 'brad brydferth' yn torri ar yr ymadrodd, hynny yw, eu bod yn torymadroddi. Neu, a'i roi o mewn ffordd arall, y mae'r geiriau hyn yn sathru neu'n sengi i'r prif ymadrodd ac o'r herwydd yn *sangiadau* ynddo. Mae'r arddull sangiadol hon yn nodweddiadol o gywyddau'r bedwaredd ganrif ar ddeg. Yn y dyfyniad fe welir fod y sangiadau'n perthyn i bwnc y gerdd, y maent yn sylwadau ar deimlad y bardd tuag at yr aderyn. Mewn cyfnod diweddarach fe ddirywiodd y sangiad i fod yn eiriau llanw, sef yn eiriau oedd yn help i fardd prin ei allu ganu ar gynghanedd trwy ddod â geiriau i'w gerdd am fod odl neu gytseiniaid arbennig ynddyn nhw yn hytrach nag am eu hystyron a'u cyfraniad i gyfanwaith cerdd. Yn y bedwaredd ganrif ar ddeg, ac yn enwedig yng ngwaith Dafydd ap Gwilym, yr oedd pwrpas i sangiadau : fe fydden nhw'n ychwanegu at rannau o'r prif ymadroddion; yn newid arlliw'r rheini; yn sylwadau eironig mewn cromfachau, fel petai; ac yn aml yn foddion i fynegi cymhlethdod na fyddai'n bosibl heb y plethu syniadau, ymadroddion a theimladau a geir mewn sangiadau crefftus. Ar dro hefyd mae sangiadau'n fath o sylwadau ar led-ochr rhwng Dafydd a'r gynulleidfa'r oedd o'n datgan iddi. (Rhaid pwysleisio eto, yma, mai barddoniaeth lafar oedd hon a'i bod yn cael ei datgan i gyfeiliant telyn. Mae mwy nag un cyfeiriad at hyn yng ngwaith Dafydd, er enghraifft :

> 'Ni chan fy neufraich ennyd.'   (Rhif 11)

> 'Ni chan bardd yma i hardd hin
>   Gywydd gyda'i ddeg ewin.'   (Rhif 148)

Pan fydd dyn yn canu â'i freichiau a'i ddeg ewin, canu telyn y mae.) Sut bynnag, dyma un enghraifft o'r sangiad ar led-ochr, os caf ei alw felly. Yn y gerdd y daw'r dyfyniad nesaf ohoni, 'Cyngor y Biogen ' (Rhif 63), y mae Dafydd allan ar ddechrau Ebrill hyfryd ac yn hel meddyliau am ferch y mae'n ei charu. Gofynna am gyngor gan y biogen. Mae aderyn ymarferol y gerdd yn dweud wrtho am fynd adref at y tân, ffitiach lle i ŵr o'i oed o nag allan yn y coed. Eithr mynna Dafydd bwyso ymhellach am gyngor y biogen er ei fod wedi'i wylltio gan ei hatebion ac y mae'n ei chyfarch fel hyn :

> ' Dydi, bi, du yw dy big,
> *Uffernol edn tro ffyrnig,* . . .
> Mae't blu brithu, cu cyfan,
> *Affan o bryd, a phen bran,*'

[Tydi, biogen, du yw dy big, / *Uffernol o aderyn ffyrnig iawn* . . . / Mae iti blu brith-ddu, annwyl, perffaith / *wyneb poenus a phen brân.*]

Credaf fod Dafydd yma'n cymryd arno siarad yn ddymunol â'r aderyn ac mewn islais o sangiad yn ei gwneud yn amlwg sut y mae o'n teimlo tuag ato go-iawn. Byddai'r gwahaniaeth rhwng y teimladau-gwneud a'r teimladau go-iawn yn ddigrif ac nid yn annhebyg o ran effaith i ddarn o *The Duenna* gan R. B. Sheridan. Yn yr olygfa isod mae Jerome ac Isaac yn siarad am ddwy ferch wahanol heb wybod hynny. Mae Jerome yn sôn am ei ferch brydferth ac Isaac yn sôn am wrach hyll o wraig sy wedi cymryd arni mai hi yw merch Jerome. Mae dwy lefel y sgwrs yn amlwg yn yr *asides,* y llefaru ar led-ochr :

' JEROME : . . . and you were astonish'd at her beauty, hey?
ISAAC : I was astonished indeed ! pray how old is miss?
JEROME : How old? let me see — eight and twelve — she is twenty.
ISAAC : Twenty?
JEROME : Aye, to a month.
ISAAC : Then, upon my soul, she is the oldest-looking girl of her age in Christendom.
JEROME : Do you think so? But I believe you will not see a prettier girl.
ISAAC : Here and there one.
JEROME : Louisa has the family face.
ISAAC : (*Aside*) Yes, egad, I shou'd have taken it for a family face, and one that's been in the family some time too.
JEROME : She has her father's eyes.

ISAAC : (*Aside*) Truly I shou'd have guessed them to have
been so — If she had her mother's spectacles I
believe she would not see any the worse.
JEROME : Her aunt Ursula's nose, and her grandmother's
forehead.
ISAAC : (*Aside*) Ay, faith, and her grandmother's chin to a
hair.'
Ac ymlaen.

Fe ellir, o bosibl, edrych yn nes adref na hyd yn oed y
Gogynfeirdd am ddylanwadau ar ganu Dafydd a throi at yr esgyrn
brau o weddillion ac o awgrymiadau sydd gennym ynghylch
barddoniaeth y glêr, sef y beirdd isradd. A dorrodd peth o bynciau
eu canu nhw — serch efallai — i ganu'r penceirddiaid gyda
mesurau fel y traethodl? Ac a ddaeth y canu hwn a barddoniaeth
y penceirddiaid, yn enwedig canu Dafydd, i gysylltiad â chanu'r
werin ac â'u harferion? Fe gyfeiriodd Syr Ifor Williams dro byd
yn ôl at ' ganu'r werin Galan Mai, neu rigymu'r mab aillt amser
cynhaeaf ' fel ffynonellau posib i rai o'r pethau a geir yng nghanu
Dafydd. Fe awgrymodd T. Gwynn Jones yntau y gallai Dafydd
fod yn cyfeirio at ddyn ifanc go-iawn oedd yn cymryd rhan yn
rhai o arferion Calan Mai, ac nid yn creu trosiad o'i ddychymyg,
wrth gyfeirio at yr haf fel gŵr ifanc. Mae cyfeiriadau eraill at
arferion gwerin yn ei ganu, megis ennill het fedw ar ôl can oed â
merch (gw. 'Yr Het Fedw,' Rhif 59), a rhoi gwialennau cyll wedi
eu llosgi a het helyg i gwcwallt, sef dyn yr oedd ei wraig — neu,
yn achos Dafydd, ei gariad — yn anffyddlon iddo (gw. ' Siom,'
Rhif 85). Arferion yw'r rhain sy'n ymwneud â rhai o brofiadau
sylfaenol pobl — geni, caru a marw, ac â'r rhyfeddod a'r dirgelwch
hwnnw, y byd naturiol. Y tu ôl i'r cyfan yr oedd y galluoedd na
welir mohonyn nhw, yn Dduw ac yn ddiafol. I mi y mae cryn
dipyn o flas y pethau hyn ar ganu Dafydd.

Dyna Ddafydd yn derbyn gan y traddodiad barddol ac yn
ychwanegu ato, ei ymestyn. Eithr fe honnodd mwy nag un fod
Dafydd dan ddylanwadau eraill, rhai estron. Gwnaeth Syr Ifor
Williams a Theodor M. Chotzen (ysgolhaig o Isalmaenwr a
ysgrifennodd lyfr yn Ffrangeg ar Ddafydd) ac enwi dau ymysg
nifer, gryn dipyn o waith ar y dylanwadau estron hyn. Y rhai a
nodir fel dylanwadau ar Ddafydd yw'r Trwbadwriaid, sef beirdd
serch o Brofens (y cyfeiriwyd at eu barddoniaeth yn y bennod

ddiwethaf); y Trwferiaid, neu *trouvères,* beirdd Gogledd Ffrainc a Fflandrys a efelychai'r Trwbadwriaid; a'r ysgolheigion crwydrad, y '*clerici vagantes*', myfyrwyr yn perthyn i'r eglwys a grwydrai o wlad i wlad gan ryw esgus astudio ym mhrifysgolion Ewrop yr Oesoedd Canol. Am eu canu serch cwrtais y mae'r ddau fath cyntaf o feirdd yn nodedig. Corff eu cainc ydoedd mawl di-bendraw i brydferthwch a rhinweddau'r arglwyddes, llesmeirio bron os codai hi eu llaw arnyn nhw, a magu gwayw serch. Y mae rhai pethau yn eu canu, megis eu gwayw serch, eu Halba neu Aubade, sef bore-gân, a'u Serenade, eu hwyrgan, er enghraifft, y gellir gweld eu tebyg, yn gyffredinol iawn, mewn pytiau o ganu Dafydd (gw. 'Y Wawr', Rhif 129, a 'Dan y Bargod', Rhif 89). Ond ar y cyfan y mae agwedd Dafydd at serch yn gwbwl wahanol i'w hagwedd nhw. Y peth pwysicaf a dreiddiodd i Gymru o'r cyfandir i waith beirdd Cymraeg, a Dafydd yn eu plith (h.y. os mai o'r cyfandir y daeth) ydyw diddordeb cyffredinol mewn serch. O ran agwedd y mae Dafydd yn nes at yr ysgolheigion crwydrad. Roedden nhw'n canu i ferched, canu am botio a chanu'n aml yn erbyn yr eglwys. Y casgliad gorau o'u gwaith yw'r llawysgrif a elwir yn '*Carmina Burana*'. Cyfieithodd Gwenallt ychydig o'u canu — cerddi Lladin gyda llaw. Dyma bwt ichwi gael profi eu gwaith :

'CALL YW CELLWAIR

Gadawn lonydd i ddoethineb
    Addysg a'i flinderau,
Cydiwn afael yn ffolineb
    Ienctid a'i bleserau.
Rhowch i'r hen gyfrolau hirion,
    Llyfrau sych difrifwch,
Gweddus i ieuenctid tirion
    Ydyw chwarae a digrifwch.

Cytgan : Lladrateir ein dyddiau mwynion
    Gan eu doeth gaethiwed,
Gwell i'r ieuainc ydyw swynion
    Merched teg, diniwed.'

Doedd diddordeb Dafydd mewn serch, mwy na diddordeb y rhain, ddim yn rhyw or-ddiwair, ac fe geir sôn am dafarnau yn ei ganu yntau a hefyd ymosod ar frodyr eglwysig. Llac iawn yw'r dylanwad, os dylanwad hefyd. Byddai arlliw'n well gair i ddisgrifio'u hôl, rhyw arlliw cyffredinol ar ffordd o ymagweddu at rai pethau efallai. Mae'n bwysig cofio fod y rhain oll wedi peidio â bod ar y cyfandir cyn amser Dafydd.

Dylid nodi, a dim ond nodi, fod yn Ffrainc yr Oesoedd Canol yr hyn a elwid yn *fabliaux*, sef chwedlau o amryfal fathau, ond yn enwedig rhai yn ymwneud â throeon trwstan. Dichon fod arlliw'r rhain ar Ddafydd hefyd.

Dylanwadau, arlliw ac ati; wedi nodi hyn oll yr ydym wyneb yn wyneb â'r athrylith o ddychymyg a roes inni haldiad o gerddi gwefreiddiol, ac a'n diddanodd wrth wneud hynny. Bron na chredech chwi weithiau fod 'diddanwch' yn air aflednais i'w ddefnyddio am lenyddiaeth. Ond dyma, wrth gwrs, yw'r peth sylfaenol mewn llenyddiaeth. Dyw hyn ddim yn golygu y gall pawb gael mwynhad o ddarllen Dafydd oherwydd dyw ei waith o ddim yn hawdd i ddarllenwr o'r ugeinfed ganrif. Mae angen gwybodaeth a disgyblaeth i'w ddarllen, a gorau oll os ceir hyfforddiant i wneud hynny. Gyda pharatoad fel yna y mae mynd ati i ddarllen Dafydd mewn gwirionedd, ac fe all rhywun golli llawer o'r diddanwch sydd ynddo o beidio â gwneud hyn. Ac eto, os ydych chwi'n ymateb i farddoniaeth o gwbwl mae'n anodd ichwi beidio â chael blas ar ei waith, hyd yn oed os bydd yr ymateb hwnnw'n cael ei gyfyngu o ddod wyneb yn wyneb â geiriau dieithr ac ati.

Y mae dwy elfen sydd wedi cael sylw mawr yng nghanu Dafydd, sef serch a natur. Rwy'n bwriadu trafod y ddau beth hyn yn ei waith.

Dyddgu a Morfudd oedd dwy brif gariad Dafydd — er nad oedd ganddo fawr o wrthwynebiad i garu gyda merched eraill ychwaith, a bod y cyfle'n ei gynnig ei hun. Awgrymodd Syr Ifor Williams mai dau bortread o fathau gwahanol o ferched oedd y rhain, eithr dadleuodd y Dr. Thomas Parry'n gryf mai genethod go-iawn, o gig a gwaed oedden nhw. Un ddu ei gwallt oedd Dyddgu, un fonheddig ac urddasol. Er ei bod hithau'n fonheddig, dipyn o 'hadan', fel y dywedir, oedd Morfudd a melyn oedd ei gwallt — nid fod a wnelo'r ffaith honno, o angenrheidrwydd, â'i chymeriad a'i moes. Mewn un man fe'i gelwir yn 'marworyn rhudd' ac fe ddyry hynny inni syniad am ei thanbeidrwydd carwriaethol. Gwraig briod oedd Morfudd. Roedd gan feirdd serch enw ar ŵr gwraig briod yr oedden nhw'n ymserchu ynddi, sef Eiddig, hynny yw, un oedd yn eiddigeddus o'i wraig ac a oedd, am ryw reswm na allai'r beirdd ei ddirnad, yn awyddus iawn i'w chadw rhagddynt! Mae Eiddig yn enw ar unrhyw ŵr priod sy'n cadw golwg ar ei wraig, ond yr Eiddig arbennig yn achos Morfudd oedd un a lysenwid yn 'Bwa Bach' — am ei fod yn fyr a chefngrwn, yn ôl pob tebyg. Ceir tystiolaeth o ddogfennau cyfreithiol yn ymwneud ag ardal Aberystwyth fod hwn hefyd yn ddyn go-iawn. Mae Dafydd yn sarhaus o'r Eiddig yn gyffredinol ac o'r Bwa Bach, eto awgrymodd Saunders Lewis y gall mai "geuawd" (cân gogio-bach) oedd y canu hwn ac y gallai cywyddau'n sarhau'r gwahanol Eiddigau a Bwa Bach fod wedi eu canu ger eu bron ar eu haelwydydd eu hunain — 'yr oedd moesau a chonfensiwn yr oesoedd hynny'n wahanol i rai heddiw.' Ai cymryd arno garu yr oedd Dafydd yn ei gywyddau Eiddig? Efallai; ond hyd y gellir gweld o'i waith yr oedd Dafydd yn gyson o blaid caru â merched priod, ac awgryma hyn ei fod yn cymryd y peth o ddifrif.

Yr oedd hefyd yn gyson mai ardderchog o beth oedd caru. Pan ddeuai brodyr llwydion a duon ato i'w rybuddio rhag rhoi ei fryd ar ferched a moli'r corff roedd Dafydd yn eu hateb hyd adref :

> ' Nid ydyw Duw mor greulon
> Ag y dywaid hen ddynion.
> Ni chyll Duw enaid gŵr mwyn
> Er caru gwraig na morwyn.
> Tripheth a gerir drwy'r byd :
> Gwraig a hinon ac iechyd.'   (Rhif 137)

[Nid yw Duw mor greulon / ag y dywed hen ddynion. / Ni chollfarna Duw enaid gŵr mwyn / am iddo garu gwraig na morwyn. / Fe gerir tri pheth drwy'r byd : / gwraig a thywydd braf ac iechyd.]

Bu peth dadlau a oedd agwedd Dafydd yn wrth-eglwysig ai peidio. Ar y mater hwn — oedd; achos wrth amddiffyn ei ' foliant corfforawl ' i Forfudd fe ddywed Dafydd ar ei ben :

> ' Iawn y gwneuthum ei chanmawl;
> On'd oedd iawn f'enaid i ddiawl '.   (Rhif 131)

[Fe wneuthum yn iawn yn ei chanmol; / os nad oedd yn iawn, yna aed fy enaid i uffern.]

Y mae rhyfyg, os nad cabledd, yn y geiriau hyn. Ond dyw Dafydd ddim fel hyn drwy'r adeg. Fe ganodd gerddi crefyddol dwys hefyd. Eithr y mae'n anodd peidio â dod i'r casgliad ei fod yn taro'n groes iawn i ddysgeidiaeth yr eglwys ynglŷn â merched. (Er, fe ddylwn nodi fod dadlau o fewn yr eglwys ar faterion o'r fath yn yr Oesoedd Canol a bod Ysgol Orléans yn dal, yn groes i Ysgol Paris, fod harddwch a mwyniant yn bethau da a dymunol a bod harddwch y cread yn fynegiant o harddwch y Crëwr neu, chwedl Dafydd :

> ' O'r nef y cad digrifwch
> Ac o uffern bob tristwch.'   (Rhif 137)

[O'r nef y daeth popeth dymunol / ac o uffern y daeth popeth annymunol.]

Deil Myrddin Lloyd fod holl farddoniaeth Dafydd yn fynegiant o ddysgeidiaeth Ysgol Orléans.)

Y peth trawiadol ynglŷn â chanu serch Dafydd yw fod ynddo gymaint o amrywiaeth, fod ynddo gymaint o'r cymysg deimladau sydd yna rhwng dynion a gwragedd. Mae o'n amrywio o anwyldeb i gieidd-dra maleisus. Dyma ichwi Ddafydd yn ifanc a chwareus a thirion :

> ' Cerddais, addolais i ddail,
> Tref eurddyn, tra fu irddail.
> Digrif fu, fun, un ennyd
> Dwyn dan un bedwlwyn ein byd.
> Cydlwynach, difyrrach fu,
> Coed olochwyd, cydlechu,
> Cydfyhwman marian môr,
> Cydaros mewn coed oror,
> Cydblannu bedw, gwaith dedwydd,
> Cydblethu gweddeiddblu gwŷdd.
> Cydadordd serch â'r ferch fain,
> Cydedrych caeau didrain.
> Crefft ddigerydd fydd i ferch
> Cydgerdded coed â gordderch.
> Cadw wyneb, cydowenu,
> Cydchwerthin finfin a fu,
> Cyd-ddigwyddaw garllaw'r llwyn,
> Cydochel pobl, cydachwyn,
> Cydfod mwyn, cydyfed medd,
> Cydarwain serch, cydorwedd,
> Cyd-ddaly cariad celadwy
> Cywir, ni menegir mwy.'

159

[Cerddais, addolais i ddail, / cartref y ferch ardderchog, tra bu dail ffres. / Difyr fu, ferch, am dro bach / dreulio amser dan lwyn bedw. / Cadw oed, difyrrach fu [wedyn] / — [mewn] lle diarffordd o'r coed — cydlechu, / cyd-gerdded hyd gerrig glan-y-môr, / aros gyda'n gilydd ar odre coed, / cydblannu bedw [y tebyg yw fod rhyw arwyddocâd i hyn yn arferion y werin], gwaith hapus, / cydblethu plu [= dail] gweddaidd y coed. / Cyd-siarad am serch gyda'r ferch fain, / cyd-sbio am gaeau diarffordd. / Gwaith difai fydd i ferch / gydgerdded coed â'i chariad. / Cadw wyneb, gwenu gyda'n gilydd, / cyd-chwerthin wefus wrth wefus fu / cyd-syrthio ger llwyn, / cyd-osgoi pobol, cwyno gyda'n gilydd, / braf bod gyda'n gilydd, yfed medd gyda'n gilydd, / cyd-baratoi at serch, cydorwedd, / cyd-ddal cariad cyfrinachol, / cywir i'n gilydd, ddweda' i ddim mwy.]

Mae o'n hapus braf, fel plentyn, ac y mae yna ryw ddiniweidrwydd yn ei gnawdolrwydd.

Wedyn mae o'n medru bod yn annwyl o wenieithus. Ar ôl dadlau nad oes achos i ferch ymbincio mae o'n dweud wrth ei gariad :

> ' Dithau, difrodiau dy frawd,
> Dynyn danheddwyn haeddwawd,
> Gwell wyd mewn pais wenllwyd wiw
> Nog iarlles mewn gwisg eurlliw.'   (Rhif 49)

[Tithau, difrod dy gariad, / y ferch fach efo dannedd gwynion sy'n haeddu cân, / rwyt ti'n well mewn gwisg lwyd-wen dda / nag iarlles mewn gwisg o liw aur.]

Yn ' Siom ' (Rhif 85) mae yna sŵn tristwch dyn wedi'i frifo. Bu Morfudd yn anffyddlon iddo ac fe'i gelwir yntau yn ' gwcwallt ', ond mae o'n methu rhoi'r gorau i'w gariad er ei fod yn sylweddoli'n iawn beth oedd hi. Dro arall mae o'n mynd gyda merch ond mae hi'n rhy sobor o ddiwair iddo :

> ' Diamynedd y'm gwneddyw,
> Diriaid ym diweiried yw.'   (Rhif 110)

[Fe'm gwnaeth i'n ddiamynedd, / peth drwg i mi yw ei bod hi mor bur.]

Mae o weithiau'n cael hwyl go amheus, fel pan mae o'n adrodd stori am fargeinio am ei serch efo rhyw ferch (Rhif 47). Ac fe all

fod yn chwerw-giaidd : ar ôl moli Dyddgu mewn cywydd a dweud
mor anodd oedd ei chael — ond bod iddo siawns, mae'n gorffen
fel hyn :

> ' Oni'th gaf er cerdd erddrym
> Ddidranc, ddyn ieuanc-ddawn ym,
> Mi a'th gaf, addwyn wyneb,
> Fy nyn, pryd na'th fynno neb.'   (Rhif 37)

[Oni chaf i di i mi fy hun am gerdd wych, / anfarwol, y ferch a
chanddi ddawn yr ifanc / mi dy gaf di, yr un deg ei hwyneb, / fy
merch, pryd na fynno neb arall dy gael di.]

Sylwer fel y mae o yma yn dal i foli, yn dal i wenu fel petai, ac
yna'n taflu'r geiriau olaf yna fel asid i wyneb y ferch.

Nid pawb sy'n fodlon codi hwyl am ei ben ei hun. Doedd gan
Ddafydd ddim ofn gwneud hynny, dyna nodwedd y comedïwr
neu'r clown ynddo. Mae ganddo nifer o gywyddau lle mae tro
trwstan yn digwydd iddo fo, yn enwedig ynglŷn â helyntion
carwriaethol. Y mae yna ryw rwystrau tragwyddol ar lwybrau
serch i Ddafydd. Dyna gywydd ' Y Rhugl Groen ' (Rhif 125), er
enghraifft, lle mae Dafydd yn bwrw ymlaen yn eithaf dymunol
â'i gariad nes i ryw greadur wneud twrw efo rhugl-groen (rattle,
rhyw lun o forthwyl-sinc) a dychryn y ferch. Ceir wedyn felltith
Dafydd i'r rhugl-groen. Yn ' Y Cwt Gwyddau ' (Rhif 126) mae o'n
ymweld â'i gariad, mae hi'n ei gyfarch, yntau'n ateb. Hyfryd iawn
— nes i ŵr mawr y wraig ddod i'r fei a gorfodi Dafydd i gilio am
loches rhag ei lid i gwt gwyddau, lle'r ymosodir arno gan ŵydd
fawr dew.

Y mae'r hyn yr ydw i wedi bod yn ei wneud rŵan braidd fel
esbonio straeon digrif; yn y dweud y mae digrifwch y pethau
hyn. Nodaf un enghraifft enwog o'r dweud, sef ' Trafferth Mewn
Tafarn ' (Rhif 124) :

TRAFFERTH MEWN TAFARN

> Deuthum i ddinas dethol,
> A'm hardd wreangyn i'm hôl.
> Cain hoywdraul, lle cwyn hydrum,
> Cymryd, balch o febyd fûm,
> Llety urddedig ddigawn
> Cyffredin, a gwin a gawn.

161

Canfod rhiain addfeindeg
Yn y tŷ, *mau* enaid teg.
Bwrw yn llwyr, liw haul dwyrain,
Fy mryd ar wyn-fy-myd main.
Prynu rhost, nid er bostiaw,
A gwin drud, mi a gwen draw.
Gwarwy a gâr gwŷr ieuainc —
Galw ar fun, ddyn gŵyl, i'r fainc.
Hustyng, bûm ŵr hy astud,
Dioer yw hyn, deuair o hud;
Gwneuthur, ni bu segur serch,
Amod dyfod at hoywferch
Pan elai y minteioedd
I gysgu; bun aelddu oedd.

Wedi cysgu, tru tremyn,
O bawb eithr myfi a bun,
Profais yn hyfedr fedru
Ar wely'r ferch; alar fu.
Cefais, pan soniais yna,
Gwymp dig, nid oedd gampau da;
Haws codi, drygioni drud,
Yn drwsgl nog yn dra esgud.
Trewais, ni neidiais yn iach,
Y grimog, a gwae'r omach,
Wrth ystlys, ar waith ostler,
Ystôl groch ffôl, goruwch ffêr.
Dyfod, bu chwedl edifar,
I fyny, Cymry a'm câr,
Trewais, drwg fydd tra awydd,
Lle y'm rhoed, heb un llam rhwydd,
Mynych dwyll amwyll ymwrdd,
Fy nhalcen wrth ben y bwrdd,
Lle 'dd oedd gawg yrhawg yn rhydd
A llafar badell efydd.
Syrthio o'r bwrdd, dragwrdd drefn,
A'r ddeudrestl a'r holl ddodrefn;
Rhoi diasbad o'r badell
I'm hôl, fo'i clywid ymhell;
Gweiddi, gŵr gorwag oeddwn,
O'r cawg, a'm cyfarth o'r cŵn.

Yr oedd gerllaw muroedd mawr
Drisais mewn gwely drewsawr,
Yn trafferth am eu triphac —
Hicin a Siencin a Siac.

162

Syganai'r gwas soeg enau,
Araith oedd ddig, wrth y ddau :

   ' Mae Cymro, taer gyffro twyll,
Yn rhodio yma'n rhydwyll;
Lleidr yw ef, os goddefwn,
'Mogelwch, cedwch rhag hwn.'

   Codi o'r ostler niferoedd
I gyd, a chwedl dybryd oedd.
Gygus oeddynt i'm gogylch
Yn chwilio i'm ceisio i'm cylch;
A minnau, hagr wyniau hyll,
Yn tewi yn y tywyll.
Gweddïais, nid gwedd eofn,
Dan gêl, megis dyn ag ofn;
Ac o nerth gweddi gerth gu,
Ac o ras y gwir Iesu,
Cael i minnau, cwlm anun,
Heb sâl, fy henwal fy hun.
Dihengais i, da wng saint,
I Dduw'r archaf faddeuaint.

[(Sylwer nad yw'n bosibl cadw at symudiad fesul llinell)
Deuthum i ddinas ddewisol / a'm gwas ifanc hardd i'm canlyn. /
Ffordd deg a bywiog o wario — cymryd llety cyhoeddus digon
urddasol (rydw i'n ŵr balch oddi ers pan yn ifanc), lle am ginio
da ; a dymuno cael gwin. //

   Gweld merch fain a theg / yn y llety, 'nghariad dlos i. / Rhoi
fy mryd yn llwyr ar fy ngwyn-fy-myd fain, un o liw haul y
bore. / Prynu rhost (nid i ddangos fy hun [chwaith]) a gwin drud,
[i] mi a'r ferch dlos draw. / Mae gwŷr ieuainc yn hoffi cadw
reiad — / galw ar y ferch, eneth wylaidd, ataf i eistedd ar y
fainc. / Sibrwd (mi fûm i'n ŵr hy, dyfal, mae hyn yn sicr) dau air
o swyn : / gwneud cytundeb (doedd serch ddim ar ei hôl hi) i
ddod at y ferch fywiog / pan elai'r bobol / i gysgu : merch efo
aeliau duon oedd hi! //

   Ar ôl cysgu (taith druenus) / o bawb ond fi a'r ferch, / ceisiais
yn fedrus iawn daro / ar wely'r ferch; chwithig fu pethau! /
Cefais (pan wneuthum dwrw yna) / gwymp cas, nid oedd fawr o
hwyl ar bethau; / haws codi (fel y mae drygioni'n costio!) / yn
flêr nag yn dra sydyn. / Trewais (ni neidiais yn ddianaf) / flaen

fy nghoes uwchben y ffêr (a gwae y goes!) ar ochr stôl ffôl swnllyd
o waith ostler. / Codais (stori i edifarhau amdani) / i fyny —
Cymry a'm câr! — / trewais (mae gorawydd yn ddrwg) / lle'r
oeddwn wedi fy rhoi, heb un naid hwylus / (twyll aml yr ergydio
ynfyd) fy nhalcen wrth ben y bwrdd / lle'r oedd cawg yn awr yn
rhydd / a phadell bres swnllyd. / Syrthiodd y bwrdd (dodrefnyn
solat), a'r ddau drestl a'r dodrefn i gyd : / rhoes y badell waedd /
o'r tu ôl imi, — fe'i clywid ymhell; / gwaeddodd (dyn ffôl iawn
oeddwn) / y cawg, a chyfarthodd y cŵn arnaf. //

Yr oedd gerllaw muriau mawr / dri Sais mewn gwely drewllyd,
/ yn poeni am eu tri phac — / Hicin a Siencin a Siac. / Sibrydai'r
gwas dreflog ei geg / araith ddig wrth y ddau : //

"Mae Cymro (cyffro twyll o ddifrif) / yn symud o gwmpas
yma'n dwyllodrus iawn; / lleidr ydyw o, os caniatawn iddo; /
cymrwch ofal, ymogelwch rhag hwn." //

Cododd yr ostler bawb, / a stori enbyd oedd hi. / Roedden
nhw'n gwgu o f'amgylch / yn chwilio i geisio cael gafael arnaf o'm
cwmpas; / a minnau (teimladau hyll iawn) / yn ddistaw bach yn
y tywyllwch / Gweddïais, nid mewn ffordd eofn, / mewn
cuddfan, fel dyn ag ofn arno : / ac o nerth gweddi sicr, annwyl, /
ac o ras y gwir Iesu, / cefais (trafferthion anhunedd) / heb
' drysor', fy hen wâl fy hun. / Dihengais i — da fod y saint
gerllaw — archaf i Dduw am faddeuant.]

Yn y cywydd hwn fe geir dechrau talog a hwylus a phethau'n
mynd rhagddynt yn ardderchog ac, wrth ddatgan y gerdd, fe ellir
dychmygu Dafydd yn gwenu'n awgrymog neu'n rhoi clamp o
winc yma ac acw — gyda ' ni bu segur serch,' er enghraifft. Yna
daw'r antur o chwilio am wely'r ferch a'r dechrau anffodus o
chwithig sy'n codi, yn llythrennol, yn grescendo o anlwc. Sylwer
fel y mae Dafydd yma ac acw yn dweud pethau sy'n gwbwl
anghydnaws â'r sefyllfa, megis

' Haws codi . . .
Yn drwsgl nog yn dra esgud '

Gwireb, gwirionedd cyffredinol, a geir yma, — fel petai'r amser a'r
amgylchiadau yn addas ar gyfer y fath beth! Mae i hyn argraff
tebyg i ddyn yn athronyddu ynglŷn â'i sefyllfa gyda theigr wrth
ei gwt. Wedyn dyna'r ' ni neidiais yn iach ' sy'n enghraifft o leihad

ar amgylchiad pan mai lleihad fyddai'r peth olaf y gellid ei ddisgwyl. Mae'r ddau sylw hwn yn goeglyd a digrif. Wedyn dyna Ddafydd yn taro'i ben wrth geisio codi. Y peth naturiol fyddai ebwch o boen neu reg, ond yr hyn a geir yma yw 'Cymry a'm câr' ac fe ellwch glywed Dafydd yn tynnu ei wynt drwy ei ddannedd wrth ddweud hyn. Dilynir hyn gan ddoethineb buddiol a llesol wedi ei fynegi'n gymen ddiarhebol — 'Drwg fydd tra awydd.' Y peth olaf y byddech yn ei ddisgwyl gan Ddafydd, ac yntau gyda'r bwriadau oedd ganddo, fyddai moesoli buddiol. Daw sylw moesol anghydnaws eto'n nes ymlaen — 'Gŵr gorwag oeddwn.'

Yn y darn sy'n disgrifio'r llanast mae arddull sangiadol y bardd yn rhoi argraff o iaith a chystrawen wedi ymollwng. Mae'r ymollwng hwn, y llanast o gystrawen, yn cyfleu i'r dim lanast y digwyddiad, pan fo popeth, gan gynnwys y bardd, â'i draed i fyny.

Mae'n siŵr fod cryn hwyl am ben y tri Sais hefyd : dyna nhw'n iselwael a drewllyd ac atgas — gellid cyfieithu 'soeg enau' i'r dim gyda'r Saesneg *slobber chops,* — dyma lond gwely o Alf Garnetiaid. Ceir cyffro ei bryder yn araith y Sais hefyd : mae'r arddull sangiadol yn creu argraff o gyffro, o neidio o un peth i'r llall wrth iddo geisio cael ei strytyn allan.

Chwilio wedyn am Ddafydd, ac argraff o swatio'n fach efo llond y tywyllwch o dyrfa o'i gwmpas. Ac yna'n hollol annisgwyl — gweddi! A iachawdwriaeth i'r gŵr oedd â'i fryd ar bethau go an-nefolaidd trwy gyfrwng, o bawb, y saint. Gŵr sanctaidd iawn sy'n cyrraedd yn ôl i'w wely. Sanctaidd yn wir! Mae holl ffug ei sancteiddrwydd yn cael ei awgrymu, wrth gwrs : gofal am ei groen oedd y cwbwl. Dyna inni stori ddigri gyffrous ar gân. Dyw hi fawr ryfedd i Anthony Conran ddweud am Ddafydd : 'the Charlie Chaplin of the time.'

Ac eto roedd o'n rhywbeth amgenach na hynny hefyd. Mae yna ddwyster y tu hwnt i ddagreuoldeb Chaplin yn ei fyfyrdod ar y byd yma sy dan gysgod angau. Mae'r gŵr eglwysig, y brawd du, yn gwthio arno, fel rhyw Siôn Cent, ystyriaeth o angau :

> 'Ystyr pan welych y dyn
> Ebrwydded yr â'n briddyn.
> Yn ddilys yr a ei ddelw
> Yn y ddaear yn ddielw.' (Rhif 138)

[Meddylia, pan weli di ddyn (golyga 'wraig' hefyd fel yn y fan hon) / mor sydyn y try'n dalp o bridd. / Yn sicr fe â ei lun / yn dda-i-ddim yn y ddaear.]

Mae adwaith Dafydd i hyn yn ffyrnig, mor ffyrnig nes ei fod o'n gwrthod cydnabod y gwir :

> ' Cyd êl y dywarchen ffloch
> Yn bryd hagr, y brawd dugoch,
> Nid â llewychgnawd mirain,
> Pryd balch, ond unlliw'r calch cain.'

[Er fod y dywarchen fras yn mynd / yn hagr ei gwedd, y brawd dugoch, / dyw cnawd disglair, hardd, / wyneb y balch, ddim yn mynd ond yr un lliw â chalch tlws.]

Pan ddarllenwch chwi'r geiriau hyn bron na chlywch chwi chwerthin cras ar draws amser, chwerthin tebyg i un Lucian o'r hen fyd : " Y benglog hon, dyma hi Helen," fel y dywedodd hwnnw yng ngwlad y meirw am un o wragedd tecaf Groeg. Mae angerdd Dafydd am fflam fyw y funud i'w deimlo'n llosgi trwy ei eiriau. Ond yn ofer. Daw yntau at ei goed, gwêl ei Forfudd yn mynd yn hen : ' Y Creawdwr a'i hacraawdd ' (Rhif 139) [Y Creawdwr a'i gwnaeth yn hyll]. (Wrth fynd heibio dylwn nodi fod llinell fel hon yn un rheswm pan na allaf fi gytuno â'r traddodiad — a gefnogir gan Saunders Lewis — i Ddafydd farw'n ifanc. Yn ' Cyngor y Biogen ' (Rhif 63) hefyd, y mae'n werth sôn, mae Dafydd yn gwneud i'r aderyn edrych arno fel ' gŵr llwyd hen ' a ' chleirch ', sef ' henwr '. Os nad confensiwn oedd hyn y mae yma eto awgrym o Ddafydd hen). Gwêl Dafydd ei gariad wedi heneiddio, y ferch fendigedig ddisglair wedi troi'n debyg i bren cam (' Henllath mangnel Wyddeleg '). ' Breuddwyd yw, ebrwydded oes ! ' meddai o. Ond mae o'n dal i'w charu hi —

> ' Heno ni chaf, glaf glwyfaw,
> Huno drem oni fwyf draw.
> Hyrddiant serch y ferch yw ef,
> Henlleidr unrhyw â hunllef.'

[Heno ni chaf — glaf sy'n clwyfo — / gysgu gronyn onid af draw. / Ymosodiad gan serch y ferch yw hyn, / hen ladratawr [cwsg], o'r un defnydd â hunllef.]

Y mae ei serch yn frawychus. Ac eto y mae rhywbeth cyndyn-orfoleddus yn y gerdd. Mae hi'n diweddu fel hyn :

'Hafod oer; hi a fu deg.'

A dyna ichwi ddelwedd o'r ferch hardd a heneiddiodd — 'hafod oer', lle mae holl atgofion yr haf ond lle sydd bellach yn 'oer'. Mae'r 'oer' hwn yn air hynod o gyrhaeddgar am fod iâs marwolaeth ynddo fo. Ond nid dyna'r diwedd; 'hi a fu deg', meddai, ac ni all na henaint na marwolaeth wneud dim i hynny. Y peth pwysig yma yw fod bywyd wedi bod, a bod hynny'n dal yn wyneb angau.

Dydw i ddim yn meddwl fod ymwybyddiaeth gref Dafydd o angau ac o henaint wedi ei llawn werthfawrogi. Yn y gerdd 'Yr Adfail' (Rhif 144) y mae o cyn gryfed ag yn 'Morfudd yn Hen'. Edrych ar adfail — hen aelwyd, os mynnwch chwi (a dyma ni'n ôl at un o themâu sylfaenol barddoniaeth Gymraeg) — lle'r oedd bywyd wedi bod y mae Dafydd. Cofia yn arbennig am y serch a fu :

> ' Braich meinir, briwawch manod,
> Goris clust goreuwas clod;
> A'm braich innau, somau syml,
> Dan glust asw dyn glwys disyml.'

[Braich merch (o liw tanbeidrwydd briw eira mân) / o dan glust y gŵr ifanc gorau am foli; / a'm braich innau, (triciau bach syml) / o dan glust chwith y ferch hardd naturiol.]

Ond daw'r llinell hon : 'A heddiw nid ydyw'r dydd.' Heddiw mae'r lle'n adfail, yn wâl moch. Ac wrth i Ddafydd ddisgrifio'r adfail hwn fe ddowch i ddeall nad disgrifiad syml o adfail yn unig yw o, mae o hefyd yn ddisgrifiad o fywyd Dafydd, ac o fywyd pawb mewn oed sy'n edrych yn ôl ar ei fywyd. Y mae barddoniaeth fawr yn aml yn gweithio ar wahanol lefelau o ystyr fel hyn. Ond, fel yn 'Morfudd yn Hen', y mae yn y llinell olaf her :

> ' Dafydd, â chroes; da foes fu.'

[Dafydd, â chroes (uwch ei ben); ffordd dda o fyw fu.]

Er fod Dafydd yn edrych ar ei farwolaeth ei hun mae o'n mynnu clodfori'r bywyd a fu. Pan fyddwn ni, felly, yn sôn am ganu Dafydd fel canu llawn bywyd, nid canu'n gyforiog o adar a natur yn yr haf yn unig a olygir ond y grym cadarnhaol hwn — 'da foes fu' — hyd yn oed yng nglyn cysgod angau. Y mae'r peth yn aruthrol.

Y mae'r ddau beth hyn — penllanw bywyd, a henaint — i'w cael mewn mannau eraill yng nghanu Dafydd. Mae ei haf yn dynodi bywyd yn hyrddio drwy'r cread ac y mae o'n cael ei gysylltu â charu yn y coed : mae hirlwm bywyd a chysgod marwolaeth yn ei aeaf.

'Gwell yw ystafell os tyf,'   (Rhif 121)

medd Dafydd gan estyn yn orfoleddus ogwydd lenyddol a oedd eisoes yn bod yng Nghymru — fe gofiwch eiriau Gruffudd ap Dafydd ap Tudur (c. 1300) :

'Da y gwnaeth Mai dai o'r dail ',

a bod caru dan y dail hynny. Daliodd Saunders Lewis fod y ffordd y datblygodd Dafydd ei ganu am ei ystafell yn y llwyn yn her i fyd y beirdd traddodiadol a dywed mai 'Yn erbyn y moliant i'r cyfannedd y canodd ef i'r anghyfannedd; yn erbyn y cywyddau i dai a choed a cherrig y canodd ef i'r tai o ddail.' Ni chytuna Eurys Rowlands â hyn, haera ef mai defnyddio'r hyn y gwyddai'n dda amdano, sef y traddodiad barddol, yn gwbl naturiol a wnaeth Dafydd. Yr oedd i'w ddisgwyl, fel petai, fod ei ganu yn rhoi golwg o berchentyaeth i natur. Awgrymodd y Dr. John Rowlands yntau (heb honni bod yn or-ddogmatig) fod Dafydd wedi defnyddio'r farddoniaeth draddodiadol Gymraeg a'r syniadau oedd ynghlwm wrthi fel delwedd fawr yn ei ganu serch a'i ganu natur. Yn sicr, fe geir yr haf fel 'tad y rhyfyg ' (tad haelioni) a Mai fel marchog hael ym marddoniaeth Dafydd — a nodi dwy enghraifft yn unig lle mae syniadau o'r farddoniaeth draddodiadol (sef y syniad o noddwr hael) wedi cael eu defnyddio fel delwedd neu wedi eu parodïo gan Ddafydd. Mewn gwirionedd, fe ellid cyflwyno achos da dros y naill ochr a'r llall ynghylch agwedd Dafydd at y traddodiad barddol.

Y mae un peth yn weddol eglur (i mi) o'r dystiolaeth sydd ar gael, sef bod canu i wragedd wedi dod yn bwysig yn nechrau'r bedwaredd ganrif ar ddeg a bod canu Dafydd yn cymryd ei le yn llif y canu hwnnw, ond mae rhywun yn dod yn ei ôl at y ffaith fod y dyn hwn yn athrylith a'i bod hi'n bosibl i athrylith droi traddodiad y tu chwithig allan neu ei ddefnyddio, neu fe all wneud y ddau beth. Beth bynnag a wna, y mae o'n rhoddi stamp ei arbenigrwydd arno, a stamp ei bersonoliaeth. Welwyd ddim haf tebyg i haf Dafydd mewn llenyddiaeth Gymraeg, a welwyd ddim gaeaf fel ei aeafau o ychwaith.

Yn lle dyfynnu pytiau yma ac acw ynglŷn â hyn fe ddyfynnaf un cywydd cyfan, 'Mis Mai a Mis Ionawr' (Rhif 69) i chwi gael profi blas ei awen o.

MIS MAI A MIS IONAWR

Hawddamor, glwysgor glasgoed,
Fis Mai haf, canys mau hoed.
Cadarn farchog serchog sâl,
Cadwynwyrdd feistr coed anial;
Cyfaill cariad ac adar,
Cof y serchogion a'u câr;
Cennad nawugain cynnadl,
Caredig urddedig ddadl.
A mawr fydd, myn Mair, ei fod,
Mai fis difai, yn dyfod,
A'i fryd, arddelw frwd urddas,
Ar oresgyn pob glyn glas.

Gwasgod praff, gwisgiad priffyrdd,
Gwisgodd bob lle â'i we wyrdd.
Pan ddêl ar ôl rhyfel rhew,
Pill doldir, y pall deildew —
Gleision fydd, mau grefydd grill,
Llwybrau Mai yn lle Ebrill —
Y daw ar uchaf blaen dâr
Caniadau cywion adar;
A chog ar fan pob rhandir,
A chethlydd, a hoywddydd hir;
A niwl gwyn yn ôl y gwynt
Yn diffryd canol dyffrynt;
Ac wybren loyw hoyw brynhawn
Fydd a glwyswydd a glaswawn,
Ac adar aml ar goedydd,
Ac irddail ar wiail wŷdd.
A chof fydd Forfudd f'eurferch,
A chyfro saith nawtro serch.

Annhebyg i'r mis dig du
A gerydd i bawb garu;
A bair tristlaw a byrddydd,
A gwynt i ysbeilio gwŷdd;
A llesgedd, breuoledd braw,

169

A llaesglog a chenllysglaw,
Ac annog llanw ac annwyd,
Ac mewn naint llifeiriaint llwyd,
A llawn sôn mewn afonydd,
A llidio a digio dydd,
Ac wybren drymled ledoer,
A'i lliw yn gorchuddio'r lloer.
Dêl iddo, rhyw addo rhwydd,
Deuddrwg am ei wladeiddrwydd.

[Henffych, hardd gôr y glasgoed, / fis Mai haf, canys am hyn
rwy'n hiraethu. / Marchog cadarn, serchog, gwerthfawr, / meistr
cadwynwyrdd coed anial; / cyfaill i serch ac adar, / yn cael ei
gofio gan y cariadon, ac yn ffrind iddynt; / negesydd ugeiniau o
gyfarfyddiadau, / cyfarfod caredig ac anrhydeddus. / A pheth
mawr fydd (myn Mair) ei fod / ef, Mai, fis perffaith, yn dod / â'i
fryd (sy'n hawlio urddas brwdfrydig) / ar oresgyn pob glyn glas. //

Cysgod tew [h.y. oherwydd trwch y dail], gwisgwr priffyrdd,
gwisgodd bob man â'i we wyrdd. / Pan ddêl ef (caer y doldir, y
babell o ddail trwchus) yn lle Ebrill ar ôl rhyfel rhew, bydd
llwybrau Mai (fy nghrefydd yw cân adar) yn leision, / daw ar
ucha'r coed derw / ganiadau cywion adar; / a chwcw ar uchaf
pob man, / a chaneuon, a dydd bywiog, hir; / a niwl gwyn ar
ôl y gwynt / yn amddiffyn canol dyffryn; / ac wybren ddisglair
fywiog fydd yn y p'nawn, / a choed teg a glas wawn; / a myrdd
o adar ar goedydd, / a dail irion ar gangau ifainc y coed; / a
bydd Morfudd, fy ngeneth ardderchog, ar fy meddwl / a chyffro
troeon serch. //

Gwahanol [yw Mai] i'r mis dig, du / sy'n rhwystro pawb
rhag caru; / sy'n peri glaw trist a dyddiau byrion, / a gwynt i
ysbeilio'r coed; / a llesgedd (braw gwendid) / a gwisgoedd llaesion
a chenllysg, / a chefnogaeth i lanw ac oerni, / a llifeiriant llwyd
mewn nentydd, / a thwrw mawr [sŵn llifogydd] mewn afonydd,
/ a llidio a digio dydd, / a chwmwl trymllyd trist ac oer, / a'i
lliw yn gorchuddio'r lloer. / Deued iddo (rhyw fygwth hawdd), /
ddwywaith y drwg am ei anfoesgarwch.]

Mae o'n dechrau gyda chwrteisi, fel sy'n gweddu gyda marchog
hael fel Mai. Ceir cymeriad llythrennol sy'n cydio rhestr o ragor-
iaethau'r marchog hwn sy'n mynd i oresgyn y byd. Ei oresgyn o,
sylwer, ar ôl ' rhyfel rhew.' Mae tynerwch a hyfrydwch a bywyd

170

ir, braf yn nisgrifiadau a symudiadau'r gerdd wrth i'r haf ddod yn
fyw ar ein synhwyrau. Ystyriwch

'Ac wybren loyw hoyw brynhawn,'

llinell y mae cyfateb ei chytseiniaid, ansawdd ei llafariaid a'i
hodl (dyw'r *w* yn 'hoyw' a 'gloyw' ddim yn sillafau gyda llaw,
a hynny'n hollol reolaidd am eu bod yn gytseiniaid), yn creu
argraff o hyfrydwch pur. Mae'r byd yn llawn lliw — gwyrdd,
gleision, gloyw, glaswawn, eurferch, — yn llawn bywyd, yn gywion
adar, cog, adar, dail; ac yn llawn o sŵn yr haf — caniadau
cywion, cân y gog, adar aml. Gweithia'r cwbwl yn gryf ar ein
synhwyrau ac ar ein cof gan greu hyfrydwch trwy'r dychymyg. Fe
gysylltir y cyfan â chariad.

Gwrthwyneb i'r haf yw'r gaeaf, ac y mae Dafydd yn taro'r
hoelen ar ei phen gyda'r gair cyntaf yn ei ddisgrifiad o aeaf,
'annhebyg'. Yna ceir ymosodiad, fel petai, ar ein synhwyrau gan
law, gwynt, tywyllwch, cenllysg, oerni, düwch. Ond nid cynhyrfu
ymateb annifyr trwy'r synhwyrau a'r cof yn unig a geir yma ond
codi argraff o dymestl ar ein clyw hefyd —

'A llesgedd, breuoledd braw,
A llaesglog a chenllysglaw' —

nes bod rhyferthwy o aeaf arnom.

Wrth sôn am ymateb Dafydd i'r byd o'i gwmpas y mae'r
Dr. Thomas Parry wedi'i gymharu i ymateb plentyn. Dyna daro
ar hanfod gweld Dafydd a tharo ar hanfod pob gweld rhyfeddol.
Y mae plentyn yn gallu gweld pethau am y tro cyntaf a rhyfeddu
o weld; mae tebot a chyrtens a thorth a'r holl bethau cyfarwydd
sy o'n cwmpas ni'n gallu troi iddo fo, yn rhyfeddod. Mae'r haf i
Ddafydd, yn yr un ffordd, yn ddi-ben-draw ei ryfeddod a'i
lawenydd. Meddyliwch am ddweud fel hyn:

'Gweld mor hardd mi chwarddaf
Gwallt ar ben hoyw fedwen haf.'

Dyna'r fedwen yn ei ryfeddu, yn peri iddo chwerthin o lawenydd
o'i gweld, ac yna mae o'n rhoi inni gip o ferch ifanc yn ei
'gwallt'. Ac y mae hyn oll yn ddiniwed. Wrth ddefnyddio'r gair
'diniwed' am Ddafydd, nid cyfeirio at ei foesau rhywiol yr ydw i
(er fod yna ryw hyfrydwch hyd yn oed yn ei fynych garu yn
y llwyn yn yr haf a rhyw ddiniweidrwydd rhyfedd sy'n codi o'i

lawenydd) ond cyfeirio at yr olwg ddilychwin yma sydd ganddo ar bethau'r byd naturiol yn yr haf.

Mae ei haf mor gyforiog o fywyd, o garu a llawenydd nes ei fod o, fel yr awgrymais i eisoes, yn codi'r syniad o ieuenctid, o benllanw bywyd i'r dychymyg. Mae ei weledigaeth o o'r haf mor angerddol nes ei fod o'n troi, yn aml, i ddynodi ieuenctid yng ngwaith Dafydd :

> ' Gwae ni, hil eiddil Addaf,
> Fordwy rhad, fyrred yr haf.'

[Gwae ni, blant gwantan Adda, mor fyr ydyw'r haf, llanw o fendith.]

Wrth sôn am yr haf yma y mae Dafydd hefyd yn sôn am fyrder ieuenctid ac 'ebrwydded oes.' Mae rhai pobol yn galw'r math hwn o weld y tu hwnt i'r ystyr lythrennol mewn llenyddiaeth yn 'ddarllen i mewn' i gerddi ac yn rhyw dybio fod dweud peth fel yna'n dibrisio'r haf go-iawn sy yna yn y canu. Fe all 'darllen i mewn,' fel y dywedir, fod yn wrthun ar brydiau pan fo dyn yn stwffio ei brofiadau ei hun i gerddi — ac y mae hynny'n digwydd. Fel arfer y mae a wnelo'r 'ail ystyr' mewn barddoniaeth a llenyddiaeth wir fawr â phrofiadau sylfaenol bywyd megis geni, cael bwyd, caru, marw — pethau a grybwyllais o'r blaen. Y mae hyn yn gyffredin i lenyddiaeth, defodaeth a chrefydd. Ac yn y tri mae'r ail ystyr, y cyfeirio at eni a marw ac yn y blaen, yn codi o ddyfnder teimlad. Mae'r profiad yn ddigon cyffredin i blant ysgol unwaith y maen nhw'n dechrau dangos diddordeb mewn rhyw. Fe ŵyr pob athro am y profiad o draethu i'r pumed dosbarth am, dywedwch, nodweddion daearyddol gwlad a chael ei ddosbarth yn chwerthin am fod y disgyblion yn gweld ail ystyr rhywiol amheus yn y peth. Mae hyn yn ddigon naturiol i'r disgyblion am mai rhyw yw eu diddordeb ysol nhw ar y pryd. Yr hyn sy'n digwydd yw fod eu diddordeb llywodraethol nhw'n gweithio trwy eu dychymyg. Ceir peth cyffelyb mewn llenyddiaeth; ystyriwch y beirdd Cymraeg traddodiadol yn sôn am farw arglwydd ac yn troi i sôn am oerni a nos a llifogydd. Wrth ymhel â marwolaeth yr oedd eu dychymyg yn troi at bethau a oedd yn cyfleu yr un math o brofiad, ac yr oedden nhw'n troi at bethau oedd yn nadu twf a bywyd, pethau fel oerni a thywyllwch a llifogydd. Nid peth rhesymol, deallol yn unig yw'r cysylltiad rhwng marw a thywyllwch ond un sy'n tyfu yn y deall trwy'r dychymyg, trwy'r synhwyrau, a thrwy'r pethau sy'n gyfarwdd inni yn ei bywydau. Nid gwirionedd gwyddonol yw'r gwirionedd a gyfleir felly, ond gwirionedd y dychymyg a'r synhwyrau. Am ein bod wedi bod yn byw ers tro mewn byd lle mae'r gwirionedd gwyddonol yn cael ei ystyried yn llywodraethol bwysig dyw gwirionedd y dychymyg a gwirionedd crefydd ddim wedi cael ei barchu. Y mae'n eglur fod Dafydd yn cysylltu'r haf ac ieuenctid, a'r gaeaf a henaint a marwolaeth. Y mae eraill hefyd wedi gwneud yr un peth yn union. Trwy ei ddychymyg a'i synhwyrau y mae o'n gwneud hynny.

Rydw i wedi cyfeirio at Ddafydd yn sôn am ' wallt ' y ' fedwen ' : dyna weledigaeth y dychymyg, gweld trosiadol. Yn y Gymraeg roedd gan y beirdd air am y math hwn o weld, sef ' dyfalu '. ' Dyfalu ' i ni ydyw gofyn ' Be sy'n mynd i fyny'n wyn a dod i'r llawr yn felyn? ' ac ateb ' Ŵy.' Yr hyn a wneir yn y cwestiwn ydyw rhoi disgrifiad heb enwi'r peth, a'r gamp i'r sawl y gofynnir y cwestiwn iddo yw cael enw o'r disgrifiad. Yr un egwyddor sylfaenol sydd wrth wraidd dyfalu fel y datblygodd o mewn barddoniaeth Gymraeg. Fe ganiateir enwi'r gwrthrych ond rhaid i hynny gyd-fynd â disgrifiadau ohono. Yng nghanu Dafydd mae hyn yn aml yn cyd-fynd ag anfon rhywbeth — fel rheol creadur — yn negesydd serch, neu ' llatai ' fel y'i gelwid. Nodaf un cywydd fel enghraifft.

Yr Wylan

Yr wylan deg ar lanw, dioer
Unlliw ag eiry neu wenlloer,
Dilwch yw dy degwch di,
Darn fel haul, dyrnfol heli.
Ysgafn ar don eigion wyd,
Esgudfalch edn bysgodfwyd.
Yngo'r aud wrth yr angor
Lawlaw â mi, lili môr.
Llythr unwaith llathr ei annwyd,
Lleian ym mrig llanw môr wyd.

Cyweirglod bun, câi'r glod bell,
Cyrch ystum caer a chastell.
Edrych a welych, wylan,
Eigr o liw ar y gaer lân.
Dywed fy ngeiriau duun.

Dewised fi, dos at fun.
Byddai'i hun, beiddia'i hannerch,
Bydd fedrus wrth foethus ferch
Er budd; dywed na byddaf,
Fwynwas coeth, fyw onis caf.

Ei charu'r wyf, gwbl nwyf nawdd,
Och wŷr, erioed ni charawdd
Na Myrddin wenieithfin iach,
Na Thaliesin ei thlysach.
Siprys dyn giprys dan gopr,
Rhagorbryd rhy gyweirbropr.

Och wylan, o chai weled
Grudd y ddyn lanaf o Gred,
Oni chaf fwynaf annerch,
Fy nihenydd fydd y ferch.

[Yr wylan deg ar lanw, yn sicr / o'r un lliw ag eira neu'r lloer
wen, / mae dy degwch di heb frycheuyn arno, / darn fel haul,
maneg ddur y môr. / Ysgafn ar donnau'r môr wyt ti, / aderyn
sydyn, balch sy'n byw ar bysgod. / Yno'r aet gerllaw'r angor / law-
yn-llaw â mi, lili'r môr. / Tebyg i ddalen ddisglair ei natur, / lleian
wyt ti ar frig llanw'r môr. //

Geneth o glod perffaith, câi glod eang, / cyrcha at siâp caer a
chastell. / Edrycha a weli di, wylan, / un o'r un lliw ag Eigr ar
y gaer deg. / Dywed fy ngeiriau sy ag un pwrpas iddynt, /
dewised hi fi, dos at y ferch. / Os bydd ar ei phen ei hun, bydd
mor hy â'i chyfarch, / bydd yn dringar wrth y ferch lednais / er
lles; dywed na fyddaf fi, / ŵr ifanc mwyn a gwych, fyw oni
chaf fi hi. //

Ei charu'r wyf, gyda nerth angerdd cyflawn. / Och, ŵyr, ni
charodd / Myrddin gyda'r gwefusau gwenieithus iach, / na
Thaliesin erioed un dlysach na hi. / Fenws, y ferch y mae
ymgiprys amdano dan gopor [ei gwallt], / o wedd sy'n rhagori ar
bawb, hynod o daclus a phropor. //

Och, wylan, os cei di weld / grudd y ferch dlysaf yn y byd, /
os na chaf fi fy nghyfarch yn addfwyn iawn ganddi / bydd y
ferch yn achos fy marwolaeth.]

Yng nghychwyn y gerdd fe gyferchir yr wylan ac yna mae hi'n
cael ei dyfalu, mae hi'n cymryd nodweddion eira, gwenlloer,
maneg ddur, lili môr, tudalen, lleian wen. Yna fe'i hanfonir hi ar

174

neges serch dros Ddafydd ac fe geir cŵyn y bydd o'n siŵr o farw oni chaiff ei garu. Roedd y gŵyn hon yn gonfensiwn yn y canu serch ac mae hi gan Ddafydd mor aml nes i Gruffydd Gryg o Fôn sylwi, yn ddigon sychlyd, ei bod hi'n syndod fod y bardd yn fyw. Fe welir fod yn nyfalu Dafydd gymaint o syndod a rhyfeddod, nes ei fod o'n creu argraff o lawenydd a hoywder yn y darllenydd.

'C'était un amusement de l'imagination' (difyrrwch y dychymyg ydoedd) meddai J. Vendryes unwaith am farddoniaeth Dafydd ap Gwilym. Mae o'n canmol Dafydd am ei hoywder, am ei fod yn llawn o ddedwyddwch bywyd, yn rhoi lle pwysig iddo ym marddoniaeth Ewrop ond dyw o ddim yn rheng flaenaf y beirdd meddai, am nad oedd o'n ystyried problemau dyfnaf ei ddydd. Rydw i'n gobeithio fy mod i wedi medru dangos fod ym marddoniaeth Dafydd hoywder a dedwyddwch byw a difyrrwch i'r dychymyg. Rydw i'n gobeithio fy mod i, hefyd, wedi llwyddo i ddangos nad dyma'r unig beth sydd ynddo. Trwy firi'r synhwyrau y mae yng ngwaith Dafydd, bid siŵr, lawenydd a hoywder, difyrrwch, digrifwch ac egni bywiol; ond nid dyna'n unig sydd ynddo, y mae ynddo hefyd dristwch, mae ynddo henaint a marwolaeth. Mewn gair, y mae gaeaf yn ogystal a haf yng ngwaith Dafydd. Trwy egni ei ddychymyg a'i grefft y mae o'n cyflwyno inni lawnach ystyriaeth ar amryfal agweddau bywyd nag a awgryma Vendryes; mae ei farddoniaeth o'n ymwneud â phrofiadau sylfaenol bywyd pawb ohonom ni — geni, caru, henaint, marw. Mae'r pethau hyn yn sylfaenol ymhob cyfnod. Ar ben hyn fe gyflwynodd Dafydd inni yn ei farddoniaeth bersonoliaeth arbennig iawn — ei bersonoliaeth ei hun, mae'n fwy na thebyg. Yn hynny o beth yr oedd o'n adlewyrchu un o newidiadau mawr hanes Ewrop, sef yr hyn a olygwn ni wrth y Dadeni. Nid fel rhyw ddatguddiad sydyn yn Eidal y bymthegfed ganrif yr edrychir ar y Dadeni bellach (er mai yno, wrth reswm, y disgleiriodd o fwyaf llachar) ond fel grym a fu'n cyniwair yn hir ac mewn amryw o wledydd yn Ewrop. Un o nodweddion pwysig y Dadeni oedd diddordeb arbennig mewn dyn — 'hiwmanistiaeth'. Mewn arlunio fe ellir gweld y newid yn digwydd — yn lle bod y forwyn Fair, er enghraifft, yn cael ei phortreadu fel bod gwahanol i ferched cyffredin trwy fod elfennau delfrydol yn y portread mae hi'n dod yn debycach i ferch ifanc y gallech ei chyfarfod ar y stryd. Cymherwch chwi ganu nodweddiadol Dafydd â chanu nodweddiadol y Gogynfeirdd ac fe welwch fod eu delfryd hwy o anrhydedd wedi rhoi lle i ŵr o gig a gwaed. Dyma ran o gyniwair y Dadeni yng Nghymru.

Rydw i'n credu, felly, fod a wnelo Dafydd â diddordeb diwyll-iannol a hanesyddol, pwysicaf Ewrop yn ei gyfnod; ond rydw i'n credu hefyd fod a wnelo fo â phethau mwy sylfaenol i brofiad dyn na hynny. Dyna pam yr ydw i, gyda llawer eraill, yn ei ystyried o'n fardd gwirioneddol fawr yn hanes barddoniaeth Ewrop.

6

BEIRDD YR UCHELWYR

Ar ddechrau'r bennod ddiwethaf fe geisiwyd rhoi syniad o sut y newidiodd y traddodiad barddol yng Nghymru, sut y darfu cyfnod y Gogynfeirdd ac y dechreuodd cyfnod Beirdd yr Uchelwyr. Fe barhaodd cyfnod Beirdd yr Uchelwyr o'r adeg pan ymsefydlodd yn y bedwaredd ganrif ar ddeg hyd nes iddo edwino yn yr ail ganrif ar bymtheg, er, fel y dywedodd D. J. Bowen, cywyddwyr oes Elisabeth oedd ' y to olaf o'r penceirddiaid mawr.' Serch hynny y mae'n rhaid cofio na ddarfu'r traddodiad yn gyfan gwbwl yn yr ail ganrif ar bymtheg; yn wir, y mae etifeddion y traddodiad gyda ni o hyd ar ryw wedd — aeth peth o ymhel y traddodiad â chrefft barddoni i gystadlaethau cynganeddol yr Eisteddfod Genedlaethol, ac fe etifeddodd pob bardd sy'n canu i'w gymdeithas (yn canu i bobol ac i ddigwyddiadau o'i gwmpas ac yn cyhoeddi, yn amlach na heb, mewn papur newydd lleol) rywfaint o ymwybod cymdeithasol y traddodiad. Eithr erbyn diwedd yr ail ganrif ar bymtheg, yn enwedig, yr oedd y beirdd traddodiadol yn dilyn gorchwylion heblaw barddoni. Mewn gwirionedd yr oedd hynny'n mynd yn groes i ddelfryd sylfaenol (peth gwahanol i'r arfer feunyddiol) Beirdd yr Uchelwyr. Y delfryd hwnnw oedd fod bod yn fardd yn grefft, yn alwedigaeth ynddi ei hun; roedd bardd yn fardd wrth ei swydd, yn fardd proffesiynol. Fe nodwyd yn barod fod amryw o'r beirdd o waed da; doedd hynny ddim yn golygu nad oedden nhw'n derbyn tâl am eu gwaith; os nad oedden nhw'n derbyn tâl, yr enw a roddid iddyn nhw oedd ' beirdd yn canu ar eu bwyd eu hunain.'

Crefft : pan fo pobol yn cydnabod fod medr arbennig yn grefft a phan ydyn nhw'n gweld gwerth yn y medr hwnnw maen nhw'n fodlon talu i'r crefftwr. Heddiw os gofynnith rhywun i blymar neu drydanwr a chanddo arlliw o grefft i wneud swyddan yn ei dŷ fe gaiff dalu am hynny. Yng nghyfnod Beirdd yr Uchelwyr roedd pobol o fodd arbennig yn gofyn i feirdd ddod i'w tai ac yn talu iddyn nhw am hynny. Ychydig o dystiolaeth sydd ar gael ynglŷn â'r tâl a gâi'r beirdd — ac o fewn cyfnod o bron bedair canrif mae'n naturiol fod y tâl hwnnw wedi newid — eithr fe delid i'r beirdd mewn aur ac arian. Nid dyna'r unig dâl a gaent, roedd bwyd a diod a lletyn ynh y'r noddwr hefyd yn rhan o'r tâl.

Mewn testun o'r enw Statud Gruffudd ap Cynan — dogfen o'r unfed ganrif ar bymtheg, ond un a eill fod yn seiliedig ar arfer gwŷr wrth gerdd mewn cyfnodau cynt — fe geir manylion am y tâl oedd yn ddyledus i'r beirdd. Mae'r Statud hon yn perthyn i gyfnod pryd y ceisiwyd ad-drefnu urddau cerdd dafod a thant yn y gyntaf o'r Eisteddfodau a gynhaliwyd yng Nghaerwys, Sir Fflint (1523). Nid Gruffudd ap Cynan a luniodd y Statud, cael ei thadogi arno a wnaeth hi. Ei phwrpas oedd cael gwared o ' chwyn ' (a defnyddio gair y Statud) o blith urddau cerdd. Nodir y graddau a ganlyn mewn cerdd dafod, neu'r grefft farddol :

1. *Disgybl ysbâs heb radd.* Disgybl dros dro oedd hwn. Roedd ei athro i edrych a oedd deunydd bardd ynddo.
2. *Disgybl ysbâs graddol.*
3. *Disgybl disgyblaidd.*
4. *Disgybl pencerddaidd.*
5. *Pencerdd.*

Nodir pa wybodaeth a pha gampau y dylai pob un o'r graddau hyn eu medru. I godi o fod yn *Ddisgybl ysbâs heb radd* i fod yn *Bencerdd* fe gymerai naw mlynedd. Mewn un fersiwn o'r Statud (mae mwy nag un fersiwn ohoni ar gael) nodir y taliadau a ganlyn i feirdd o wahanol raddau am eu gwasanaeth ar y prif wyliau :

	s.	d.
Disgybl ysbâs	1	6
Disgybl disgyblaidd	1	8
Disgybl pencerddaidd	3	0
Pencerdd	3	4

Dylid lluosogi'r symiau hyn rhyw dri chant neu well o weithiau i gael syniad o'u gwerth nhw yn ein harian ni. Felly fe gâi pencerdd ar draws £50 yn ein harian ni am ei wasanaeth ar y prif wyliau.

Beth yn hollol a olygir wrth 'gwyliau'? Roedd gan y beirdd hawl i ymweld â thai uchelwyr ar adegau arbennig o'r flwyddyn ac yr oedd ganddyn nhw hawl i grwydro o dŷ'r naill uchelwr i dŷ'r llall. 'Taith glera' neu 'clera' y gelwid crwydro o'r fath. Roedd tair prif ŵyl glera gyda chylchwyl (adeg pan oedd hawl i glera) yn eu dilyn. Y tair prif ŵyl hyn oedd Y Nadolig, Y Pasg, a'r Sulgwyn. At hyn fe ganiateid clera ar achlysuron arbennig megis ar briodas, neu 'neithior' fel y gelwid gwledd briodas, neu gwbwlhau tŷ.

Ar dro fe gyfeirir yn y llawysgrifau Cymraeg lle cadwyd barddoniaeth Beirdd yr Uchelwyr at 'fardd teulu'. Ystyr y term ar ôl i gyfnod Beirdd yr Uchelwyr gael ei draed dano yw bardd sy'n byw'n sefydlog gydag un teulu, neu'n fwy cywir (yn enwedig fel yr aiff y cyfnod rhagddo) bardd sy'n canu swm helaeth o'i gerddi i un teulu.

Mae cryn dipyn mwy o wybodaeth am feirdd yn Statud Gruffudd ap Cynan, ond awn ni ddim ar ei hôl hi. Y peth pwysig i'w gofio yw fod yr hyn a gymeradwyir yn y Statud, yn ôl pob tebyg, yn ddelfrydol — yn rhywbeth y byddai'r rhai a rôi drefn ar urdd y beirdd yn hoffi ei weld yn digwydd. Er hyn gellir cymryd fod y Statud yn cynrychioli cryn dipyn o arferion Beirdd yr Uchelwyr.

Fe grybwyllwyd y mater o wybodaeth a champau y gwahanol raddau o feirdd gynnau. Yn wahanol i Iwerddon does yna, yng Nghymru, ddim tystiolaeth uniongyrchol am ysgolion y beirdd, eithr y mae'n amlwg fod dysgeidiaeth farddol ar gael yn ein gwlad a bod athrawon o feirdd yn dysgu disgyblion. Dysgeidiaeth lafar oedd hon am mai dyna oedd dull llenyddiaeth yn ystod y rhan helaethaf o gyfnod Beirdd yr Uchelwyr. Llafar hefyd am ei bod hi'n ddysgeidiaeth gyfrinachol, yn wybodaeth rhwng beirdd a'i gilydd yn hytrach nag yn beth i'w ddatgelu i rywun-rhywun. (Bu hyn yn achos peth cynnen rhwng y beirdd a'r Dyneiddwyr yn yr unfed ganrif ar bymtheg. Roedd y Dyneiddwyr eisiau gwybod cyfrinachau'r beirdd ac eisiau eu cyhoeddi i'r byd. Yn hyn o beth roedd dau fath o ddiwylliant — y diwylliant llafar ac urddol, a'r diwylliant ysgrifenedig a chyffredinol — yn gwrthdaro.)

Ond er mai llafar oedd dysg y beirdd fe sgrifennwyd rhyw ddarnau ohoni; o leiaf y mae ar gael 'lyfrau' (llawysgrifau nid

179

llyfrau printiedig) sy'n ymdrin ag addysg a chelfyddyd y beirdd. Yr enw a roddir ar y 'llyfrau' hyn ydyw Gramadegau'r Beirdd. Nid 'gramadeg' yn ein hystyr ni o sylwi ar yr hyn sy'n digwydd mewn iaith arbennig a chyffredinoli ar gorn y sylwadaeth ydyw Gramadegau'r beirdd (er bod ynddyn nhw sylwadau ar y Gymraeg) ond rhyw fath o ddosbarthiad ar adnoddau crefft y beirdd, peth a alwodd Saunders Lewis yn 'trefn resymegol ar foddion cerdd dafod.' Fe geir peth gwybodaeth am addysg y beirdd hefyd mewn llawysgrifau sy'n cynnwys yr hyn a elwir yn Trioedd Cerdd : yn y rhain ceir gwybodaeth wedi ei rhoi wrth ei gilydd fesul tri pheth. Oddi wrth 'lyfrau' ac ati fel y rhain mae'n eglur fod sylw mawr yn cael ei roi mewn dysg farddol i wybodaeth o'r iaith Gymraeg; gwneuthuriad cerdd yn ôl rheolau cerdd dafod; syniadau arbennig am fathau o gerddi, megis mawl a dychan; hanes, chwedlau a thraddodiadau'r Cymry; ac achau ac arfbeisiau gwŷr bonheddig. Dyma bwysleisio eto fod y bardd Cymraeg traddodiadol yn ŵr o ddysg ac o hyfforddiant arbennig. Yn ymarferol roedd Beirdd yr Uchelwyr yn defnyddio'u gwybodaeth i ddau ddiben, sef i ganu cerddi ac i lunio achresi (a lluniau herodrol pwrpasol yn ôl gallu a medr y bardd yn hynny o beth*). Am wneud hyn y telid i'r beirdd gan yr uchelwyr.

Crybwyllwyd rheolau cerdd dafod uchod. Wrth reolau cerdd dafod yr hyn a olygir yw'r rheolau a dderbyniwyd gan Feirdd yr Uchelwyr ynglŷn â chanu cerddi ar gynghanedd ac ar y pedwar mesur ar hugain a gydnabuwyd gan y beirdd. Eisoes fe soniwyd am y ffordd y graddol fferrodd y gynghanedd yn ystod cyfnod y Gogynfeirdd ac y daeth i fod yn system gaeth yng ngwaith Beirdd yr Uchelwyr. Datblygodd pedwar mesur ar hugain Beirdd yr Uchelwyr o rai hen fesurau a ddefnyddiai'r Cynfeirdd a'r Gogynfeirdd a'r glêr (y beirdd isradd), ac o wahanol gyfuniadau ohonyn nhw.† Yn ôl traddodiad, y gŵr a drefnodd y mesurau ac a bennodd fod pedwar mesur ar hugain oedd Einion Offeiriad.

---

* Llun herodrol yw llun sy'n arwyddlun symbolaidd o deulu. Ceir lluniau o anifeiliaid, er enghraifft, mewn herodraeth — dyna lew ar ei ddau droed ôl yn edrych yn fygythiol, llew rampant, fel esiampl. Mae i liwiau hefyd eu harwyddocâd mewn arwyddluniau o'r fath.
† '. . . y mae 20 o'r hen 24 [mesur] yn cynrychioli'r gyfundrefn hynafol a dyfodd gyda'r iaith Gymraeg; tri'n deillio'n anuniongyrchol ohoni: ac un yn unig yn ddieithr iddi.' John Morris-Jones, *Cerdd Dafod*, t. 359.

Gwnaeth hynny yn ei Ramadeg yn y bedwaredd ganrif ar ddeg. Fe fu arolygu ar y mesurau ar ôl amser Einion, ac mewn eisteddfod a gynhaliwyd yng Nghaerfyrddin yn 1450 fe wnaethpwyd yr hyn a alwodd Simwnt Fychan (yn 1570) yn 'conffyrmiad diwethaf a fu ar gynganeddion a mesurau.' Y sawl oedd yn gyfrifol am y conffyrmiad neu'r arolygu hwn oedd Dafydd ab Edmwnd. Y rheswm dros gael pedwar mesur ar hugain oedd fod i'r rhif hwnnw arwyddocâd arbennig i'r hen Gymry — cofier fod i rai rhifau arwyddocâd arbennig yn yr Oesoedd Canol a chyn hynny. Bu cryn gymhwyso ar hen fesurau i grafu'r nifer arwyddocaol at ei gilydd. Defnyddiai'r beirdd fwy nag un o'r mesurau hyn i ganu awdlau, eithr fe geir rhai awdlau lle ceir enghreifftiau o bob un o'r pedwar mesur ar hugain; 'awdlau enghreifftiol' y gelwir rhai felly. Ond er mor gywrain oedd eu hawdlau, fel meistri'r cywydd yn anad dim yr adwaenir Beirdd yr Uchelwyr.

Ystyr trwy batrymau o sŵn yw ein canu caeth ni. Oherwydd hyn barddoniaeth i'w chlywed yn y meddwl neu i'w datgan yw cerddi Beirdd yr Uchelwyr. Yn eu cyfnod hwy roedd y datganiad (y perfformiad) yn rhan o gyflawnder cerdd. Yn ogystal â sôn am gerdd dafod fe sonnir yn Statud Gruffudd ap Cynan am gerdd dant a datgeiniaid. Yn y farddoniaeth, hithau, fe geir amryw gyfeiriadau at delynorion a chrythorion a datgan cerddi. Yn y gorffennol, peth anffodus mewn ymdriniaethau o ganu Beirdd yr Uchelwyr fu diffyg pwyslais priodol ar ddatgan cerddi. Y mae hyn yn beth cwbl ddealladwy gan na ŵyr neb sut y datgenid y cerddi — peth ofer yw dangos ffordd a honno'n un ben gaead! Fe fu rhai cerddorion a cherddoriaethwyr yn gweithio ar lawysgrifau sy'n cynnwys nodiant cerddorol Cymreig a nodiadau ar gerdd-oriaeth ond does dim llawer o oleuni wedi dod i'r fei o'r cruglwyth hwn o gymhlethdodau hyd yn hyn. Y mae un neu ddau'n dal ati i ymchwilio yn y maes a gobeithio'n arw y ceir rhywfaint o ddeallt-wriaeth ar y nodiant Cymreig hwn yn y dyfodol. Yn y cyfamser beth sydd yna i'w wneud y tu hwnt i nodi fod cerddi Beirdd yr Uchelwyr yn cael eu datgan i gyfeiliant telyn a chrwth? Ychydig iawn; eithr y mae'r ychydig hwnnw'n ymddangos i mi yn dra arwyddocaol. Rydw i wedi cyfeirio at hyn o'r blaen mewn llyfryn ar *Eisteddfodau Caerwys*: y mae'r hyn a ddywedwyd — yn fy marn i — yn ddigon pwysig imi gyfeirio ato eto yma. Yn Statud

Gruffudd ap Cynan cyfeirir at y radd isaf o ddatgeiniaid a elwid yn 'ddatgeiniaid pen pastwn.' Doedd y rhain ddim yn medru canu na thelyn na chrwth a'r hyn oedd yn digwydd oedd fod datgeiniaid o'r fath yn sefyll 'yng nghanol y neuadd a churo'i ffon a chanu'i gywydd neu'i awdl gyd â'r dyrnodiau.' Os felly, mae'n rhaid mai'r hyn a wnâi oedd taro acenion y gynghanedd gydag ergydion o'i ffon ar lawr. Hynny yw, tynnu rhyw fath o sylw at yr acenion oedd y cyfeiliant i'r gerdd. Ymddengys i mi fod cyfeiliant telyn neu grwth i fod i gyflawni'r un swyddogaeth yn y bôn. Oherwydd hyn y mae'n dra thebygol y swniai cerddoriaeth gyfeiliant yn od iawn fel cerddoriaeth ar ei phen ei hun. (Cofier yma fod canu telyn a chrwth yn grefft er ei mwyn ei hun yn ogystal â bod yn gyfeiliant — gellir bwrw amcan y byddai cerddoriaeth annibynnol, cerddoriaeth nad oedd hi ddim yn gyfeiliant, yn gerddoriaeth wahanol i gerddoriaeth gyfeiliant.) Os ydych chwi'n taro'r acenion mewn cynghanedd yr ydych yn dod yn ymwybodol o'i siâp hi. Chwedl Syr John Morris-Jones am 'Aceniad':

'dyma'r pwnc pwysicaf mewn cynghanedd' (*Cerdd Dafod*, t. 265).

Dyma a olygir:

> 'Dy gréfydd | dèg oréuferch
> Ysýdd | wrthwŷneb i sérch.'

Uchod fe nodwyd y prif acenion â'r nod / a'r acenion a eilw Syr John yn 'rhag acenion' (sef acenion sy'n ysgafnach na'r prif acenion) â'r nod \. Os trewir yr acenion hyn gyda phwyslais dyladwy y mae siâp y cynganeddion a'u grym yn eglur i'r glust. Does gen i ddim amheuaeth nad dyma'r ffordd iawn o ddarllen cynghanedd. (Gyda llaw, yn ôl y dynwarediadau a glywais i o Syr John Morris-Jones yn darllen barddoniaeth gynganeddol dyma'r union beth a wnâi o, sef rhoi pwyslais dyladwy i'r acenion.) Mae'n rhaid gen i mai ategu pwyslais ar acenion a wnâi cyfeiliant i gerdd dafod.

Yn lle fy mod i'n mynd ati i geisio damcaniaethu ymhellach am y pwnc pwysig hwn o ddarllen barddoniaeth gaeth rydw i am ddyfynnu yma sylwadau gan y Dr. Thomas Parry (*Y Faner*, 24 Tachwedd 1972) sy'n nodi'r peth sylfaenol ynglŷn â darllen barddoniaeth gaeth i'r dim:

'Y mae un peth wedi fy nharo i fel peth rhyfedd iawn erioed ynglŷn â darllen barddoniaeth gynganeddol, sef ein bod yn gallu clywed gwall yn y gynghanedd yn syth heb orfod rhoi praw ar bob llinell, a heb feddwl o gwbl a yw'r gynghanedd yn gywir ai peidio. Y mae dyn fel petai'n darllen ar ddwy lefel — y lefel gyffredin, gwbl ymwybodol, fel wrth ddarllen pob barddoniaeth, a lefel arall yn is i lawr yn rhywle, lle mae dyn yn clywed y gynghanedd, heb fod ond yn rhyw led ymwybodol ohoni. Ond y mae hi yno, fel cyfalaw sylfaenol yn sadio'r cyfan, ac os oes nam arni, y mae dyn yn baglu.'

Ymddengys i mi mai at gywirdeb y 'gyfalaw sylfaenol' yma fel y tyfodd hi yng nghyfundrefn y beirdd yr oedd Simwnt Fychan yn cyfeirio pan ddywedodd o, mewn geiriau sy wedi eu hen ddyfynnu bellach :

'cans ni wnaed cerdd ond er melyster i'r glust, ac o'r glust i'r galon.'

Y mae'n dilyn o hyn y gall llinellau sy'n creu argraff digon amhersain i'r glust eto greu 'melyster' oherwydd eu cywirdeb cynganeddol a'u haddaster. Dyna linell Dafydd ap Gwilym i 'Y Cleddyf', er enghraifft :

'Coelfain brain brwydr treiglgrwydr trin.'
[Rhodd brain brwydr, helynt o gwmpas cad].

Dyw'r llinell hon ddim yn bersain, ond y mae yna wedduster sain ac ystyr ynddi a chywirdeb cynganeddol (gyda'r gynghanedd sain ddwbwl); dyw hi, felly, ddim yn 'anhardd yn y glust' chwedl Simwnt Fychan.

Afraid dweud mai dim ond trwy gynefino â darllen barddoniaeth gaeth y mae dyn yn magu clust i ymglywed â melyster y gyfalaw sylfaenol.

Gadewch inni rŵan droi at bynciau cerddi Beirdd yr Uchelwyr. Prif bwnc eu cân oedd moli gwyrda : hyn, fel y da gwyddom ni bellach, ydoedd prif swyddogaeth yr awen Gymraeg yn y traddodiad barddol. Soniwyd eisoes am orchwyl gymdeithasol mawl : nid diddanu uchelwyr yn unig oedd ei bwrpas (er ei fod yn sicr yn gwneud hynny yn ôl chwaeth yr uchelwr) ond cyflwyno syniad a theimlad ynghylch iawn drefn mewn cymdeithas. A'r tu hwnt i hynny roedd y beirdd yn cyflwyno syniad a theimlad am iawn drefn yn y cread. Y mae seiliau athronyddol canu Beirdd yr

Uchelwyr yn Gristnogol (Pabyddol gan mwyaf) ac yn amlygiad o syniad llywodraethol ym meddwl pobol yn yr Oesoedd Canol (a chyn ac ar ôl hynny hefyd), syniad a elwir yn gyffredin yn Gadwyn Bod. Y mae Saunders Lewis wedi tynnu sylw at y ffaith hon ers tro bellach.

Yn gryno, yr hyn a olygir wrth y syniad o Gadwyn Bod yw fod y cread drwyddo-draw yn drefnus a bod i bopeth ynddo ei le a'i swyddogaeth. Y mae'r drefn yn cael ei dynodi gan Gadwyn (neu, weithiau, ysgol) o raddau. O fewn y graddau hyn fe geid gradd ysbrydol lle ceid, er enghraifft, Dduw ei hun, yr angylion yn eu trefn, y seintiau; fe geid gradd ddynol lle gosodid dynion yn eu trefn, o'r ymherawdr hyd at y taeog distatlaf; ceid gradd yr anifeiliaid gyda threfn iddynt hwythau o'r llew — a ystyrid yn aml, eithr nid yn ddieithriad, yn frenin yr anifeiliaid — hyd at yr wystrys; roedd gradd hefyd i lysiau; a gradd i bethau ansymudol a difywyd, fel cerrig. Dyma'r graddau sylfaenol. Fe geid is-adrannau ac amrywiol raniadau o fewn y graddau — fel y dywed copi arbennig o Ramadeg y beirdd, er enghraifft :

'Dau ryw ddyn a folir, nid amgen, gŵr a gwraig. Dau ryw ŵr a folir, nid amgen, ysgolhaig [= gŵr eglwysig] a lleyg . . .'

ac yn y blaen. Y peth pwysig i'w gofio yw fod y syniad hwn o drefn yn ail natur i Feirdd yr Uchelwyr, yn ffordd o deimlo ynghylch y bydysawd a'i bethau. Oherwydd hyn, mae'n fwy na thebyg mai nid fel syniad athronyddol y dylanwadai Cadwyn Bod ar y beirdd ond fel dull cwbl naturiol o edrych ar y byd. Da yr awgrymodd Eurys Rowlands y gall y gair 'athronyddol' yma fod braidd yn gamarweiniol :

'Yr hyn y dymunwn i ei bwysleisio ydyw bod y delweddau yn codi o syniad athronyddol cyffredin a gymerid yn ganiataol gan y beirdd, ac nad oes ymgais ymwybodol i fynegi unrhyw athroniaeth.'

Canu i bethau penodol, fel y rhan fwyaf o feirdd erioed, a wnâi Beirdd yr Uchelwyr nid canu i syniad athronyddol; eithr yr oedd syniad athronyddol am drefn y cread yn rhoi rhyw unoliaeth sylfaenol i'w canu am y rheswm fod y syniad o Gadwyn Bod yn clymu popeth yn ei gilydd.

Os yw dyn yn derbyn y syniad o Gadwyn Bod y mae o hefyd yn derbyn y syniad fod i bopeth ei le yn y byd a bod rhai wedi eu geni i fod yn uchelwyr, ac eraill i fod yn daeogion. Dyna a wnâi'r beirdd, ac yr oedd eu barddoniaeth yn gefn i'r syniad o barhad uchelwriaeth. Nid uchelwriaeth rywsut-rywsut yr oedden nhw'n ei chefnogi ond uchelwriaeth gyfrifol. Mae eu cerddi'n llawn o fawl i garedigrwydd, haelioni, cyfiawnder, amddiffyniad a gofal yr uchelwr. Oherwydd hyn y mae canu'r beirdd yn adeiladol, yn mynegi gofal dros les cymdeithas arbennig. Ar ôl derbyn trefn uchelwrol cymdeithas, yna roedd y beirdd am weld y gymdeithas honno'n gweithio er lles pawb ynddi, nid er lles uchelwyr yn unig.

Mae'r delfrydau aruchel hyn yn y farddoniaeth, ond y maen nhw i'w gweld yn aml wedi eu hamlygu ar ffurf braidd yn grafangog, be-ga-i, ar lefel debyg i

'Aml yw gwin ym moliau gwŷr'

a dyfynnu geiriau Guto'r Glyn. Does dim dwywaith nad oes elfennau fel hyn yn y canu, eithr y mae'n bwysig inni ddeall pwysigrwydd hanfodol cadw tŷ neu berchentyaeth yn y canu mawl. O bob peth, efallai mai tŷ'r arglwydd yw'r ymgorfforiad cyflawnaf a phwysicaf o rinweddau uchelwrol yng nghanu Beirdd yr Uchelwyr. Yr unig ddelwedd arall o'r uchelwr a eill gystadlu â hyn ydyw'r ddelwedd ohono fel rhyfelwr — eithr edwinodd y ddelwedd honno erbyn diwedd cyfnod Beirdd yr Uchelwyr.

Gloddaith, Nannau, Tywyn, Cryngae, Hergest : hen enwau, hen dai. Os oes hen dai â'u hadeiladau wedi eu codi yn hanner cynta'r ail ganrif ar bymtheg neu ynghynt o fewn cyrraedd ichwi byddai'n werth ichwi fynd i'w gweld. Mae rhan o ddiwylliant Cymru ynddyn nhw, maen nhw'n rhan o wareiddiad Beirdd yr Uchelwyr.

Yn y lle cyntaf dyna'u golwg nhw. Does dim dwywaith nad yw eu cadernid a'u lleoliad yn dweud rhywbeth wrthym ni am ddelfrydau a theimladau'r bobol a'r cyfnod a'u cododd nhw.

'Neuadd hir newydd yw hon,
Nawty'n un a'r tai'n wynion.
Cerrig ar frig awyr fry,
Corn atun yn cau'r nawty.
Lwfer ni ad lif o'r nen,
A chroeslofft deg a chryslen.
Parlwr i'r gŵr a rôi'r gwin,
Punt i'r cog, pantri cegin.
Pont i'r dŵr, pentwr o dai,

185

Plas teils, pa lys a'i talai?
Tai bwrdd a bair troi i'w borth,
Tair siambr yn trwsio ymborth.
Tri brwyd a weuwyd o wŷdd,
Troi'n gwlm bob tri'n ei gilydd.
Trwy nawdrws trown i edrych,
Tŷ o Gaer Dro, teg yw'r drych!
Tŵr i ymladd rhag tromlef,
Talwyn, o waith teulu nef.'

(Guto'r Glyn : ' I Syr Siôn Mechain ')

[Neuadd hir, newydd yw hon, / [gyda] naw tŷ yn un a'r tai'n
wynion. / Cerrig yn erbyn yr awyr fry, / a chorn atynt yn cau'r
naw tŷ. / Simnai nad yw'n gadael llif [glaw] o'r awyr, / a llofft
yn groes a thapestri. / Parlwr i'r gŵr sy'n arfer rhoi gwin, / ac yn
arfer rhoi punt i'r cogydd; pantri cegin [hefyd]. / Pont dros y
dŵr, pentwr o adeiladau, / plas o deils, pa lys a fyddai o'r un
gwerth? / Tri bwrdd sy'n peri i un droi i'w borth [h.y. y llys], /
tair ystafell yn paratoi bwyd. / Tair ffrâm wedi eu gweu o goed, /
yn glymau o dri yn ei gilydd. / Trwy naw o ddrysau trown i
weld, / tŷ o gaer Droea! Teg yw'r olwg arno! / Tŵr i ymladd
yn erbyn llef fawr, / [tŵr] tal a gwyn, o wneuthuriad teulu nef
[h.y. angylion].]
Mae'r tŷ a'r disgrifiad ohono'n perthyn i fyd Cadwyn Bod.

Fe gafwyd golwg uchod ar rinweddau gŵr y tŷ, ac yn y cyswllt
hwn fe gafwyd cyfeirio at ymborth. Roedd bwyd a diod yn rhan
bwysig iawn o berchentyaeth ac y mae cyfeiriadau at fwydydd a
diodydd yn britho gwaith Beirdd yr Uchelwyr. Yn aml fe ddaw
gwraig y tŷ i'r gerdd i ganlyn rhinweddau ei chegin. Fel y
dywedodd Miss Enid Roberts mewn erthygl bwysig iawn ar
fwydydd y beirdd, sonnir am :

'. . . gigoedd anifeiliaid, adar a physgod o bob math; blasus-
fwyd a sew; gwinoedd a chwrw (*ale*) a bîr (*beer*), seidr a
medd; pasteiod a chwmffets; saws a garnais ac ystwff
(*stwffin*); ffrwythau a sbeis — pob blas ar fwyd a llawer lliw
hefyd, a'r rheini nid yn eu tro ond ar yr un pryd.'

(*Mabon* Pump)

Nid gwlad sgod-a-sglod oedd Cymru'r adeg hon ond lle ag ynddo
eithaf haldiad o dai *cordon bleu*. Dyma ddarn o awdl gan Ddafydd
Nanmor i Syr Dafydd ap Thomas, offeiriad o'r Faenawr :

186

'Agored yw'r tŷ i gardotaion,
Ysbyty'r wlad roes bwyd tylodion.
[Y] mae, is ei do, mwy o westeion
Na dau o [rif] bobl yn hendref Babilon.

Mae cost llu yno, mae ciste llawnion
O doreth gwenith yn dorthe gwynion,
A seigau lawer drwy lysau glewon,
Ac adar o dir a physgod o'r don.

Ac o geginwaith ei gogau gwynion
Y dygir seigau yn ei dai gwresogion.
A'r gorau [ei] fraich a'u rhy ger ei fron,
A'u rhoi'n dra aml, a'r rheini'n drymion!

Ac ar ei fyrddau ei gwrw i fairddion
A bragod y tŷ, brig ydau tewion,
A llenwi medd o gann a llyn meddygon
A'u berwi'n brau ffin fal berw o ffynnon.'

[Yn anffodus dyw'r testun hwn ddim yn un da iawn; y mae ynddo wallau cynghanedd a llinellau anghywir eu sillafau, eithr dyma gynnig ar gyfieithu yr hyn sydd yma : Mae'r tŷ'n agored i rai sy'n cardota, / mae'n dŷ ar gyfer teithwyr, tŷ a roes fwyd i dlodion. / Y mae, o dan ei do, fwy o westeion / na dwywaith y rhif o'r bobl oedd yn hen dref Babilon. //

Mae traul ar gyfer llu yno, mae cistiau llawnion / o lawnder gwenith yn dorthau gwynion, / a seigiau lawer ynghanol llysiau nobl, / ac adar o'r tir a physgod o'r don. //

Ac o waith ei gogyddion gwynion yn y gegin / y dygir seigiau yn ei dai cynnes. / A'r gorau ei law a'u dyry [= seigiau] ger ei fron, / a'u rhoi'n dra aml, a'r rheini'n [seigiau] trymion! //

Ac ar ei fyrddau bydd ei gwrw i feirdd / a diod frag y tŷ, [sef] brig ydau tewion, / a llenwi medd efo blawd a thrwyth / a'u berwi'n . . . fel berw o ffynnon.]

O bawb, Dafydd Nanmor oedd y bardd a werthfawrogai'n llawn rinweddau'r 'tŷ'. Dangosodd Saunders Lewis hyn yn un o'r prif erthyglau ar waith Beirdd yr Uchelwyr, sef ei erthygl ar 'Dafydd Nanmor.' Dyma ddyfyniad o'r erthygl honno :

'Yn wir, yr oedd " Tŷ " i Ddafydd Nanmor yn air cyfrin, yn un o dermau mawr gwareiddiad, yn arwydd o feistrolaeth dyn ar ei dynged, a'i ymryddhau oddi wrth ansicrwydd ac unigedd bywyd barbaraidd. Mewn tŷ gellid "cadw" pethau, a'r gallu hwn i gadw yw hanfod gwareiddiad. Yr oedd pob perchen tŷ yn geidwad, yn angor ac amddiffynnydd bywyd trefnus.'

Soniais gynnau am yr arglwydd fel rhyfelwr a dweud fod hyn hefyd yn amlwg yng nghanu Beirdd yr Uchelwyr. Ceir gerwindeb uchelwr o ryfelwr yn amryw o ddisgrifiadau Iolo Goch. Dyma ddyfyniad o gerdd o'i eiddo i Syr Hywel y Fwyall:

> 'Ysgythrwr cad, aets goethrudd,
> Esgud i'r aer, ysgwyd rudd.
> Ysgithredd baedd ysgethrin
> Asgwrn hen yn angen in.
> Pan rodded, trawsged rhwysgainc,
> Y ffrwyn ym mhen brenin Ffrainc,
> Barbwr fu fal mab Erbin
> Â gwayw a chledd, trymwedd trin;
> Eilliaw â'i law a'i allu
> Bennau a barfau y bu;
> A gollwng, gynta' gallai,
> Y gwaed tros draed — trist i rai.'

[Ysgythrwr brwydr, 'H' goeth, goch, / sydyn i'r frwydr, gyda tharian goch. / [Un a chanddo] gilddannedd baedd dychrynllyd, / asgwrn hen mewn angen i ni. / Pan roddwyd — rhodd gas i ŵr hoff o rwysg — / y ffrwyn ym mhen brenin Ffrainc, / bu'n farbwr fel mab Erbin / gyda gwaywffon a chledd, — brwydr arw ei gwedd; / bu'n eillio â'i law a'i allu / bennau a barfau; / a gollwng, gyntaf y gallai, / y gwaed tros draed — peth trist i rai!]

Fel y dangosodd D. J. Bowen y mae amlder cyfeiriadau Iolo at orchestion milwrol ac ymgyrchoedd yn Sgotland a Ffrainc yn fynegiant cywir i ddelfrydau uchelwyr Cymreig — yr *Ascendancy* Cymreig fel y geilw Mr. Bowen hwy — yn y bedwaredd ganrif ar ddeg.

Mae'r uchelwr o ryfelwr hefyd yn arbennig o amlwg yng ngwaith Tudur Aled. Dyma fo'n canu i Syr Rhys ap Tomas:

> 'Awch rhuthr blaidd aruthr bleiddiau aeroedd, — ffyn
> Rhag terfyn, rhwyg torfoedd;
> Rhuthr llew, rhôi waith i'r lluoedd,
> Rhyw lwybr tân i'r halbart oedd.'

[Blys ymosodiad blaidd ofnadwy bleiddiau brwydrau, — ffyn / o flaen ffin, rhwyg torfeydd; / [un o] ruthr llew, rhoddai waith i'r

byddinoedd, / rhyw lwybr tân i'r halbart [= arf oedd yn wayw-
ffon ac yn fwyell] oedd.]

Dyma fo eto, yn canu y tro hwn i Reinallt ap Gruffudd ap Hywel
ab Einion :

> ' Gair Syr Gei ar gwrser gwyn,
> Gwydr a barr godre Berwyn;
> Mael wedi r' gloi mal dur glas,
> March aruthr mawr a churas;
> Pwy a'th ddeil, pe â'th wayw onn?
> Pa gaer uchel, pe gwreichion?
> Pa lafn noeth, pa lefain uthr,
> Pa laif gŵr palfog, aruthr?
> Ffynadwy 'dd â, a phwn dy ddwrn,
> Ffon drosgl a'i phen drwy asgwrn! '

[[Un o] enwogrwydd Syr Gei [= Guy o Warwig] ar geffyl rhyfel, /
gwydr a barr [= trosiadau am amddiffyn a pherchentyaeth] godre
Berwyn; / budd wedi ei gloi fel dur glas, / march ofnadwy, mawr
efo curas [= y rhan o'r arfwisg sy'n amddiffyn y fron]; / Pwy
all dy ddal di petaet ti gyda dy waywffon onnen? / Pa gaer uchel
[allai dy ddal], [hyd yn oed] petai ar dân? / Pa lafn noeth, pa
lefain erchyll, / pa waywffon gŵr bachog, aruthr? / Gan ffynnu
yr â, gyda [nerth] baich dy ddwrn, / pen pastwn[?] drwy asgwrn!]

Fe ellid lluosogi enghreifftiau o waith Tudur a beirdd eraill.
Eithr hyd yn oed yng ngwaith Tudur fe welodd Saunders Lewis
newid byd — ' yr ydym yng nghanol byd o wleidyddion a
swyddogion gweinyddol coron a chyfraith Loegr. Yr ydym mewn
byd politicaidd,' meddai. Fel yr â cyfnod Beirdd yr Uchelwyr
rhagddo daw'r delfryd o uchelwr fel swyddog sy'n dod yn ei flaen
yn y byd, yn enwedig wrth ennill ffafr y Tuduriaid a choron
Llundain, yn fwy-fwy amlwg. Erbyn yr ail ganrif ar bymtheg y
mae delfrydau'r dosbarth canol newydd, hyd yn oed, yn gadael eu
hôl ar bortread y beirdd o'r uchelwyr. Daw'r swyddog o uchelwr
yn amlycach ar draul y rhyfelwr yn y farddoniaeth.

Ar ddiwedd y drafodaeth hon o fawl cystal inni nodi elfennau
hanfodol cân foliant. Fe geid ynddi gyfarch, moli, cyfeirio at
wehelyth a theulu'r uchelwr a dymuno'n dda iddo. At y math
hwn o gerdd fe geid cerddi eraill yn cynnwys mawl — dyna gerddi
gan feirdd i ofyn cymod ag uchelwr ar ôl rhyw gamddealltwriaeth,

ceid hefyd fawl (eithr nid yn ddihalen) mewn cerddi cyngor i uchelwyr, ac yr oedd mawl yn sylfaenol mewn marwnadau.

Mae angau'n bwnc pwysig ym marddoniaeth Beirdd yr Uchelwyr. Yn wir, math o her yn wyneb angau yw mawl ar un olwg — 'Gair, wedi'r êl gŵr, a drig,' yn ôl Tudur Aled. Fe ganodd Beirdd yr Uchelwyr gannoedd o farwnadau. Fe ymsefydlodd patrwm i'r farwnad fel i'r gân o fawl. Yn y farwnad fe geid cyfeirio at drychineb neu dristwch, enwi'r marw, ei foli, cyfeirio at ei wraig a'i deulu, mynegi galar a deisyf bendith arno. Mae mawl y marwnadau'n rhan gynhaliol ohonyn nhw, mae goruchafiaeth bywyd yn erthygl o ffydd y rhan fwyaf o'r beirdd, ac y mae'r oruchafiaeth honno i'w gweld ym mri bywyd yr uchelwr, yn mharhad ei deulu ac yn y sicrwydd fod y marw bellach mewn bywyd tragwyddol. Fe all sicrwydd o'r fath droi'n gonfensiwn llenyddol go ddicra — fel y gwnaeth yng ngwaith amryw o'r beirdd — eithr fe geir ias marwolaeth mewn amryw byd o gerddi hefyd a myfyrdod dwys ar ddiwedd dyn.

Mae'r olwg ar angau fel Brenin Braw yn un hen iawn: y mae hefyd yn olwg nad ydyw'n heneiddio. Yng ngwledydd cred yn yr Oesoedd Canol fe roed cryn sylw i agweddau brawychus marwolaeth. Roedd ochor ddiwinyddol i hyn, wrth gwrs, canys cyflog pechod oedd marwolaeth, ac efô oedd porth tragwyddoldeb — yn agor ar golledigaeth a phoenau uffern, neu wynfyd trwy ddioddefaint a marwolaeth ac atgyfodiad Crist. O'r ochor gorfforol rhaid cofio nad oedd fawr o gyffuriau at ladd poen, fawr ddim i dyneru erchylltra triniaethau 'llawfeddygol' yn oes Beirdd yr Uchelwyr: roedd dioddefaint yn noeth ei ddannedd ac *acerbitas mortis* (chwerwder angau) yn enbyd o ddychrynllyd. Ar ben hyn, yn 1349, fe ddigwyddodd y Farwolaeth Fawr, a dilynwyd hi gan blâu eraill, pethau — yn ôl D. J. Bowen — a weddnewidiodd y gymdeithas Gymreig. Ceir amcan o ofnau pobol yn wyneb marwolaeth mewn lluniau a cherfluniau o'r cyfnod yn ogystal ag mewn gweithiau llenyddol. Rydw i wedi cyfeirio o'r blaen, yn niwedd y bennod ar y Gogynfeirdd, at ofnadwyaeth angau. Mae gan Lywelyn Goch ap Meurig Hen gywydd brawychus 'I'r Benglog', cywydd sy'n mynegi peth o'r ofnadwyaeth hwn a pheth o ofnadwyaeth tragwyddol angau. Dyma hi'r benglog yn llefaru amdani ei hun wrth y bardd:

'Nid oes drwyn, eithr difwyniant,
Nid oes na gwefus na dant,
Nid oes glust drwy ymffust drwg,
Nid oes ael na dwys olwg;
[Nid oes llygad, maddiad mau,
Nac anadl yn y genau.]
Ni chaid o'm llygaid ond llwch,
A llun tyllau yn llawn t'wyllwch,
Na gwallt, nid un gwnsallt neb,
Na chroenen uwch yr wyneb.'

[Nid oes trwyn, dim ond hagrwch, / nid oes na gwefus na dant, /
nid oes clust oherwydd ymladd drwg, / nid oes ael na golwg
angerddol; / nid oes llygad — [dyna] fy ildio — / nac anadl yn y
genau. / Ni cheid ond llwch o'm llygaid, / [hynny] a siâp tyllau'n
llawn tywyllwch, / ac uwch yr wyneb ni cheid na gwallt na chroen
— does yna neb efo'r fath orchudd!]

Y mae'r negyddiaeth ddychrynllyd hon i'w chael yma ac acw yn
ein barddoniaeth, ac y mae'n cael ei harfer i ddinistrio balchder
dyn. Yn wyneb gwacter angau fe wêl dyn beth sy'n wirioneddol
werthfawr, sef y rhinweddau a bery i dragwyddoldeb o wynfyd.

Y bardd mwyaf nodedig a daflodd sgerbwd angau ar ffordd
dynion i'w cael i ystyried eu marwol stad oedd Siôn Cent.
Dangosodd o angau fel y dinoethwr mawr. Dyma fo Siôn yn
disgrifio bedd gŵr mawr :

'Yno ni bydd i'r enaid
Na phlas, nac urddas, na phlaid,
Na gwiw addurn, na geudduw,
Na dim, ond a wnaeth er Duw.'

[Yno ni bydd i'r enaid / na phlas, nac urddas, na['i] griw, / nac
addurn ardderchog, na duw gau, / na dim, ar wahân i'r hyn a
wnaeth dros Dduw.]

Mae angau'n synnu a brawychu Tudur Aled yntau, ac y mae
ganddo linellau grymus ar y pwnc :

'Calan Ionawr, clo'n ynys,
Caib oedd a rhaw'n cau bedd Rhys;
Cŵyn Troea can y truain,
A'u sŵn am ŵr sy'n y main;
Ymrwydo'r oedd Gymry draw,
Ynfydu'n fyw, o'i adaw;

191

Ceisio Rhys, pes cawsai rhain,
Â'u hewinedd eu hunain.'
(Marwnad Rhys ap Llywelyn ap Hwlcyn o Fodychen, Môn)

[Calan Ionawr, [a] chaib a rhaw'n cau bedd Rhys, clo ein hynys; /
y trueiniaid yn cwyno fel cŵyn Caerdroea, / a'u sŵn [sef sŵn eu
galar] am ŵr sydd yn y cerrig; / roedd o'n rhwydo [= cyfareddu]
Cymry draw, / ac wrth iddynt ei adael y maent yn colli arnynt eu
hunain; / pe caniatesid i'r rhain fe fyddent wedi ceisio Rhys /
[trwy grafu amdano] â'u hewinedd.]

Yma fe welir y cymryd ymaith a'r golled, a hyn yn cael ei fynegi
trwy or-ddweud ysgytwol. Ceir rhyw chwithdod disgybledig hefyd
yn rhai o'i linellau :

'Breuddwyd oer briddo derwen,
Breuder fry, bro Drefor wen!'
(Marwnad Siôn ap Maredudd ab Ieuan Llwyd)

[Roedd claddu'r dderwen [= yr uchelwr] yn freuddwyd oer, /
mae haelioni bro Trefor wen uchod!]

Wedyn dyna brudd-der a dwyster Wiliam Llŷn yn llygad
angau. Yn y cwpled cyntaf a ddyfynnir mynegir colled Catrin am
ei gŵr Siôn Salbri Ifanc o Ferain :

'Eleni yn lle haul Wynedd
Erchwyn o fud arch ne fedd.'

[Eleni yn lle bod [gennym] haul Gwynedd / [yr hyn sydd gennym
yw] erchwyn o arch fud neu fedd.]

Mynega ei chwithdod a hiraeth trwy ddelwedd tywydd :

'Lle bu gerddwyr a gwŷr gynt,
Llwybre haul, lle bu'r helynt
Mae oer weiddi mawr uddyn,
Mae rhew ac ôd marw Huw Gwynn.'

[Lle bu cerddorion a gwŷr gynt, / [a] llwybrau haul, [a] lle bu stŵr /
mae gweiddi oer, mawr iddynt, / mae rhew ac eira marwolaeth
Huw Gwynn.]

Try myfyrdod Wiliam Llŷn ar farwolaeth Siôn ap Huw o
Fathafarn yn ystyriaeth ar fyrder einioes :

'Ni phery dyn hoff, araul
Mwy no rhew ym min yr haul,
Edau'r oes fal hud a red;
Och! i'r anap ei chrined!'

[Ni phery dyn hoff, disglair / mwy na rhew wrth ymyl yr haul, / fe red edau'r einioes fel hud; / Och i'r ffawd ddrwg [sy'n peri] ei bod mor grin!]

Fe ellid mynd ymlaen i ddyfynnu pentyrrau o linellau trawiadol o weithiau amryw feirdd. Dewisais y dyrnaid hyn am eu bod, yn fy marn i, yn dod o waith tri bardd a ymatebai'n gryf i angau.

Un arall o bynciau Beirdd yr Uchelwyr oedd crefydd. Mewn gwirionedd, roedd crefydd — y grefydd Gatholig bron yn gyfan gwbwl — yn rhan sylfaenol o'u ffordd nhw o edrych ar fywyd. Fe geir amryw gerddi sy'n ymwneud yn benodol â hyn mewn rhyw ffordd neu'i gilydd, yn ogystal â rhannau o gerddi mawl ac, yn enwedig, rannau o farwnadau. Ceir enghreifftiau o gerddi crefyddol yn y llyfr *Iolo Goch ac Eraill,* cerddi megis cywydd Gruffudd Llwyd ' I Dduw ', neu ei ' Foliant i'r Drindod ' a cherddi megis ' I Fair ', ' Y Saith Bechod Marwol, a Dioddefaint Crist '; a cherddi ' Dewi Sant ' a ' Ffynnon Wenfrewi ' gan feirdd nad oes neb yn sicr iawn pwy oedden nhw. Gwelir nad canu uniongyrchol i Dduw yn unig a nodir fel canu crefyddol a bod canu i seintiau ac i bethau cysylltiedig â chrefydd yn rhan ohono. Y mae'r rhan fwyaf o ddigon o'r canu hwn yn Gatholig, fel yr awgrymwyd yn barod, a cheir ynddo gip ar gredoau cyfnod Beirdd yr Uchelwyr megis, er enghraifft, y gred fod i un ymweld deirgwaith â Thŷ Ddewi (Mynyw) cystal iddo â phererindod i Rufain, cartre'r Pab ei hun :

' Cystal ymofyn im yw
Fyned deirgwaith i Fynyw
Â myned, cymyrred cain,
Yr hafoedd hyn yn Rhufain.'

[Cystal cais i mi yw / myned dair gwaith i Dŷ Ddewi / â mynd — anrhydedd hyfryd — / i Rufain yn ystod yr hafau hyn.]

Fe ddaeth y beirdd i synio fod eu hawen yn rhodd Duw. Hawliodd Llywelyn ap y Moel hyn am ei awen ei hun mewn ymryson barddol â Rhys Goch Eryri :

' Yr awen befr oreuwaith,
A roed i mi, radau maith,
O'r Ysbryd, iawngyd angerdd,
Glân y'i cad, goleuni cerdd,

193

Ac a'i rhoes, deilyngfoes dôn,
Yng ngolau siampl angylion,
Lwybr araith, berffaith burffawd,
Ar y Sul Gwyn, eursel gwawd.'

[Yr awen ddisglair, orau ei gwaith / a roddwyd i mi — grasusau
mawr; / o'r Ysbryd Glân — iawn uniad angerdd — y'i cafwyd,
goleuni cerdd, / ac fe roes [yr Ysbryd Glân] hi, tôn ffordd deilwng
o fyw, / yng ngolau esiampl angylion / — [yn] ffordd o
ymadrodd, [yn] gân berffaith, bur — / ar y Sulgwyn, sêl aur ar
gân.]

Mae Siôn Cent yn aderyn croes am ei fod o'n gwrthod hyn.
Roedd dwy awen meddai fo, un o Dduw a'r llall heb fod; yr awen
gelwyddog, nad oedd o Dduw, oedd awen wenieithus y beirdd :

'Deuryw awen dioer ewybr
Sy'n y byd o loywbryd lwybr;
Awen gan Grist ddidrist ddadl
O iawn dro awen drwyadl;
Hon a gafas yn rasawl
Proffwydi a meistri mawl,
Angylion, saint yng nglyn Seth
Ar dyfiad y mydr difeth;
Awen arall (nid call cant
I gelwydd budr a goeliant),
Yr hon a gafas, gwŷr hy
Camrwysg, prydyddion Cymry.'

[Yn sicr y mae dau fath o awen barod / yn y byd o ffordd loyw ei
golwg; / [sef] yr awen gan Grist hapus ei helynt / o siâp iawn
awen drwyadl, / hon a gafodd yn raslon / y proffwydi a meistri
mawl, / angylion, saint yng Nglyn Ebron [y lle yr aeth Adda iddo
ar ôl pechu yn Eden] / ar dyfiant mydryddiaeth berffaith; [a'r]
awen arall (dyw'r cant [llaweroedd] sy'n coelio celwydd budr ddim
yn gall), / yr hon a gafodd — gwŷr hy / trawsfeddiant — beirdd
Cymru.]

Eithr, yn ôl tystiolaeth un o'r cywyddau a briodolir (er yn ddigon
simsan) i Siôn Cent, 'I'r Saith Bechod Marwol', fu o ddim yn
grefyddol ar hyd ei oes. Yn wir, yn y cywydd hwn y mae'n
cyffesu pechodau ieuenctid ac ymddengys mai dyn ydoedd a
brofodd droedigaeth grefyddol rymus :

194

' Addef fy hun 'ddwyf fy haint,
I Dduw archaf faddeuaint.
Pob hanes a gyffesaf,
Profi mynegi a wnaf
Annoeth rwyf, heb ofn na thranc,
Fy mywyd tra fûm ieuanc :
Camgerdded bedw a rhedyn,
A choed glas yn uched glyn;
Camglywed a dywedud
Campau serch, cwmpas a hud;
Camdeimlo, cymod amlwg,
Ceisio da, casáu a'i dwg;
Camryfig a chenfigen,
Camedrych ar ddyn wych wen;
Canmol heb rwol heb ras
Pryd, a thorri priodas.'

[Rwyf fi fy hun yn cyfaddef fy haint, / [a] gofynnaf i Dduw am faddeuant. / Fe gyffesaf bob cyfrinach, / mi rof gynnig ar ddweud / — rhysedd annoeth, heb ofn na thranc — [am] fy mywyd tra fûm yn ifanc : / cerdded bedw a rhedyn / a choed glas ar ben y glyn ar berwyl drwg; / camglywed a dywedyd [am] / gampau serch, gorchest a hudoliaeth; / camdeimlo, [gwneud] cymod amlwg [â'i elynion, ond heb deimlo gwir gariad atynt], / ceisio da, [ond] casáu'r un sy'n dod â'r da; camryfyg a chenfigen, / edrych gyda bwriad drwg ar ferch wych, hardd; / canmol golwg, heb drefn na gras, / a thorri priodas.]

Os dyma gerdd gan Siôn Cent, ymddengys fod y dyn duwiol wedi bod, yn ei ieuenctid, yn dipyn o ferchetwr.

Merched : dyma bwnc pwysig arall yng nghanu'r beirdd. Canwyd amryw byd o gerddi sy'n ymwneud â nhw mewn rhyw fodd neu'i gilydd, yn gerddi serch; cerddi gwayw serch; cerddi marwnad merch; cerddi i aelodau'r ferch, yn enwedig ei gwallt; cerddi i ŵr y gariadferch, sef Eiddig; cerddi llatai, lle ceir dyfalu'r negesydd serch; cerddi helyntion serch; cerddi dychan, yn enwedig i hen wŷr a briodai ferched ifainc; ac yn gerddi digon coch am weithgareddau rhywiol a'r aelodau corfforol sy'n angenrheidiol at weithgareddau o'r fath. Yn ôl Tudur Aled, Dafydd ap Gwilym a gyfrifid yn 'orau ar Gywydd Merch.' Doedd Tudur ei hun ddim yn ddi-glem ar y gwaith ychwaith, eithr — o ran cyfanswm y cerddi a ganodd i ferched, o leiaf — efallai y byddai meddwl dyn yn troi ynghynt at Ddafydd ab Edmwnd fel ail i Ddafydd fel bardd merched. Gall greu llinellau fel :

> ' Bedw a haul byw ydyw hon '

am ferch, yn ogystal â llinellau soffistigedig o goeth (yn ormodol felly o ran mynegi gwir deimlad o serch efallai) fel y rhain i ferch wallt melyn :

> ' Ai min claerwin chwerthinog,
> A'i grudd fal rhosyn y grog;
> Aml o eurlliw mal iarlles,
> Garllaw y tâl — gorlliw tes;
> Ac uwch ei deurudd, ruddaur,
> Dwy bleth fal y dabl o aur.'

[Gyda'i gwefus eglur win chwerthinog, / a'i grudd fel rhosyn y grog [= tlws o aur pur a roddid gan y Pab o dro i dro i eglwysi nodedig, etc.]; / [gyda] llawer o liwiau aur fel iarlles, / [a] gerllaw y talcen — lliw heulwen; / ac uwch ei dwy rudd [mae] aur coch, / dwy bleth fel tabled o aur.]

Eithr yr oedd eraill hefyd a ganodd yn loyw i ferched — Dafydd Nanmor, er enghraifft. Dyna'i gariad newydd :

> ' A golwg glas fal asur,
> A friw dyn drwy arfau dur,
> A dewis barabl isel,
> Ac ar ei min siwgr a mêl.'

[A llygaid glas fel asur, / a ddoluria ddyn drwy arfau dur, / a [chanddi] siarad hyfryd, tawel, / ac ar ei gwefus siwgr a mêl.]

Dyna, hefyd, ei farwnad bun enwog :

> ' Blin yw hyder o weryd,
> Hudol, byr yw hoedl y byd.
> Caru dyn ifanc irwen,
> A marw a wnaeth morwyn wen.'

[Peth blin yw rhoi hyder ar y ddaear; / twyllodrus, byr yw hoedl y byd. / Caru merch ifanc ir a theg, / ond marw a wnaeth y forwyn hardd.]

Mae ' Marwnad Lleucu Llwyd ' Llywelyn Goch ap Meurig Hen yn drist trwy ganrifoedd o amser, ac y mae ei gariad yn dal i erfyn arni trwy'r ddaear ' ddygn ' — gair sy'n rhoi argraff arswydus o gryf o gyndynrwydd y pridd ac o farwoldeb y ferch :

'Nid oes yng Ngwynedd heddiw
Na lloer, na llewych, na lliw
Er pan rodded, trwydded trwch,
Dan lawr dygn, dyn loer degwch.
Y ferch wen o'r dderw brennol,
Arfaeth ddig yw'r fau i'th ôl.
Cain ei llun, cannwyll Wynedd,
Cyd bych o fewn caead bedd,
F'enaid, cyfod i fyny,
Egor y ddaearddor ddu,
Gwrthod wely tywod hir,
A gwrtheb f'wyneb, feinir.'

[Nid oes yng Ngwynedd heddiw / na lloer, na llewych, na lliw / er pan roddwyd — cynhaliaeth drist — / dan lawr gerwin, ferch â'i thegwch fel lloer. / Y ferch wen o'r adeilad coed derw [= arch], / bwriad o ddicter yw f'eiddof fi ar dy ôl. / Teg ei llun, cannwyll Wynedd, / pa hyd bynnag y byddi o fewn caead bedd, / f'anwylyd, cyfod i fyny, / agor ddor ddu y ddaear; / gwrthod wely tywod hir, / a thyrd â'th wyneb gyferbyn â'm hwyneb innau, feinir.]

Yn un o'i gwynion o am farw merch, fe gododd Tudur Aled ei lef yn or-ddweud mawr gan honni nad oedd bywyd ar ôl a'r fun yn ei bedd:

'Mae gwen a fu yma gynt?
Mae'r adar — ai meirw ydynt?
Ni mynnwn, am y wennol,
F'oes yn hwy, fis, yn ei hôl;
Ni'm dawr mwy od af i'r man —
Y bedw aeth o'r byd weithian.
Os marw bun, oes mwy o'r byd? —
Mae'r haf wedi marw hefyd.'

[Lle mae'r un deg a fu yma gynt? / Lle mae'r adar — a ydynt wedi marw? / Ni fynnwn, oherwydd y wennol [trosiad am y ferch], / fyw yn hwy, fis, ar ei hôl; / dyw o ddim o bwys gennyf os af i'r lle — / fe aeth y bedw o'r byd rŵan. / Os yw'r ferch yn farw, a ydyw'r byd yn bod mwyach? — / mae'r haf wedi marw hefyd.]

Ceir cri nodweddiadol o fardd claf o serch gan Gutun Owain mewn cywydd lle cynghora ferch rhag priodi Eiddig:

'Y fun a dreuliodd f'einioes
O fab i hanner fy oes,
Oeri'r wy' fal ar yr iâ
Yn d'aros, rhag ofn d'wra.'

[Y ferch a wastraffodd fy einioes / o ieuenctid hyd hanner f'oes, / rwy'n oeri fel ar adeg rhew / wrth dy ddisgwyl, rhag ofn iti gael gŵr.]

Rhaid inni gofio nad mater o ddau'n caru ei gilydd ac yn priodi oedd priodas yn arferol i uchelwyr cyfnod y beirdd yr ydym yn eu trafod ond mater o drefniant rhwng teuluoedd. Oherwydd bod rhywfaint o straen mewn rhai priodasau o'r fath (er nad yn y cwbwl ohonyn nhw) roedd caru mewn llwyn —

'Mi a wn lwyn mewn y wlad
Ni bydd cerydd er cariad,'

[Mi wn i am lwyn yn y wlad / lle na fydd cerydd oherwydd caru,]

chwedl Gutun Owain eto — yn cael ei gynnig fel cariad mwy 'naturiol' na'r un priodasol, ac fe ddaeth Eiddig yn arwydd o wendid y 'trefniant' priodasol (o'i wendid, sylwer, canys fe ellid cael priodasau cariadlon, llwyddiannus hefyd yn ôl trefniant). Fe ddaeth Eiddig yn gocyn hitio i'r beirdd.

'Ni bu oer dydd na braw dig
Eithr y dydd y'th roed i eiddig'

[Ni bu diwrnod oer na braw o ddicter / ar wahân i'r dydd y'th roddwyd i Eiddig]

meddai Gruffudd ab Ieuan ap Llywelyn Fychan, gan ddymuno y byddai i'r Eiddig farw —

'Uwch ei ben y chwibianwn!'

Mae dychan Eiddig yn cadw ynganiadau moethus y beirdd am eu cariadon, a'u llesmeirio serch godidog rhag troi'n siwgwr candi. At hyn fe geir blysiau go briddlyd megis ag a geir mewn cywydd hwyliog o 'Hawl ac Ateb rhwng Cymro a Saesnes' gan Dudur Penllyn lle mae o'n mynegi awydd digon amrwd i gydorwedd â'r fenyw a hithau, ar y dechrau, yn cael peth anhawster i ddeall ei amcan. Ond mae'n sylweddoli beth oedd yr amcan hwnnw'n ddigon buan :

BARDD :   "Pes meddwn, mi a roddwn rod,
          Myn dyn, er myned ynod."
SAESNES : "'Tis harm to be thy parmwr,
          Howld hain j shalbe kalde hwr."

[BARDD : Pe bai o gen i, mi roddwn rôt, / myn dyn, er mwyn mynd ynot. / SAESNES : 'Tis harm to be thy paramour, / hold, hein [= cnaf, dihiryn], I shall be called ' whore '.]

Mae'r fenyw'n mynegi penderfyniad cyllellog ("J have a knyffe knave ") i gadw'r bardd allan, ond diwedd y gân yw na ŵyr y bardd — gan nad yw o ddim yn deall iaith y wraig — a ydyw o'n cael rhwydd hynt ai peidio.

Byddai'r beirdd yn gofyn i uchelwyr am roddion, un a'i drostyn nhw'u hunain neu dros eraill. Dyma bwnc arall i'w ganu. Yr hyn a ddigwyddai oedd fod y bardd yn cyfarch y ' rhoddwr ', yn cyfeirio at yr eirchiad (y sawl oedd yn gofyn) ac yn ' dyfalu ' beth bynnag y gofynnid amdano. Fe gofiwch mai disgrifio gwrthrych mewn aml weddau, lluosogi disgrifiadau ohono, yw ' dyfalu '. Yn aml fe grëir argraff drawiadol o synhwyrus o ba wrthrych bynnag a ddyfelir. Y mae'r argraff hon yn arbennig o gryf i'r llygad. Dyfalu, yn anad dim, a rôi gyfle i'r beirdd ddangos eu gorchest wrth ddychmygu. Y mae amryw o'u dychmygion yn llachar ac yn dangos llwyr gyfarwydd-deb â phethau arbennig. Dyma walch, yn ôl Gutun Owain :

' Ewin ei ddwrn — ni wnâi ddydd —
Drwy'r bwn a drewir beunydd :
Dwy law gwalch yn dala'i gâr,
Traed edn âi trwy waed adar.'

[Ewin ei ddwrn — ni wnâi gymod — / drwy aderyn y bwn a drewir beunydd : / dwy law gwalch yn dal ei ' gâr ' [= yr hyn y mae'n ei garu, sef ei ysglyfaeth], âi traed [yr] aderyn trwy waed adar.]

A dyma'r un aderyn fel y gwelodd Guto'r Glyn o : mae'n ei erchi dros y Deon Rhisiart Cyffin i Huw Bwclai :

' Ar fwlch tŵr a fu walch teg
Fwy ei 'winedd ar faneg?
Ewin y mab a wna' Môn
Waed i'r gwellt adar gwylltion.
Y bwn neu ŵydd byw ni ad
Na chrŷr hoyw, na chyw'r hwyad.
Pig a llaw debig lle dêl
I grafanc gŵr o ryfel.

Dau bigog a dybygwn,
Dwrn Huw a'r aderyn hwn.
Edn dewr i'r Dean o daw
Oedd gwynllwyth gŵr ar unllaw.'

[Ar fwlch tŵr a fu gwalch teg / ar faneg â'i ewinedd yn fwy? /
Ewin y mab [= gwalch] a bair ym Môn / fod gwaed adar
gwylltion yn y gwellt. / Ni ad aderyn y bwn neu'r ŵydd yn fyw, /
na'r creyr bywiog, na chyw'r hwyad. / Lle daw o mae ei big a'i
law yn debyg i grafanc rhyfelwr. / Fe gyffelybaf ddau beth pigog,
sef dwrn Huw a [dwrn] yr aderyn hwn. / Byddai'r aderyn yn
llwyth gwyn ar law gŵr pe deuai i'r Deon.]

Edrychodd Tudur Aled ar ychen a gweld :

'Lliw merwys yn lloi mawrion,
Llongau, wrth gadwynau y dôn';'

[O liw mwyalchen, yn lloi mawrion, / [yn] llongau wrth gadwynau
y dônt;]

ac am iddo'u gweld fel hyn yr ydym ninnau'n gweld a theimlo
trymllwyth symudiad yr ychen.

Wedi gofyn ac wedi cael ceid, ar dro, gerddi o ddiolch, sydd
hefyd yn cynnwys dyfaliadau o'r gwrthrych a gafwyd. Dyfalodd
Wiliam Llŷn baun fel hyn wrth ddiolch amdano :

'Mae'n berwi, fal mewn barrug,
Noblau aur yn nwbl ei hug;
Mae'i blu yn t'wynnu fal tân,
Mwg aur am waegau arian;
Un lliw glân oll yn ei glog
A llwyn o dir meillionog;
Crys draig ar lun curas draw
A'r tewynion aur tanaw,
Tes haf ar y tywys haidd,
Troellau mewn godrau gwydraidd,
Blodau ir ar blad araul,
Brodio rhos mewn bordr o haul;
Bariwyd eurwisg — bryd eres —
Bariau'r don ne wybr ar des,
Heuwyd a brodiwyd ei brig —
Llwyn sêr — mewn llen o sirig,
Lleuadau, grotiau'n ei grys,
Lle unfodd â lliw enfys!'

[Mae noblau [= darnau o aur] aur yn nwbl ei glog yn berwi fel mewn barrug; / mae ei blu'n tywynnu fel tân, / mwg aur am fyclau arian; / [mae] un lliw glân yn ei glog / a llwyn o dir meillionog; / [mae] ganddo grys draig ar lun brestblad draw / a'r pentewynion aur tano, / [mae fel] tes haul ar dywysennau haidd, / troellau mewn godre gwydraidd, / blodau ir ar blât disglair, / brodio rhos mewn bordr o haul : / bariwyd [ei] wisg aur — rhyfeddod i'w weld — / [â] bariau [fel sydd ar] don neu ar awyr ar dywydd braf, / heuwyd a brodiwyd ei brig [sef yr eurwisg] / — llwyn sêr — mewn llen o sidan, / [mae] lleuadau a grotiau [= darnau o bres] yn ei grys, / lle'r un fath â lliw enfys!]

Mae'r geiriau hyn yn ail-greu gogoniant yr aderyn yn y dychymyg yn rhyfeddol.

Fe nodwyd yn barod nad oedd gan y beirdd fawr o barch i ddychan neu ogan. Synient fod bardd yn ei iselhau ei hun trwy oganu. Ac eto, fel y cyfeiriwyd yn barod, y mae dychan yng ngwaith Beirdd yr Uchelwyr. O'r hyn a ddywedir yn y Gramadegau fe ymddengys fod dau fath o ddychan, sef dychan y gellid ei gyfiawnhau, a dychan anghymeradwy. Dyma a ddywed Gramadeg, a elwir yn *Pum Llyfr Cerddwriaeth,* mewn un man :

'Ni ddyly [prydydd] oganu neb nes no'i brofi dair gwaith, ond tewi â'i foli a ddichon.'

Dyma, fe ymddengys, y ffordd at ogan cymeradwy gan y beirdd, gogan yr oedd achos cyfiawn drosto. Mewn Gramadeg arall nodir mai swydd y bardd isradd, neu'r clerwr fel y'i gelwir, ydyw goganu, ac ychwanegir :

'Ac wrth hynny, yn lle y pryto y prydydd ni ddylyir credu anghlod y clerwr . . .'

ac yna daw holl athroniaeth gadarnhaol y canu mawl i'r golwg :

'. . . canys trech y dyly fod moliangerdd y prydydd no gogan-gerdd y clerwr croesan, megis y mae trech y da no'r drwg.'

Os nad oedd dychan y clerwr i'w gredu yna doedd dim colyn iddo fo, a rhyw fath o ymarfer geiriol oedd o fwy na heb. Ymddengys i mi nad oedd y cwbwl o ddychan y beirdd urddol ychwaith i'w gymryd o ddifrif a bod cryn dipyn o gadw reiad ynddo — fel sydd, hefyd, mewn llawer o englynion y beirdd (mae tipyn ohonyn nhw, fe ellid tybio, yn gynnyrch tynnu-coes wrth y byrddau mewn neuaddau neu dafarnau). Mae pa ddychan sydd o ddifrif a pha ddychan nad yw o ddim o ddifrif yn dibynnu ar ansawdd y dychan. Fe ellir teimlo brath difrifol yn 'lled-ddychan' Guto'r Glyn i Harri Gruffudd o Euas, er enghraifft :

> 'Cloi dy dda, caledu 'dd wyd,
> Caledach no'r clo ydwyd.'

Mae Guto yma'n ymdrin â mater agos iawn at galon beirdd, sef haelioni — neu'n hytrach ei ddiffyg, ac yr oedd hyn, fel yn Iwerddon, yn fater dychan go-iawn. Ar y llaw arall, y mae 'Dychan i Uto'r Glyn' gan Lywelyn ap Gutyn yn llawer rhy hwyliog i fod yn faleisus, o ddifrif ddychanol. Yn y gerdd hon mae o'n cymryd arno fod Guto wedi boddi ac yn ei ddychmygu yn y dŵr :

> 'Boddi wnaeth ar draeth heb drai,
> Mae'n y nef, am na nofiai . . .
> Mae'n ei gawell facrelliaid
> Mwy no llwyth ym min y llaid.
> Mae hergod o bysgodyn,
> Moelrhon yn nwyfron fy nyn.
> E fyn gŵr o afon gau
> Ysgadain o'i esgidiau.
> A'r cawell lle bu'r cywydd
> Ceudod llysywod y sydd.
> Gan ddŵr aeth y milwr mau,
> Gan wynt aeth ei gân yntau.'

[Boddi a wnaeth ar draeth heb drai [arno], / mae yn y nef, am na nofiai ! . . . / Mae yn ei gawell [= bol?] facrelliaid, / mwy na llwyth yn ymyl y llaid. / Mae anferth o bysgodyn, / llamhidydd !, yn nwyfron fy nyn. / Fe fyn gŵr sy mewn afon gau / penwaig o'i esgidiau ! / A'r cawell lle bu'r cywydd / yno mae gwacter i lyswennod. / Fe aeth fy milwr efo'r dŵr, / ac aeth ei gân efo'r gwynt.]

Mae'n amlwg, er gwaethaf eu hamheuon, fod dychan yn bwnc i'r beirdd. Fe geir ganddyn nhw gerddi dychan yn ogystal â dychan mewn ymrysonau â'i gilydd neu mewn cerddi eraill.

Heblaw'r pynciau hyn a cherddi i amryfal bynciau y mae'n anodd eu dosbarthu — cerddi megis cywydd Guto'r Glyn i Hywel Foelyrch pan oedd wedi brifo'i lin, er enghraifft, neu gywydd

Llywelyn ap y Moel i'r pwrs, neu gerddi gan amryw feirdd i'w barfau — un pwnc arall sydd ar ôl i'w ystyried, a hwnnw ydyw brud. Brud ydyw proffwydoliaeth. Y peth pwysicaf yn y canu brud yw'r ymdeimlad cryf sydd ynddo o hawliau cenedl y Cymry, a'r ymwybod rhyfeddol o wydn a ddaliodd drwyddo mai gormeswyr oedd y Saeson. At hyn fe fu *Historia Regum Britanniae* (Hanes Brenhinoedd Prydain) Sieffre o Fynwy yn ddylanwad mawr ar frutio'r beirdd. Fe geir brud sy'n llawn o arwyddion tywyll, ond y peth pwysicaf yn y canu brud yw dyhead i adfer hawliau ein cenedl. Dyma bwt o ddyfyniad o waith Dafydd Llwyd o Fathafarn i roi peth o flas y canu hwn :

> ' Trwy fôr y daw tro ar fyd,
> Troi un wedi tri Ynyd.
> O Fanaw y dyfynnir
> Y gŵr marw a'r tarw i'r tir.
> I'r maes y daw'r gormesiaid,
> Yn wir, Harri Hir a'i haid,
> A chyda'r llall, dall y dôn ',
> Essex a Sussex Saeson.
> Gwae'r Sais a ddognais ei ddydd
> O'i dri gaea'n dragywydd.
> Gwae Edward drwch gwedi'r tri,
> Gwae'r ynys o'i goroni.'

[Trwy fôr y daw tro ar fyd, / troi un ar ôl *tri Ynyd*. / O Fanaw [Gododdin?] y gelwir / y *gŵr marw* a'r *tarw* i'r tir. / Fe ddaw'r gormeswyr i'r maes, / yn wir, *Harri Hir* a'i griw, / a chyda'r llall, dall, y daw Saeson Essex a Sussex. / Gwae'r Sais y byrheais ei ddydd / o'i *dri gaeaf* yn dragywydd. / Gwae Edward anffodus wedi'r tri, / gwae'r ynys iddo gael ei goroni.]

Mae yma nifer o arwyddion brud, sef arwyddion fod pethau mawr ar ddigwydd; arwyddion o'r fath ydyw'r ' tri Ynyd ', dyfodiad ' y gŵr marw o Fanaw ' a'r ' tri gaea '. Y ' tarw ' yw'r mab darogan, yr iachawdwr sydd i ddod. ' Harri Hir ' yw un o frenhinoedd Lloegr, ac ' Edward ' ydyw Edward IV.* Gwelir mor aneglur y mae'r cyfan.

Eironi mawr y canu brud, fel y dywedwyd yn barod, yw fod

---

* Rwy'n ddyledus i Miss Enid Roberts, M.A., o Adran y Gymraeg, Coleg y Gogledd, am awgrymiadau gwerthfawr ynglŷn â'r canu brud.

Harri VII wedi'i gymryd fel y mab darogan, gwaredwr cenedl y Cymry ac adferwr ei hanrhydedd.

Os darllenwch chwi nifer o gerddi gan Feirdd yr Uchelwyr fe welwch fod rhan helaeth o'u delweddau — yn gymariaethau a throsiadau — yn gyffredin. Fe geir cerddi mwy 'personol' na'i gilydd ar brydiau, wrth reswm — mewn cerddi fel y rheini a ganwyd i amgylchiadau arbennig, er enghraifft — ac yr oedd rhwydd hynt i fynegiant ffres a newydd mewn dyfalu, ond nid canu pethau newydd sy'n nodweddiadol o farddoniaeth Beirdd yr Uchelwyr. Hyd yn oed yn eu dyfalu y mae tuedd i ymbatrymu ac, yn sicr, yn eu canu mwy arferol — yn eu mawl a'u marwnad — y maen nhw, fe ellid dweud, yn gweithio o fewn patrymau o ddelweddau a hyd yn oed batrymau sylfaenol o deimladau a syniadau.

Patrymau sylfaenol o deimladau a syniadau : mae'r gair *sylfaenol* hwn yn bwysig achos y mae ymchwil manwl ysgolheigion diweddar i waith Beirdd yr Uchelwyr yn dangos fod cyfnewidiadau yn y cefndir, cyfnewidiadau politicaidd, cymdeithasol a chrefyddol, yn ogystal â gwahaniaethau ym mhersonoliaethau beirdd, yn gallu lliwio eu hymateb i'r byd a'i bethau. Mewn gair, y mae gwahaniaethau pwysig rhwng canu gwahanol gyfnodau o fewn cyfnod Beirdd yr Uchelwyr. Mae angen sylw manwl iawn i'r cerddi a gwybodaeth drylwyr o'r cefndir hanesyddol i sylweddoli'r pethau hyn. Ond wedi nodi hyn'na rhaid dweud wedyn nad y gwahaniaethau rhwng amserau beirdd a'u personoliaethau ydyw'r peth mwyaf trawiadol yng ngwaith y beirdd ond y tebygrwydd y mae'r traddodiad barddol yn ei bwyso arnyn nhw.

Ystyriwch y delweddau adar a geir yn y dyfyniadau a ganlyn :

> 'Eryr yw ar wŷr ieuainc'
>> (Guto'r Glyn i Mathau Goch)

> 'Yr eryr gwyllt ar wŷr gant'
>> (Tudur Aled i Syr Rhys ap Tomas)

> 'Rheinallt, eryr o Wynedd'
>> (Hywel Cilan i Reinallt ap Gruffydd)

> 'Eryr ffyrf ar offeiriaid'
>> (Ieuan ap Tudur Penllyn i Syr Siôn Goch)

'Eryr dof ar war Dyfi'
(Wiliam Llŷn i Risiart ap Huw)

Ceir yma yr un ddelwedd o 'eryr' am uchelwr gan bump o feirdd. Pam eryr? Fe gofiwch imi sôn am Gadwyn Bod a'i graddau. O fewn gradd yr anifeiliaid yn y gadwyn yr oedd i'r eryr ei arbenigrwydd, edrychid arno fel brenin yr adar. Yng nghefndir Cadwyn Bod, felly, yr oedd i'r eryr arwyddocâd arbennig — dynodai urddas ac arglwyddiaeth. Nid golygu y mae hyn fod gan bawb yng nghyfnod Beirdd yr Uchelwyr ryw redi-recnyrs o Gadwyn Bod a'u bod yn cyfartalu gwerthoedd yn gysact, ond golygu fod i nifer o ddelweddau Beirdd yr Uchelwyr ryw naws arbennig am eu bod yn ysgogi ymwybod o gyfatebiaeth o urddas ac arglwyddiaeth o fewn Cadwyn Bod : fel yr oedd yr eryr yn arglwydd ar yr adar, felly'r oedd yr uchelwr yn arglwydd ar ddynion. Gyda'r eryr y mae'n weddol hawdd inni amgyffred naws y gyfatebiaeth gan ein bod ni o hyd yn cario'r syniad fod yr eryr yn frenin yr adar, ond, fel rheol, 'deryn i ni ydyw 'deryn a dyna fo, does iddo fo ddim arwyddocâd o fewn syniad am gadwyn o raddau. Yr hyn y mae'n rhaid inni gofio am nifer helaeth o ddel-weddau Beirdd yr Uchelwyr yw fod y syniad, neu'n well, y teimlad o Gadwyn Bod yn eu cyfoethogi ac yn rhoi iddyn nhw ryw naws arbennig. Dyw hi ddim yn anodd dod i arfer â hyn.

Y mae mater yr arwyddocâd neu'r naws hwn yn bwysig, ond rhaid inni beidio â thorri ffwrch i geisio ymgyrraedd ato, a hynny am y rheswm syml fod y beirdd a'u cynulleidfa yn eu hamser nhw yn gyfrwydd ag eryr, y peth ei hun. Ni all neb a welodd eryr go-iawn beidio â gwerthfawrogi ei ardderchowgrwydd, ac y mae'r rheswm pam ei bod yn weddus cyffelybu uchelwr ag eryr yn eglur o flaen ei lygaid. Rhaid cofio hefyd nad yw'r cyfan o ddelweddau Beirdd yr Uchelwyr i'w hystyried yng nghysgod Cadwyn Bod.

Y peth mwyaf trawiadol ynghylch delweddau'r beirdd yw eu cysondeb a'r ffaith fod y mwyafrif ohonyn nhw'n organig. 'Organig' yn y fan yma ydyw perthyn i gorff neu draddodiad o ddelweddaeth yn y fath fodd nes bod yr unigol yn cyfrannu at adeiladwaith y cyfangorff. Er mwyn ceisio gwneud hyn yn berffaith glir, ystyriwch hyn : Petai Euros Bowen yn defnyddio'r gair 'coeden' fel delwedd heddiw, go brin y byddai perthynas rhwng hynny a defnydd T. Glynne Davies neu Bobi Jones o'r un gair

205

fel delwedd. Byddai'r ddelwedd yn perthyn i weithiau tri o unigolion a does a wnelo'r ddelwedd ddim ag ystyriaeth o gyfanswm gwaith y beirdd hyn gyda'i gilydd. Yn wahanol i hyn y mae yna bwrpas mewn edrych ar ddefnydd o'r gair 'coeden' fel delwedd yng ngwaith Dafydd Nanmor a Thudur Aled, dyweder, oblegid y mae perthynas rhwng defnydd y ddau fardd o'r ddelwedd ac y mae ystyriaeth o hynny'n cyfrannu at ystyriaeth o gyfanswm gwaith y ddau fardd oblegid nid dau o unigolion yn unig ydyn nhw ond dau unigolyn yn canu o fewn cyfangorff o draddodiad.

Gadewch inni fwrw golwg yn fras ar sut y molai Beirdd yr Uchelwyr eu noddwyr trwy ddelweddau.

Fe fydden nhw'n cymharu eu noddwyr ag enwogion, yn rhai hanesyddol a chwedlonol. Ffordd gyfleus o awgrymu rhinweddau yw hyn. (Fe ellid gwneud y gwrthwyneb hefyd, wrth reswm, ac awgrymu ffaeleddau a gwendidau trwy gymharu â rhai oedd yn enwog am eu methiannau.) Dyma sut y mae hyn yn gweithio: roedd Guto'r Glyn eisiau moli Abad Amwythig — pa well ffordd i wneud hynny na thrwy ei gymharu â seintiau?

> 'Sain Gregor fu'r doctor da,
> Sain Tomas yntau yma.
> Sain Pawl yw ef dros ein plaid,
> Sierom y conffesoriaid.'

Wrth ganu marwnad i Ddafydd ap Hywel o Nanheudwy ger Y Waun cymharodd Tudur Aled ef â Chai, un o farchogion Arthur:

> 'Bwrw Cai Hir Aber Ceiriawg!'

Ar un wedd y mae cymharu dyn â'i dad a'i deidiau, a nodi urddas a rhinweddau ei gyndadau rywbeth yn debyg i hyn ond fod y berthynas rhwng y noddwr a'r rhain, wrth gwrs, yn un go-iawn.

Ceir cymharu'r noddwr ag anifeiliaid, adar, ac weithiau bysgod. Mae'r *llew*, y *tarw*, y *carw*, yn amlwg yn y dosbarth cyntaf, a'r *oen* hefyd. Delweddir dwy agwedd i'r uchelwr yn aml — ei rym gan y llew, a'i addfwynder gan yr oen:

> 'Cadarn a gwan, ceidw ran gŵr,
> Gwâr wrth wâr, garw wrth oerwr.
> Oen difalch yn y dafarn
> A llew balch yn llywio barn.'
>
> (Guto'r Glyn)

206

[Yn rhai cadarn a rhai gwan fe geidw ef bart gŵr, / gwaraidd wrth rai gwaraidd, garw wrth rai annifyr. / Oen gostyngedig yn y dafarn / a llew balch wrth lywio barn.]

Rydw i wedi nodi'r eryr yn barod; adar eraill a grybwyllir yn gyson yw'r *gwalch* a'r *gosawg.* Y pysgodyn amlycaf yw'r *eog.*

Roedd y ddelwedd o goed a thyfiant yn ddwfn yn natur Beirdd yr Uchelwyr. Awgrymai praffter a chadernid coed braffter a chadernid uchelwr, ac awgrymai tyfiant barhad teulu. Ceir y ddau syniad hwn i'r dim yng nghywydd marwnad Wiliam Llŷn i Thomas Fychan :

> ' O torwyd o'r coed hirion
> Y pren fry, pura'n y fron,
> Empirio mae imp arall
> O Domas gyweithas, gall.'

[Os torrwyd o'r coed hirion / y pren uchel, yr un puraf ar y llethr, / mae blagur arall yn ymddangos / o Domas addfwyn, gall.]

Yn wir, y mae Wiliam Llŷn yn cyfeirio mor aml at *goed, gwŷdd, llwyni, prennau,* nes bod hyn yn nodwedd ar ei ganu. Gyda llaw, y mae delweddu coed yn mynd yn llawer manylach na chyfeirio at goed yn unig a sonnir am *wreiddiau* (mae marwolaeth yn *diwreiddio*), a *dail* a *brig* ac yn y blaen. Ceir hefyd gyfeirio delweddol at flodau, yn enwedig y *rhosyn* a'r *lili.* Mae defnydd delweddol o *wenith* — fel rheol yn dynodi ach dda a phur — a *had* a *ffrwyth* hefyd yn perthyn i ddelweddu tyfiant. Yn y cyswllt hwn defnyddir *chwyn* ac *us* am amhurdeb ach. Dylid sylwi mai dim ond nodi rhai gwrthrychau pwysig yn nelweddu helaeth tyfiant a wneir yma.

Roedd metelau a meini gwerthfawr yn cael eu harfer fel delweddau am uchelwyr hefyd. Ni chodaf ond enghreifftiau o un cywydd, sef ' Moliant Syr Wiliam o Raglan ' gan Guto'r Glyn :

> ' Perl mewn dadl parlment ydwyd . . .
> Maen gwyrthfawr wyd garllaw'r llaill,
> Maen aur wrth y main eraill . . .
> Gem ar wŷr holl Gymru wyd.'

[Rwyt ti'n berl mewn dadl yn y senedd . . . / rwyt ti'n faen gwerth-fawr wrth ymyl y lleill, / yn faen o aur o'i gymharu â'r meini eraill . . . / Rwyt ti'n em ar Gymru gyfan.]

Yn ôl syniad y cyfnod roedd y bydoedd uwchben yn lân a phur, heb eu llychwino gan y Cwymp yn Eden. O'r herwydd roedd hi'n gymwys iawn i gymharu uchelwr a'i arglwyddes â'r *haul,* â'r *wawr* (codiad yr haul), y *lloer* a'r *sêr.*

'Goleuad lleuad oll oedd
Gyda'r sêr i gadw'r siroedd,'

meddai Guto'r Glyn am Wiliam Fychan o'r Penrhyn.

'Hyhi a elwais heulwen Hywel Selau,'

meddai Tudur Penllyn am Fallt ferch Hywel. Mae *goleuni* ei hun hefyd yn un o ddelweddau'r beirdd ac fe geir ffynonellau goleuni — megis *cannwyll* — yn ddelweddau mawl.

Fel y gweddai mewn mawl rhyfelwyr fe geir arfau'n cael eu defnyddio fel delweddau o dro i dro; ceir *tarian* ac *astalch* a *gwayw* (gwaywffon), er enghraifft, yn ddelweddau yng ngweithiau'r beirdd :

'Syr Gruffudd, Sir Gaer waywffon,'

meddai Tudur Aled am Syr Gruffudd ap Rhys; 'bwa'r tir,' meddai wedyn am Tomas Salbri Hen ;

'Ieuan oedd darian ei dir,'

meddai Guto'r Glyn am Ieuan ab Einion.

Rhoddwyd sylw'n barod i'r lle canolog sydd i'r *tŷ* yng ngwaith Beirdd yr Uchelwyr. Oherwydd hyn efallai nad annisgwyl yw fod i bensaernïaeth a darnau o adeiladwaith le yn eu delweddu. (Fe nodir y geiriau yr wyf am dynnu sylw atynt mewn italig).

'Calon engylion Englont
A'i phen-cynheiliad a'i *phont.*'
(Iolo Goch i Syr Rosier Mortimer)

Ar wahân i fod yn adeiladwaith dichon fod y ddihareb a dyfodd o hanes Bendigeidfran yn gorwedd dros afon i'w wŷr fynd drosodd, 'A fo pen, bid bont ', yn rhan o'r rheswm dros ddewis y ddelwedd hon.

'*Castell* oedd ef i Drefawr,
A'i bedwar mab, *dyrau* mawr.
Aeth Duw ymaith â deuwr,
Y tad a'r pedwerydd *tŵr.*'
(Guto'r Glyn, ' Marwnad Robert Trefor ')

Yn y cywydd arbennig y dyfynnwyd ohono uchod y mae adeilad fel delwedd yn cael ei gynnal am hir.

> ' Tomas, *post* a *gwanas* Gwent.'
> (Guto'r Glyn i Tomas ap Watcyn Fychan)

Y mae hen ddelweddau'r Cynfeirdd yn dal i ganu yn y ddwy uchod, wrth reswm.

> ' Efo ydyw'n *clo* a'n cledd.'
> (Tudur Penllyn i Wiliam Fychan o'r Penrhyn)

> ' Gŵr fu'n *glo* ag arf i'n gwlad.'
> (Tudur Aled i Dudur Llwyd o Iâl)

> ' *Drws* Rhuthun . . .'
> (Tudur Aled i Siôn ap Maredudd)

> ' *Piler* Ithel, ple'r athoedd?
> *Pont,* er neb, pen tëyrn oedd,
> *Post* a rôi gost ar y gwan.
> Pob ofer. Pe byw Ifan! '
> (Tudur Aled i Ieuan ap Dafydd o Degeingl)

[Piler Ithel, ple'r aeth? / Pont, er gwaethaf pawb, y pennaf o'r penaethiaid oedd, / post a wariai ar y gwan. / Mae popeth yn ofer [oherwydd marw Ifan]. O na byddai Ifan yn fyw!].

> ' *Drws tŵr* a dorres taran.'
> (Tudur Aled i Ddafydd Llwyd ap Tudur)

> ' Cannwyll y Waun, *canllaw* Iâl.'
> (Tudur Aled i Dudur Llwyd o Fodidris)

Gwelir fod y rhan fwyaf o'r delweddau hyn yn cyfleu cadernid neu amddiffyn.

Mewn gwlad amaethyddol roedd hi'n berffaith naturiol i elfennau o'r bywyd hwnnw weithio'u hunain yn ddelweddau i ganu Beirdd yr Uchelwyr. Fe dynnodd Ffransis G. Payne sylw at hyn mewn erthygl yn *Y Llenor* (Gwanwyn-Haf, 1947), ' Cwysau o Foliant Cyson.' Dangosodd fel y defnyddiodd y beirdd aredig ag ychen, a hau a medi fel delweddau. Ceir cyfeiriadau yn y farddoniaeth at yr uchelwr fel *rhychor* neu *ych bôn,* er enghraifft :

> ' Heb rychor ym Maelor mwy;'
> (Hywel Cilan am Siôn Amhadog Pilstwn)

> ' Ni roech chwi bin, yr ych bôn,
> Er chwe dug, archdiagon.'
> (Tudur Aled i Archddiacon Llanelwy)

[Ni faliech chwi ddim, yr ych bôn, / hyd yn oed er chwe dug, archddiacon.]

Dyma esboniad Mr. Payne ar y pethau hyn :

' Rhoid yr ychen cadarnaf ym môn y wedd bob amser am mai arnynt hwy y disgynnai baich y gwaith wrth nesáu at y dalar. Pryd hynny byddai'r ychen blaen yn llaesu ychydig wrth ddechrau troi ar y dalar. Ac ar yr ychen bôn y deuai pwysau'r ail-ddechrau ar y gŵys nesaf. Felly gofelid bob tro i roi'r gwelltor [yr ych a gerddai ar y gwellt, y tir heb ei droi] a'r rhychor [yr un a gerddai yn rhych yr aradr] cadarnaf o dan yr un iau ym môn y wedd yn nesaf at yr aradr.'

At y dosbarthiadau hyn o ddelweddau am uchelwr fe geid hefyd ddelweddau arferol am farwolaeth. Dyna ichwi angau, er enghraifft. Daw angau â diffeithdra i'w ganlyn. Cyfeirir ato'n fynych fel *nos* neu *dywyllwch* neu *niwl*, fel *oerni, noethni, haint* neu *afiechyd*, fel *tymestl, dilyw,* neu fel *dial.* Y mae'r dosbarth o ddelweddau sy'n cynrychioli angau yn wastad yn adwythig a diffrwyth fel y mae'r rhai a nodwyd uchod. Hawdd deall pam. Ni nodaf ond tri dyfyniad i ddangos y math o ddelweddau yr ydw i'n cyfeirio atyn nhw ar waith :

> ' Eres y torres terra
> Yr awr hon, planhigion pla,
> Ac eres y mag orofn
> Arni bellen ddefni ddofn.
> Mae achreth oergreth ergryd
> Yr acses, crynwres y cryd.
> Tymestl a ddoeth, nid Diwmawrth,
> Dydd mawr rhwng diwedd y Mawrth
> Ac Ebrill, diennill yn,
> Difiau, bu dechrau dychryn
> Rhwng y dydd newydd a'r nos —
> Bychan a ŵyr ba achos.'
>
> (Iolo Goch, ' Marwnad Ithel ap Robert ')

[Torrodd y ddaear yn rhyfedd / yr awr hon, [daeth] planhigion pla, / ac yn rhyfedd y mag ofn mawr / arni [y ddaear] bellen ddofn o ddiferion. / Mae [yma] gryndod oer agwedd clefyd / y cryndod, twymyn y cryndod. / Daeth tymestl, nid ddydd Mawrth, / [ond] ar ddydd mawr rhwng diwedd Mawrth / ac Ebrill, — bu'n golled i ni, / dydd Iau, bu dechrau dychryn / rhwng y dydd newydd a'r nos [rhaid fod yma gyfeiriad at y dydd yn ymestyn ar ôl y gyhydnos, Alban Eilir, sef 20fed Mawrth] — / does fawr neb a ŵyr yr achos.]

> 'Duw oll, pa ryw dywyllwg
> Dros hyn o fyd draw sy'n fwg?
> Ai niwl megis na welir,
> Ai trais tân sy dros y tir,
> Ai diwedd wybr, ai dial,
> Ai ôl sy Maelor a Iâl?
> Llenwi dros yr holl ynys
> Dagrau ar ruddiau yr ŷs.
> Dwyn Siôn, flodeuyn synnwyr,
> Doe'n lladd a wnaeth Duw yn llwyr . . .'
>
> (Gutun Owain, 'Marwnad Siôn ap Madog ')

[O! ein Duw ni oll, pa ryw dywyllwch / sydd acw dros hyn o fyd yn fwg? / Ai niwl fel nad oes neb yn gweld [ydyw], / ai trais tân sydd dros y tir, / ai dyma ddiwedd yr awyr, ai dial [ydyw], / ai eira sydd ym Maelor a Iâl? / Dros yr holl ynys [Prydain] / mae dagrau'n llenwi ar ruddiau. / [Wrth] gymryd Siôn, flodeuyn doethineb, / fe drawodd Duw ni o ddifrif ddoe.]

> 'Wylo'r wyf o lwyr ofal,
> Sorri Duw, sarhawyd Iâl;
> Trwy niwl y trown i Alun,
> A nofio hwnt yn fy hun;
> Mi a welwn am aelwyd
> Mordwy llif am wrda llwyd!
> Ba ddŵr oedd yn boddi'r iaith?
> Be dilyw fai'r byd eilwaith?
> Ba niwl? I'n byw ni welwn.
> Bod heb haul yw bod heb hwn!'
>
> (Tudur Aled, 'Marwnad Dafydd Llwyd ap Tudur ')

[Rwyf fi'n wylo oherwydd pryder mawr, / fe sorrodd Duw, sarhawyd Iâl; / trwy niwl y trown i i Alun / a nofio yno yn fy nghwsg; / mi welwn o gwmpas yr aelwyd / ryferthwy llif y môr am y gwrda llwyd! [Dychmygu hyn y mae'r bardd, wrth reswm.] / Pa ddŵr oedd yn boddi'r iaith? / Beth pe bai'r byd [dan] ddilyw yr ail waith? / Pa niwl [sydd]? Tra byddwn ni byw ni welwn ddim [oherwydd y niwl]. / Bod heb haul yw bod heb hwn!]

Rhaid fod angladdau uchelwyr yng nghyfnod Beirdd yr Uchelwyr yn bethau trawiadol iawn, gyda thorfeydd o bobol wedi

211

eu gwisgo mewn gwyn a chyda seremoni fawr yn wyneb angau. Mae rhai cyfeiriadau at angladdau yng ngwaith y beirdd. Fe rydd y disgrifiad a ganlyn o gynhebrwng Dafydd ap Ieuan o Lwydiarth ym Môn a'i wraig eithaf syniad o'r peth :

> ' Y dydd yr aethoch i dai
> Y brodyr, pawb a redai;
> Yr oedd feirch irwydd o Fôn
> I'ch dwyn rhwng wyth o'ch dynion,
> A llu gwyn â llwyg anian,
> A llawer torsc â lliw'r tân,
> A phorth rhudd a pharth rhuddaur,
> A pheri ym Môn offrwm aur.
> Achwyn Môn â chân mynych,
> Â chri clêr a churo clych.
> A chwedi'ch dwyn o'ch dau dŷ,
> Ŵyrion gwawl, i'r un gwely
> A rhoi llen ar holl Wynedd
> A chŵyr a bwrdd a chau'r bedd
> Llyna gôr llawn o gariad !
> Llanfaes deg, llawn fu o stad.'

(Dafydd ab Edmwnd)

[Y dydd yr aethoch i dai / y brodyr [Brodyr Llwydion], rhedai pawb; / yr oedd ceffylau ffres eu golwg o Fôn / i'ch dwyn rhwng wyth o'ch dynion, / a llu o rai mewn gwyn â natur llewygu arnynt, / a llawer ffagl â lliw'r tân, / a phorth coch a rhan [ohono'n?] aur coch, / a pheri offrymu aur ym Môn. / Mae Môn yn cwyno gydag aml i gân, / a gweiddi beirdd a churo clychau. / Ac wedi eich dwyn o'ch dau dŷ, / ŵyrion goleuni [nef], i'r un gwely / a rhoi gorchudd ar Wynedd gyfan / a chŵyr a bwrdd a chau'r bedd / dyna gôr [eglwys] llawn o gariad ! / — Llanfaes deg, fe fu'n llawn o stad [ai pomp a olygir yma?].]

Am dudalennau rŵan rydw i wedi tynnu sylw at ddosbarthiadau neu batrymau o ddelweddau. Cyn hynny buwyd yn trafod pynciau'r beirdd (rhai nid annhebyg i bynciau'r Gogynfeirdd), ac yn sôn am eu cynghanedd a'u mesurau. Y mae'r holl bethau hyn yn awgrymu cyfyngiadau. Yn sicr, y mae'n rhaid cyfaddef fod yna gyfyngiadau ar bynciau a delweddau ym marddoniaeth Beirdd yr Uchelwyr. Rhaid cyfaddef, hefyd, fod canu'r un math o ddefnydd drosodd a throsodd ar gynghanedd yn gosod straen ar y beirdd —

'Po amlaf fo cerdd dafawd
Anamlaf fydd cael gwŷdd gwawd'

[Po fwyaf fydd yna o gerdd dafod / yna lleia'n y byd fydd yna o
goed [= defnydd] cân]

fel y dywedodd Guto'r Glyn. Doedd canu ar gynghanedd ac ar
fesurau ddim ynddo'i hun yn straen ar y beirdd : ar ôl naw
mlynedd o hyfforddiant roedd eu techneg yn un rwydd naturiol.
Hyn a olygir : petaech chwi'n mynd ati i ddysgu'r cynganeddion a
gwybod mesurau cerdd dafod fe fyddech chwi'n cael trafferth
ofnadwy ar y dechrau i ganu unrhyw beth ar gynghanedd a mesur.
Ond petaech chwi'n ymroi iddi i ymarfer crefft fynegiant cerdd
dafod fe'i caech hi'n dod yn haws o dipyn i beth. Petaech chwi'n
treulio naw mlynedd i ymberffeithio yn y grefft, fel y gwnâi Beirdd
yr Uchelwyr yn ôl pob tebyg, fe fyddai eich gallu i fynegi ar gerdd
dafod yn rhugl. Roedd yr huodledd a'r rhuglder mynegiant hwn
gan Feirdd yr Uchelwyr. Yn anffodus, dyw rhwyddineb ymadrodd
ar gerdd dafod ddim, o angenrheidrwydd, yn gwneud dyn yn
fardd. Mae hi mor anodd bod yn fardd ar gynghanedd ag yw hi
mewn *vers libre*. Rhaid cydnabod y ffaith elfennol syml hon a
pheidio â meddwl fod yr ugeiniau o brydyddion a ganai yn ystod
cyfnod Beirdd yr Uchelwyr i gyd yn feirdd. Y mae amryw ohonyn
nhw, yn enwedig yn niwedd y cyfnod, yn brin iawn eu hawen.
Roedd y beirdd yn gwybod yn iawn fod rhai ohonyn nhw'n well
nag eraill a bod rhai mor ddi-fflach â matsys damp. Dyma fel y
mynegwyd hyn gan Lywelyn ap y Moel :

'Ac y mae, gwarae gwiwradd,
Yn y byd, Rys, enbyd radd,
Mil o gerddwyr, mawl gyrddwaed,
Am un awenydd, dydd daed.'

Ymryson â Rhys Goch Eryri y mae Llywelyn yma :
[Ac y mae — chwarae o radd dda — / yn y byd, Rhys, fil o
gerddwyr enbyd eu gradd — mawl teulu cadarn — / am un
awenydd, cystal peth yw barn.]

Roedd 'cerddwr' (unigol 'cerddwyr' uchod; ceir y gair am
'fardd' yn y Gramadegau) neu 'brydydd' yn debyg o gael ei
ormesu gan ei ddefnyddiau nes ei fod o'n canu'n gywir ond yn
ddi-fflrwt a heb angerdd fel eich bod yn teimlo fod y cwbl sydd

213

ganddo i'w ddweud wedi'i ddweud o'r blaen — yn wir fe welir fod yna godi llinellau yng ngwaith rhai beirdd o bryd i'w gilydd. Roedd bardd o awen yn medru gwneud i'r un defnyddiau lefaru o'r newydd ac yn angerddol. Y peth trawiadol yw fod yna gymaint o feirdd awenyddol yng nghyfnod Beirdd yr Uchelwyr. Yng ngwaith y rheini y mae ein profiad o'r hen bethau'n cael ei ddyfnhau. Ac y mae i'r dyfnder profiad hwn ryw arbenigrwydd am ei fod o fewn traddodiad o ganu a bod cenedlaethau o feirdd wedi bod yn trafod geiriau a delweddau cyffelyb — dyw hyn ddim yr un peth â dyfnder gwelediad un dyn.

Mae gan genedlaethau gwahanol a phobloedd gwahanol syniadau gwahanol am ragoriaethau artistig. Un dydd ar y teledydd fe welais Ewropeaid mewn pentref yn Affrica yn gwylio peintiwr o Affricanwr wrth ei waith. Llunio hen ffigurau yr oedd ei bobol wedi bod yn eu gwneud ers canrifoedd o amser yr oedd o. Pan aeth yr Ewropeaid ati i wneud eu lluniau eu hunain doedd gan yr Affricanwr ddim diddordeb o gwbwl ynddyn nhw. Iddo fo doedd eu lluniau nhw'n golygu dim. Yma fe welwn ni sefyllfa sydd rywsut yn gyfochrog ag un Beirdd yr Uchelwyr : roedd yr hen ddulliau o ddweud yn werthfawr iddyn nhw am eu bod nhw'n hen. Eithr y peth trawiadol yw fod y beirdd hynny a gyfrifid yn feistri ganddyn nhw wedi taro cyfnodau eraill — a'n cyfnod ni — fel meistri hefyd. Dyna ichwi feirdd fel Iolo Goch, Dafydd Nanmor, Guto'r Glyn, Tudur Aled yn enghreifftiau o hyn.

Ond beth oedd safonau beirniadol cyfnod Beirdd yr Uchelwyr? Doedd yna ddim beirniadaeth lenyddol fel y cyfryw yn y cyfnod, eithr fe geir rhyw lun o syniad o'r hyn a ystyriai'r beirdd yn rhagoriaethau mewn sylwadau byrion ar farddoniaeth a geir yn eithaf anaml ganddyn yn eu cerddi. Ym marwnadau'r beirdd y ceir y rhan fwyaf o'r rhain. Fe geir syniad hefyd yng Ngramadegau'r beirdd. Yr hyn a bwysleisir fwyaf yw dysg bardd a'i grefft. Yn ôl Gruffudd ap Llywelyn Fychan dyma'r 'gyfarwyddyd a ddylai fod mewn bardd ' :

> ' Cynnal bodd canol y byd,
> Cof i roddi cyf'rwyddyd,
> Dwyn clod ar dafod lle'i dêl,
> Dwyn iache pob dyn uchel,
> Ac arfau gynt ar frig onn
> A ddug gwŷr boneddigion,

Darllain llyfre lle i dylynt
Ac ystoria gwyrda gynt,
Llyfre diben ein penyd,
Llyfre'r gerdd yn llwyr i gyd,
Cynal fal yr amcenais
Cymraeg hen Cymru a'i cais.'

[Cynnal dull canol y byd, / cof i roi cyfarwyddyd [sef hyfforddiant yn hytrach na chwedlau, efallai], / cario clod ar lafar lle delo [y bardd], / olrhain achau pob gŵr bonheddig, / ac [olrhain] arfau [herodrol] gynt *ar frig onn* [nid oes gennyf syniad beth oedd hyn os nad yw o'n cyfeirio at ryw ddull o nodi arfau] / a ddug gwŷr bonheddig, / darllen llyfrau lle dylent wneud hynny / a hanesion gwyrda gynt, / [darllen] llyfrau am bwrpas ein penyd [llyfrau brud], / a llyfrau barddoniaeth i gyd yn drylwyr, / cynnal — fel yr amcenais i wneud — / hen iaith y Cymry a'i cheisio hi.]

Fe welwch mai rhoi syniad inni am ddysg bardd yn hytrach na dim y mae hwn. Mae hyn, fel y dywedais, yn nodweddiadol o sylwadau'r beirdd, eithr fe geir ambell sylw mwy 'beirniadol' yn ein hystyr ni i'r gair. Soniodd Llywelyn ap y Moel, mewn ymryson, am

' Mesur glân, a chynghanedd
A synnwyr wiw, sain aur wedd.'

' Aur wedd ' — dynodi rhagoriaeth trwy drosiad y mae hyn'na : fe geir enghreifftiau eraill o'r peth :

' Fal gwin a nyddai fawl gwyn '
(Gutun Owain am Guto'r Glyn)

' Gwin neu fêl y gwnâi foliant '
(Lewys Daron am Dudur Aled)

' Gŵr a wyddiad o'r gwreiddyn
Buro ei gerdd fal bara gwyn '
(Tudur Aled am Ddafydd ab Edmwnd)

' Chwannog oedd i chwynnu gwawd '
(Morys Gethin am Dudur Aled)

Cyfeirio at gywirdeb a 'melyster' cerdd a wneir uchod, yn wir sonia Tudur Aled am 'felyster mawl' yn ei farwnad i Ddafydd ab Edmwnd. Sonnir yn fynych am 'goed' y gân mewn rhyw fodd —

215

'Cangau nadd cynganeddion'
(Dafydd ap Llywelyn ap Madog i Dudur Aled)

ac am saernïo cerdd. Roedd pwyslais mawr ar wneuthuriad cerdd :

'Bywiog englyn heb gonglau'
(Gruffydd ab Llywelyn Fychan i Dudur Aled)

'Dôi ag englyn ddigongliaith'
(Siôn Ceri i Dudur Aled)

Sonnir weithiau am nodweddion cân bardd arbennig —

'Darfod y *myfyrdod mawr*'
(Hywel Rheinallt am Ddafydd Nanmor)

'Y mae eisiau am oesawr
Cerdd dafod, myfyrdod mawr.'
(Bardd anhysbys am Gutun Owain)

Cyfeiria Gruffudd ap Llywelyn Fychan at 'awen ddofn' Tudur Aled a chyfeiria amryw at ei awen 'frau' (parod), at ei feistrolaeth ar y mesurau i gyd a'i fedr ar yr awdl :

'Gwr ar awdl gorau ydoedd'
(Morys Gethin)

'Ag ar awdl gorau ydoedd'
(Siôn ap Hywel ap Llywelyn Fychan)

Dywedodd Llywelyn ap y Moel am Gruffudd Llwyd :

'Hawdd oedd i fab adnabod
Ar gywydd newydd ei nod.'

Ac yn ôl Lewys Môn roedd newydd-deb yng nghân Dafydd ab Edmwnd :

'Y dull rhy hen o dwyll rhai
Yn newyddach y'i naddai.'

Os trown ni at y Trioedd Cerdd (y mae amryw fersiynau ohonyn nhw) fe gawn osodiadau tebyg i'r rhain :

'Tair enaid cerdd ysydd : mesur, synnwyr a chynghanedd.
Tri bai cyffredin ysydd ar gerdd : torr mesur, drygystyr, a cham ymadrodd.
Tri pheth a hoffant gerdd : dyfnder ystyr, odidawg feddwl, ac awdurdod y prydydd.

216

Tri pheth a gyweiriant gerdd : addurn gyfansoddiad ymadroddion, amlder Cymraeg, a dychmygfawr gerddwriaeth.
Tri pheth a amlhant awen cerddwr : hengerdd, barddoniaeth, ac ystorïau.
Tri pheth y cae [cau] cerdd arnynt heb fyned yn eu herbyn : hengerdd yr hen gerddorion : dychmygfawr gywreindeb y prydydd newydd, a chelfyddyd o gerddwriaeth ni aller myned yn ei herbyn.
Tri peth a wna ffrwythlawn gerdd : diddanu meddwl, gwellhau cof ac ethrylith, a distrywio drwgfeddyliau.'

Gwelir fod dysg a chywirdeb yn ôl rheolau cerdd dafod yn cael sylw mawr a bod meistrolaeth gyflawn ar iaith, bod yn ' ddychmygfawr ' (ai bod yn giamstar ar ddefnyddio delweddau, yr hen rai a rhai cywrain, newydd — rhai'r prydydd newydd — oedd hyn?) a bod yn fardd mawl yn rhagoriaethau amlwg. Yn ogystal â rhinweddau llenyddol o'r fath cymeradwyai'r Grama-degau barabl eglur wrth ddatgan cerdd, ac ymarweddiad gweddus a sobr yn nhai pobol. Mewn gair, nid sylwadau ar lenyddiaeth yn unig a geir yn y Gramadegau ond sylwadau ar y ffordd iawn o fyw i fardd. Yn llenyddol, yr hyn sydd amlycaf yn sylwadau'r beirdd a'r Gramadegau yw pwysigrwydd meistrolaeth ar gerdd dafod, sef yr ochor dechnegol i brydyddu. Dyw hyn ddim yn annisgwyl a dyw o ddim yn syndod gweld ei fod yn cyd-fynd â chyfyngder maes y farddoniaeth. Fe gyfrannodd yr ymhél hwn â'r grefft ar draul diddordeb mewn syniadau newydd at dranc y gyfundrefn farddol. Gellir gweld y gyfundrefn yn troi'n gragen glep syniadol yn ochor Wiliam Cynwal yn ei ymryson enwog ag Edmwnd Prys. Erbyn ei adeg o roedd y grym syniadol a gynhaliai'r traddodiad barddol yn yr Oesoedd Canol yn gwanychu ac yn darfod.

Yn gymysg â sefydlogrwydd syniadau a delfrydau Beirdd yr Uchelwyr fe geir cryn dipyn o newid. Y mae gwahaniaethau rhwng personoliaethau beirdd i'w gweld yn y farddoniaeth, er enghraifft, ac fe geir gwahaniaethau eraill. Fel y dywedwyd, ceisio diffinio'r gwahaniaethau hyn yn fanylach nag y gwnaethpwyd o'r blaen yw un o brif orchwylion ysgolheigion sy'n gweithio ar gyfnod Beirdd yr Uchelwyr ar hyn o bryd. Dangosodd y Dr. Thomas Parry fod newid wedi digwydd yn y grefft o lunio cywydd rhwng y bed-waredd ganrif ar ddeg a'r bymthegfed — bod ei symudiad wedi dod yn un mwy cwpledol; nododd Eurys Rowlands fod llyfnder ymadrodd, unoliaeth ar gerdd, a nodyn personol i'w weld yn amlycach yng ngherddi canol y bymthegfed ganrif nag ar unrhyw bryd arall yng nghyfnod Beirdd yr Uchelwyr. Dyna dynnu ein sylw at gyfnewidiadau arddull. Cyfeiriodd Saunders Lewis at yr agwedd o swyddog a geir ar y delfryd o uchelwr yng ngwaith Tudur Aled; ysgrifennodd D. J. Bowen am y ' gweddau marchogol a sifalrïaidd ' sydd yn yr un delfryd yn y bedwaredd ganrif ar ddeg. A dyna dynnu ein sylw at gyfnewidiadau cymdeithasol sy'n cael eu hadlewyrchu yng ngwaith y beirdd.

Dyma Eurys Rowlands eto :

' Dyna Gwilym ab Ieuan Hen a'i ganolbwyntio ar un thema mewn cywyddau sy'n rhaeadrau perorasiynol. Dyna Ddafydd Nanmor yn datblygu ei gywyddau mawreddog o ris i ris, a Guto'r Glyn yn ymdroi'n hamddenol gan yn sicr iawn gyda'i ddelweddau gan droi pob cywydd yn ffenestr i weledigaeth bardd. A dyna Lewys Glyn Cothi, y plaenaf a'r mwyaf rhydd-ieithol ohonynt ar yr olwg gyntaf, ond dyma fardd sydd drwy ei ailadrodd cyfrwys yn llunio cywyddau y mae pob cymal ynddynt yn atseinio'r cymal blaenorol ac yn ddatblygiad arno.'

Y tro hwn tynnu ein sylw at wahaniaethau rhwng bardd a bardd a wnaeth Mr. Rowlands.

O dan sefydlogrwydd traddodiad Beirdd yr Uchelwyr hefyd fe geir adlewyrchu digwyddiadau a chyfnewidiadau hanesyddol. Dyna pam y mae eu canu mor bwysig i'r rhai sy'n astudio hanes Cymru. Oherwydd yr adlewyrchu hwn y mae nifer helaeth o gyfeiriadau hanesyddol yn y canu y mae'n rhaid eu hesbonio bellach. Ystyriwch linellau fel hyn o gywydd gan Iolo Goch i Syr Hywel y Fwyall :

' Pan rodded, trawsged rhwysgainc,
Y ffrwyn ym mhen brenin Ffrainc,
Barbwr fu fal mab Erbin
Â gwayw a chledd, trymwead trin;'

Sôn y mae'r llinellau am gampau Syr Hywel mewn rhyfeloedd yn Ffrainc. Pan ddeallwn i frenin Ffrainc gael ei ddal gan y Tywysog Du ym mrwydr Poitiers (1356) gwelwn lawn arwyddocâd ail linell y dyfyniad. Y mae hyn yn help inni leoli ac amseru'r canu. Ceir yng ngwaith Beirdd yr Uchelwyr lawer iawn o gyfeiriadau pendant fel hyn. Ar ôl dweud peth amlwg fel yna, efallai mai afraid imi ychwanegu peth amlwg arall, sef mai cam dybryd â'r beirdd ydyw darllen eu gwaith fel ffynonellau hanesyddol yn unig.

Gadewch inni droi rŵan at ddyrnaid o gerddi. Sut y mae ysgolheigion Cymraeg yn sefydlu testun o gerddi o'r fath? Rhaid defnyddio term fel ' sefydlu testun ' yma am fod yn aml nifer o gopïau o lawer o'r cerddi mewn llawysgrifau. Lle mae nifer o gopïau, sut y gŵyr neb prun yw'r un iawn? Weithiau fe geir copi o gerdd yn llaw'r bardd a'i gwnaeth. Y math hwnnw o gopi ydyw'r un lleiaf trafferthus i'r ysgolhaig oherwydd y mae ganddo le i obeithio fod y bardd wedi dweud yr hyn yr oedd arno eisiau ei ddweud. Lle nad oes copi o'r fath rhaid i'r ysgolhaig ddarllen pob copi o'r gerdd sydd ar gael a nodi'r gwahaniaethau rhyngddyn nhw. Fe welir, fel rheol — ond nid yn ddieithriad — fod y copïau hynaf o gerddi, y rhai sydd nesaf at gyfnod y bardd ei hun, yn debyg o fod yn well na'r lleill. Fe welir hefyd fod rhai o'r hen greaduriaid a fu wrthi'n ysgrifennu'r llawysgrifau yn well copïwyr, neu'n dangos gwell dealltwriaeth nag eraill. ' Gwell copïau,' ' gwell copïwyr ' meddaf fi; gwell ar ba ystyriaeth? Gwell ym marn yr ysgolhaig sy'n gweithio arnyn nhw, yn yr ystyr ei fod o'n meddwl fod geiriau arbennig yn rhoi gwell ystyr nag eraill : y mae'n dilyn o hyn, os yw'r ysgolhaig yn un ciami, ciami hefyd fydd ei destun o waith bardd ! Ar ôl sefydlu'r testun gorau ei eiriad yn ei farn o y mae'r ysgolhaig yn mynd ati i'w atalnodi — mae'r gorchwyl hwn hefyd yn brawf ar yr ysgolhaig sy'n ei wneud o. Y mae hefyd yn fater cymhleth gan y gellir, yn gyfiawn, atalnodi amryw linellau mewn mwy nag un ffordd. Sut bynnag, fel yna y daw testunau i fod. Y mae'r gwaith o esbonio cyfeiriadau, geiriau ac ymadroddion i'w wneud ar ben hynny.

Dyma'n awr ddyrnaid o gerddi a geir am y rhai a'u gwnaeth.

1. Tudur Aled (yn ei flodau 1480-1526) :

Fe anwyd Tudur Aled ym mhlwyf Llansannan, Sir Ddinbych. Roedd yn ŵr o waed da. Dywedodd ef ei hun fod Dafydd ab Edmwnd yn ' ewythr o waed ' ac athro barddol iddo. Fe ddywedodd hefyd fod Ieuan ap Llywelyn ab Ieuan yn athro

219

barddol iddo. Daeth Tudur yn fardd toreithiog ac yn un o fri mawr yn ei ddydd. Roedd yn un o ddau fardd oedd wrth gefn y trefniant i gynnal Eisteddfod Caerwys 1523 i 'wneud ordr a llywodraeth ar ŵyr wrth gerdd ac ar ei chelfyddyd.' Fe'i conffyrmiwyd yn athro 'cadeiriog' yn yr eisteddfod honno ac fe enillodd gadair yno. Yn ei farwnad iddo soniodd Lewys Môn am ei 'ddwy gadair'; soniodd Lewis Daron amdano, yn ei farwnad yntau iddo, fel 'Pencerdd y ddwygerdd agos.' Oherwydd hyn tybir fod Tudur yn athro cerdd dant yn ogystal ag yn athro cerdd dafod.

Dyfynnaf eiriau gan T. Gwynn Jones am Dudur :

'Yn ôl Siôn ap Hywel, yr oedd yn ŵr o gorff cadarn a grymus. Dywed Huw ap Dafydd ei fod yn rhedwr buan, yn neidiwr gwych, ac yn gampwr ar daflu maen a throsol, yn farchog a garai feirch, yn ymwisgo'n wych fel iarll, ac yn ddyn gosgeiddig a glandeg. Awgryma llinell gan Lewys Môn mai penfelyn oedd.'

A dyna inni syniad sut un oedd y bardd o ran ei olwg.

'Gŵr Syr Rhys,' meddai Siôn Ceri amdano. I'r Syr Rhys hwn y canwyd yr awdl a ddyfynnir isod. Syr Rhys ap Thomas (1449 - 1525) o Ddinefwr oedd hwn. Ef oedd prif gynorthwywr Cymreig y brenin Harri VII.

Bernir i Dudur farw tua'r un adeg â Syr Rhys. Cyn ei farw roedd wedi cymryd abid y Brodyr Llwydion (Urdd Sant Ffransis) — mae'n debyg yn ei waeledd olaf. Cesglir mai yng Nghaerfyrddin y bu farw a'i fod wedi ei gladdu yno yng Nghwrt y Brodyr.

Mewn cerdd arbennig soniodd R. Williams Parry am ddarllen :

'Heibio i awen galed
Reolaidd Tudur Aled.'

Fe ddengys yr awdl isod y geill awen Tudur fod yn 'galed' o ran sŵn ac ystyr; y mae hi hefyd yn 'rheolaidd' yn yr ystyr mai dyma feistr mawr rheolau cerdd dafod. Y mae tôn o ddiflastod yng ngeiriau Williams Parry. Tybiaf mai'r rheswm am hynny oedd mai yn y ganrif ddiwethaf yr oedd ei wreiddiau o fel bardd cynganeddol. Ni allaf fy hun gymeradwyo'r diflastod hwn oherwydd dyma, i mi, feistr mawr cerdd dafod. Y mae Tudur, mewn gwirionedd, fel Dafydd ap Gwilym (er nad yw o ddim cystal bardd â hwnnw) yn haeddu pennod iddo'i hun. Yr unig esgus sydd gen i dros beidio â rhoi un iddo yw fod y llyfr hwn yn ddigon

maith fel ag y mae o a bod yna ddatblygiadau wedi bod mewn
ysgolheictod Cymraeg sy'n gwneud y testun sydd ar gael o'i
waith — cymwynas a champ y cawr hwnnw, T. Gwynn Jones —
yn anfoddhaol ar gyfer gweithio arno'n gwbwl hyderus.

SYR RHYS AP TOMAS

Syr Bŵn, nerth dragwn wrth dranc — y dyrnas,   1
    Dyrnod Syr Rhys ieuanc;
Sarff cryfwayw, Syr Ffŵg crafanc,
Syr Rhys ffres ar asau Ffranc.

Cyrch Ffrainc i'w thalfainc wrth wŷs, — neu farddwawd 5
    A wnâi Ferddin Emrys,
Ag enw Groeg yn y gwregys,
Yn amser An, am Syr Rhys.

Gair An ac Alan, gweled — gwŷr a meirch,
    Marchog, barwn, banred;   10
I wyth ynys y'th aned,
O'th ofn, cryn eithafion Cred.

Eithafion gwaed Môn, mynnu — pob bonedd,
    Pwy pinagl holl Gymru?
A'th arf a'th wayw a orfu,   15
Aethnen o faich wythnyn fu.

A throi bu'n llew du'n lle dyn,
A thorri brisg, â thair brân;
A'th eddestr a ddoeth uddun,
A'r warthafl aur wrth ei lin.   20

Glin eurfraisg, galon irfrau,
Gwnâi fwrw ieirll â'r gwayw yn frau;
Gwres o'i frig a roes y frân,
Gwn tân ar Gent o'i enau.

Pe dôi'r gwn a'r powdr gwynias   25
Pwy âi'n y brig â'r pen bras?
Pen ar Gymru, llu lle llas — Lloegr affaith,
    Llew Gruffudd ap Niclas.

Gwaed Tomas Niclas neu uwch,
Gruffudd ddoeth, o'i gorff ydd ewch;   30
Ffylib oedd gyffelyb iwch,
Elidir, un lewder awch.

Awch rhuthr blaidd aruthr bleiddiau aeroedd, — ffyn
   Rhag terfyn, rhwyg torfoedd;
Rhuthr llew, rhôi waith i'r lluoedd,   35
Rhyw lwybr tân i'r halbart oedd.

Halbart, trwy wythwart, trethwch — hyd Almaen,
   Aensio, Maen, os mynnwch;
Gwnaud ar wal y Gien drwch,
Gŵr â chanfflam gwreichionfflwch.   40

Fflamwr, cwerylwr creulon, — rhyw wynias,
   Yn rhannu rhwng dewrion;
Siwel yr ieirll is law Rôn,
Sidan pobl, Sawden Pablon.

Drwy Bablon yn afon wyllt,   45
Dy wayw'n eu mysg yn dân mellt;
Dod un hwp, d'adain a hyllt,
Dynflaidd wyd, yn fil o ddellt.

Blaidd, rhydain, Owain, eawg, — brân Urien,
   Bron eryr neu osawg;   50
Oen, câr i Owain y Cawg,
O bydd trin, baedd tariannawg.

Marchawg tariannawg trinwyr — ar drallawd
   Er dryllio Corneuwyr;
Ni ddaliodd, gan eiddilwyr,   55
Y Blac Hêth oll, blwc, i'th wŷr.

Llorf Llŷr, llew ar wŷr, lle'r wyd — llif gwaed-ddafn,
   Llwybr awchlafn, llew brychlwyd;
Eurllathr oedd, o'r lle'th wreiddiwyd,
O'r warr i'r llawr, f'eryr llwyd.   60

Ple y diwreiddiwyd plaid o raddau?
Pan fu wledd y twyll wrth ganhwyllau,
Pan las y dyrnas, â darnau — trosol.
Ni rôi ddwrn Eidiol ryw ddyrnodiau!

Ni phery onnen na'i pheiriannau   65
Dan d'ewin ddyrnod, ond â'n ddarnau;
Ewinawg osawg, asau, — braich a bron,
A nyddai linon yn ddolennau.

Trewaist bâr trinwyllt — trwy berw taranau —
Trwy faner y Baedd, terfynwr beddau;   70
Trwy Newarc wedi, trwy naw o'r cadau,
Trwy Gernyw, uddunt yr âi garneddau;
Trwy Ddyfnaint, llifnaint, â llafnau — di rŵd,
Tân a dur yn frwd, dyna daro'n frau.

Aeth d'arwydd arnynt, o waith d'arddyrnau,   75
A'th law mewn irwaed, a'th lu manerau,
A throi gwayw'n waedwyllt o'th ddryganwydau;
A thrwy fael Ffleming â'th ddur fel fflamau;
A thynn o Ferwyn i Furiau — Ragwn,
Fal y tynn dragwn, fal y tân dreigiau.   80

Mil a ollyngir â mael, â llongau,
Mal cnwd y flwyddyn, mal cnud o fleiddiau;
Milfyrdd o Gwlen, mil o feirdd gŵyliau,
Mal garddaid wenyn, mil o gerdd dannau;
Mal gwlith ar wair ffrith, ar ffrwythau — daear,   85
Mal grawn, fal adar, mal gro, neu flodau.

Mae seler bybyr, gymhwyslawr, bibau,
Mur y gwin, el'gant, mor ganolgau;
Mae'r sinsir a'r siwgr, mae'r sens a'r seigiau,
Mae pawb yn ei swydd, mae pob ansoddau.   90
Mae cryfdwr milwr, cymalau — Lawnslot,
Ym mhob braich ynot, y mab brych winau.

Moes weithio siwrnai maes â'th isarnau,
Mal Pedrogl waywddellt, mal Pedr â'i gleddau,
Mal sarff o Gaer Wynt, mal Syr Ffŵg yr iau.   95
Mae oes dyn ar Dduw, — moes di un o'r ddau
(Â'th frain, mal Owain, am welïau — caith,)
Ai nhwy'n feirw unwaith, ai i ni'n hen freiniau.

Cur yn gryf Eingl, cawr un grafangau,
Cidwm, cân larwm cŵyn elorau;   100
Cynhyrfu'r seithfed o'r planedau,
Crynu holl daear, cyrn llu Deau,
Crynu'r byd i gyd, ag ergydiau — 'r Frân,
Mae'r awyr a'r tân, môr a'r tonnau.

Coelion Môn a ddêl, Calan Mai ddyw Iau,   105
Cawr Ynys Brydain, ceir in oes brudiau;
Cyw Efrog cadarn, ceir i fwrw cadau,
Câr i fawr Sesar, ceir i fwrw siasau;
Cerdda, cwncweria'r caerau, — Beli Mawr,
Cawr dewr, cynyddfawr a da'r cyneddfau.   110

Heta i Sermania, tros warr Mynnau,
Hyd wrth-dir Asia, hyd wrth eu drysau,
Holl Hwngri dan d' ofn, holl Anghred yn dau;
Helond a Selond, helynt sy olau;
Henwen arth Urien wrth ddorau — Caer Lŷr,   115
Henwi enaid gwŷr, hŷn, unoed ac iau.

Syr Galâth hirfawr, Syr Gei, lith arfau,
Syr Gei o Warwig, os o ragorau;
Syr Gawain addfwyn, os ar gyneddfau;
Syr Urien addas, os o rinweddau.   120
Syr Rhys o'r chwellys, er archollau — 'r Grôg,
Neu pe am dwysog, na wypom d'eisiau!

    Syr Bŵn, nerth dragwn, etc.

[Syr Bŵn [Bown o Hampton], un a chanddo nerth draig at ddiwedd
y deyrnas [h.y. at unrhyw fygythiad i'r deyrnas] / o'r un ddyrnod
â Syr Rhys ieuanc; / sarff cryf ei waywffon, yr un grafanc â Syr
Ffŵg [Syr Fulke Fitz Warine], / Syr Rhys yn ffres ar asennau
Ffranc. //

Ymosoda ar Ffrainc at ei huchel orsedd wrth orchymyn, neu [wrth
orchymyn y] gerdd / a wnâi Fyrddin Emrys [hen fardd-broffwyd],
/ gydag enw Groeg yn y gwregys, / yn amser An [Myrddin?], o
gwmpas Syr Rhys [h.y. gwregys amdano]. //

[Yn ôl] gair An ac Alan [Alanus ab Insulia] yr oedd i'w gweld
[hynny yw, yn ôl proffwydoliaeth] wŷr a meirch, / marchog,
barwn, barwnig; / fe'th anwyd di i wyth ynys, / rhag dy ofn fe
gryna pellafoedd Cristnogaeth. //

[O] wraidd eithaf gwaed [uchelwyr] Môn, mynnu pob bonedd;
/ pwy yw pinacl Cymru gyfan? [Syr Rhys yw'r ateb sy'n
ddealledig.] / A d'arf a'th waywffon di a orchfygodd, / fe fu
wyth o ddynion [yn crynu rhagot] fel baich [o ddail] aethnen. //

A bu'n troi yn llew du yn lle dyn, / a thorri coed, â thair brân
[sef arfau herodrol Syr Rhys]; / ac fe ddaeth dy farch atynt, /
a'r warthol aur wrth ei lin. //

[Un efo] glin euraid, gadarn, gyda chalon ifanc hael, / fe fwriai
ieirll â'r waywffon yn hawdd; / rhoes y frân [sef Syr Rhys] wres
o'i frig [sef y gwn], / tân o enau gwn ar Gent [Ghent]. //

Pe deuai'r gwn a'r powdr gwynias / pwy a âi at frig [neu sawdl]
y gwn â'r pen trwm? / [Y] pennaeth ar Gymru, [roedd] llu lle
trawodd drosedd Lloegr, / llew Gruffudd ap Nicolas. //

[O] waed Tomas Nicolas neu uwch, / [gwaed] Gruffudd ddoeth, rydych yn hanfod o'i linach; / roedd Philip yn gyffelyb i chwi, / [ac roedd gan] Elidir yr un awch am ddewrder. //

Awch ymosodiad blaidd ofnadwy bleiddiau brwydrau, ffyn / o flaen ffin, rhwyg torfeydd; / [un o] ruthr llew, rhoddai waith i'r byddinoedd, / rhyw lwybr tân i'r halbart [h.y. gwaywffon a bwyell ynghyd] oedd. //

Halbart, trwy wyth amddiffynfa! Byddwch yn dreth [ar elyn] hyd yr Almaen, / Aensio [Anjou], Maen [Maine], os mynnwch; / gwnaet ddifrod ar Gien [Guienne], / gŵr â chanddo gan fflam mawr eu gwreichion. //

Un yn codi tân, cwerylwr creulon, un gwynias ei fath, / yn rhannu rhwng dewrion; / tlws [jewel] yr ieirll islaw Rhôn [Rouen], / sidan pobol, Swltan Babilon. //

Drwy Babilon [aethost] yn afon wyllt, / dy waywffon yn eu mysg yn dân mellt; / rho un waedd, ac fe hyllt dy adain / — blaidd-ddyn wyt ti — yn fil o ddarnau. //

Blaidd [wyt], ewig, Owain [un o'r hen arwyr], eog, brân Urien, / [gyda] bron eryr neu walch; / oen [wyt], perthynas i Owain y Cawg; / [ond] os bydd brwydr [rwyt yn] faedd â tharian. //

Marchog gyda tharian i filwyr mewn trallod / er mwyn dryllio gwŷr Cernyw(?); / Ni ddaliodd, oherwydd gwŷr, gwantan, / y Black Heath [h.y. brwydr] blwc [h.y. dim anhawster] i'th ŵyr. //

Cymorth Llŷr [brenin], [rwyt] yn llew ar wŷr, ble bynnag yr wyt llifa dafnau gwaed, / [a bydd] llwybr llafn miniog, [y] llew brychlwyd; / [roedd] aur disglair o'r lle y'th wreiddiwyd / o'r top i'r gwaelod, f'eryr llwyd. //

Ymhle y diwreiddiwyd llu o raddau? / Pan fu gwledd y twyll wrth olau canhwyllau, / pan drawyd y deyrnas â darnau trosol [cyfeirio at wledd arbennig lle lladdwyd llu gan Eidol]. / Ni roddai Eidol ddyrnodiau tebyg [i Syr Rhys]! //

Ni phery gwaywffon onnen na'i hoffer / o dan ddyrnod dy ewin, ond mala'n ddarnau; / y gwalch ewinog, nyddai gwaywffon asennau, braich a bron yn ddolennau. //

Trewaist lid gwyllt mewn brwydr — [llid] twrw berw taranau — / trwy faner y Baedd [Rhisiart III], gorffennwr beddau; / wedyn trwy Newarc [Newark], trwy naw o luoedd, / trwy Gernyw, iddynt yr âi carneddau [o gyrff]; / trwy Ddyfnaint [yn] llifeiriant nentydd efo llafnau heb rydu [h.y. oherwydd eu defnyddio'n gyson], / tân a dur yn danbaid, dyna daro'n rhwydd. //

Aeth d'arwydd di arnynt oherwydd gwaith d'arddyrnau, / a'th law mewn gwaed ffres, a'th lu banerau, / ac oherwydd troi gwaywffon yn wyllt am waed oherwydd dy dymherau drwg; / a thrwy arfogaeth Ffleming â dy ddur fel fflamau; / a thynna o Ferwyn hyd at furiau Ragwn [Arragon] / fel y tynna draig, fel [y tynna] dreigiau dân. //

Gollyngir mil gydag elw â llongau, / fel cnwd y flwyddyn, fel haid o fleiddiaid [o luosog]; / llawer mil o Gwlen [Cologne], mil o feirdd adeg gwyliau, / fel llond gardd o wenyn, [fel] mil o gerdd dannau, / fel gwlith ar wair y ffridd, [neu] ar ffrwythau daear, / fel grawn, fel adar, fel gro, neu flodau. //

Mae seler loyw, gyda llawr addas, [â] pibau, / [mae] mur y gwin [lle cedwir o], alicant [math o win], mor gaeëdig tua'r canol [?]; / [yno] mae'r sunsur a'r siwgwr, mae'r arogldarth a'r seigiau bwyd, / mae pawb wrth ei waith, mae pob lluniaeth. / Mae cryfder milwr, cymalau Lawnslod [marchog Arthur] / ymhob braich iti, y mab brych, gwinau [ei wallt]. //

Mae hi'n arfer gennyt weithio siwrnai allan â dy fwyellau brwydr, / fel Pedrogl [Patroclus?] â'i waywffon yn ddarnau, fel Pedr [sant] â'i gleddau, / fel sarff o Gaer Wynt [Winchester], mal Syr Ffŵg yr iau. / Mae oes dyn yn dibynnu ar Dduw — rhodda di un o'r ddau [hyn] / (Gyda dy frain [rwyt ti] fel Owain [ab Urien, y cymeriad chwedlonol] o gwmpas clwyfau caethion) / un ai [fe fyddant hwy'n] feirw unwaith [h.y. y gelyn], neu [deued] ein hen freintiau yn ôl i ni. //

Cura'r Eingl yn gryf, [yr un] â chrafangau tebyg i gawr, / blaidd, cân di larwm cŵyn elorau [h.y. rhybudd fod lladd ar ddechrau]; / [bydd] cynhyrfu'r seithfed o'r planedau, / [bydd] yr holl ddaear yn crynu, [bydd holl] gyrn y Deau [yn crynu?], / [bydd] y byd i gyd yn crynu ag ergydiau'r Frân [Syr Rhys], / [bydd] yr awyr a'r tân, y môr a'r tonnau [yn crynu].

Coelion [sef proffwydoliaethau] Môn a ddêl, ar Galan Mai ddydd Iau [h.y. arwydd brud], / [daw] cawr Ynys Brydain, ceir i ni oes y brudiau; / cyw Efrog [tad Peredur y chwedlau Cymraeg] cadarn [a] geir i fwrw byddinoedd, / ceir perthynas i Sesar [Cesar] fawr i fwrw [gelyn] ar ymladdau; / dos, gorchfyga'r caerau, Beli Mawr [trosiad am Syr Rhys], / cawr dewr, mawr ei gynnydd a da ei gynheddfau. //

Eheda [?] i Sermania [Yr Almaen] tros war yr Alpau, / hyd at wrthdir Asia, hyd at eu drysau, / [bydded] holl Hwngri [Hwngaria] yn d'ofni, [a bydded yr] holl wledydd nad ydynt yn Gristnogol yn eiddo iti; / [a] Helond [Holland] a Selond [Zeeland, rhan o Holand, mae'n debyg], hynt sydd olau; / [bydded iti fod yn] Henwen, arth Urien, wrth ddorau Caer Lŷr [Leicester], / [yn] enwi [= nodi?] enaid gwŷr, [rhai] hŷn, unoed ac iau. //

Syr Galâth [un o farchogion Arthur] tal a mawr, Syr Gei [Guy o Warwig], abwyd arfau [h.y. dyna yw Syr Rhys], / os am ragor-iaethau [mae Syr Rhys] yn Syr Gei; / os am gynheddfau [mae Syr Rhys] yn Syr Gawain [h.y. marchog chwedlonol] addfwyn; / os am rinweddau [mae Syr Rhys] yn Syr Urien addas. / Syr Rhys o'r chwe llys na foed inni, er mwyn archollion y groes, beidio â gwybod dy eisiau [h.y. paid â'n gadael] oni bai iti fynd yn dywysog.]

Fe welir mai canu mawl rhyfelwr y mae Tudur Aled yma a'i fod o'n rhoi inni bortread o gadernid a ffyrnigrwydd (dyma agwedd ar yr ' awen galed '). Yr elfen sy'n cyfleu'r nodweddion hyn yn fwyaf trawiadol yw sŵn yr awdl. O'r dechrau un y mae ynddi gordeddu cryfder seiniol. Felly y mae argraff o galedwch yn cael ei gyfleu ar ein clyw trwy gydol y gerdd. Mae'r gynghanedd yma wedi ei phlethu i gyfleu sŵn a synnwyr egr. Sylwch, yn fanylach, fel y mae'r cymeriad ar dro, fel yn llinellau 69-74, lle'r ailadroddir ' trwy ' yn creu'r effaith o falurio yn ei gyd-destun.

At hyn defnyddia'r bardd ddelweddau arbennig i roi argraff o Syr Rhys — *dragwn, sarff cryfwayw, crafanc, llew, blaidd, afon wyllt, brân, cawr* ac ati. Mae'r rhain hwythau'n cyfleu cadernid a ffyrnigrwydd trwy ein llygaid a hefyd trwy ein dychymyg — apelio at y dychymyg y mae *sarff cryfwayw*, er enghraifft. Rydym ni'n cael ein gyrru'n ôl at ein syniad am y delweddau hyn ac at ein profiad ohonyn nhw. Tynnu ar wybodaeth a phrofiad pobol o chwedlau a hanes y mae'r bardd wedyn wrth ddelweddu Syr Rhys fel arwyr megis Galâth, Syr Gei ac yn y blaen.

Bwrir atom ' weithredoedd ' Syr Rhys — mae o'n farchog *er dryllio Corneuwyr*, â gwaywffon onnen yn ddarnau dan ei ddyrnod, trawodd â *bâr trinwyllt*, â trwy elynion â'i ddur fel fflamau, mae o'n cael ei annog i guro Eingl yn gryf : dyna inni gyrch o weithredoedd!

Trwy'r gerdd fe geir geiriau sy'n cynyddu argraff o ofnadwyaeth a distryw — *crafanc, ofn, arf a gwayw, tân, rhuthr, gwreichion-fflwch, dellt, irwaed, dur, gwelïau.* Ceir hefyd ryw gyffyrddiadau iasoer megis *â'th law mewn irwaed* ac aruthredd dweud *Cynhyrfu'r seithfed o'r planedau.* Mae Syr Rhys yn cael ei droi'n un o rymusterau distrywiol y cread yn y gerdd; rhyw grybwyll bach sydd yma ei fod o'n ddynol — *Mae oes dyn ar Dduw.*

Y mae yn yr awdl fawl i berchentyaeth Syr Rhys hefyd. Yn yr adran am hyn fe lenwir ein synhwyrau â blas — sunsur a siwgwr, sens a seigiau. Ond cryfder milwr yw gwir bwnc y gerdd hon a buan y dychwel y bardd at hynny. Trwy fwrw argraffiadau o gadernid a ffyrnigrwydd ar ein synhwyrau — ein clyw, ein llygaid a'n cyffyrddiad — a thrwy greu erchyllterau trwy'r dychymyg a thrwy rym ei eiriau a'i linellau a phlygu iaith i'r amcan hwn fe greodd Tudur symffoni o ddinistr a rhyfelwr arswydus. Mae hon yn rhaeadr o gerdd ac yn rhoi inni gip ar feistrolaeth Tudur Aled ar eiriau.

2. Wiliam Llŷn (1534/1535-1580) :

'Bardd o Lŷn' ydoedd yn ôl cyfeiriadau cyfoes ato eithr ymgartrefodd yng Nghroesoswallt; yn ôl Ifan Wyn Williams yr oedd o yno cyn 1569. Gruffudd Hiraethog oedd ei athro barddol. Roedd yn un o'r pedwar bardd a raddiwyd yn benceirddiaid yn Eisteddfod Caerwys 1567. 'Awenyddol y naddai,' meddai Siôn Phylip amdano mewn marwnad iddo. Gwir y gair, canys dengys ei waith ei fod yn feistr ar gerdd dafod. Ymddengys ei fod yn ymateb yn gryf i angau, o leiaf y mae'n farwnadwr trawiadol. Dywedodd Brinley Rees fod ei farwnadau i Siôn Brwynog, y bardd o Fôn; i Ruffudd Hiraethog, ei hen athro; ac i Owain ap Gwilym, bardd arall, 'ymhlith marwnadau gorau'r iaith.' Mae rhai o'i farwnadau ar ddull ymddiddan rhwng yr awdur a'r gŵr marw — mae'r marwnadau i Ruffudd Hiraethog ac Owain ap Gwilym, er enghraifft, ar y ffurf hon. Roedd hwn yn ddull newydd o ganu marwnad yng nghyfnod Wiliam Llŷn. Marwnad i uchelwr o Ddyffryn Aled, tŷ o fewn ychydig filltiroedd i Lansannan, Sir Ddinbych, yw'r un a ddyfynnir isod.

Mae wylaw byd ym Maelawr
Mal llif a fai'n malu llawr,
Mal gloesion aml a glywsoch,
Mal crynu gwlad, corn neu gloch,
Mal llu'n gloff am lew llon, glân,
Mal crupl eb ymwel cropian,
Mal y dall am olau dydd
Mae'r adwyth marw Meredydd.
Gwae ni fyth, a fu gŵyn fwy
Cau ar wyneb mab Gronwy?
Wylaw ymhob tir a welynt
Am orchudd gwaed Marchudd gynt.
Mae ein dawn ym maen a dŵr,
Mae tudwedd am waed Tewdwr.
Mawr yw rhwysg y môr y rhawg :
Mwy o lin hedd Molwynawg.
Pwy o Lowarch, blaenbarch blaid,
Pwy gadarn o'r Pigodiaid?
Pand trwm fu'r penyd tramawr
Pan âi llu â'u pen i'r llawr?
Lle'r âi i gôr — llawer a'i gŵyr —
Llansannan, mae'n llai'n synnwyr.
Wrth weled hiraeth wylwn
Daed a haeled oedd hwn.
Gwae adwaenai — lle bai budd —
Goll fwyd o gellau Fredydd.
Gwae Annes yn hir gwynaw
Â gwaedd drom o'i guddio draw ;
Er wylaw o wawr Olwen
Ni chlyw ei llef o nef nen.
Y man y bu ganu a gwin
Mae rhewloer am ryw Heilin.
Gan alaeth Gwen a wyla
Gael dig am gywely da ;
Lluniaidd wisg y llynedd oedd
A'r sidan yn drwsiadoedd :
Eleni mae — gwae bob gwan —
Y llawr sad yn lle'r sidan.
Pwy a rydd farn ebrwydd fudd?
Pwy 'mrwydr am nad byw Mredydd?
Cau'r lledr uwch [y] carw llwyd-ddu —
Cywir farn i bob câr fu.
Ni threisiai wan â thraws waith,
Ni wnâi gynnen na gweniaith.
Gwae ni Dduw gwyno ei ddawn,

Colli cofiawdr call, cyfiawn.
Od aeth f'aur bennaeth i'r bedd,
Y pren a ddug pob rhinwedd.
Mae'r eginwaed mawr gynnydd
Fal gwin neu afalau gwŷdd,
Ei ŵyr ef yw yr afal —
A'i ŵyr, dau o wŷr a dal —
Tomas, curas cywiriaid,
Teiroes y dêl tros ei daid.
Llwyn sydd o blant, ffyniant ffydd,
Llwyn mawr a dynn llin Mredydd.
Pwy ail y tad heb blot aeth?
Pand Wiliam, pen duwioliaeth;
Tomas, Dafydd, budd pob iaith;
Alis, Sebel, sy obaith,
Elin, Catrin, wial aur,
Ac Elsbeth ddeg . . . ;
Annes, aur-fynwes feinwen,
Sein deg wych, Sioned a Gwen?
Y tri hydd o natur hael
A'r wyth ewig, iaith ddiwael,
O gystudd, alar gwastad,
Y sydd ddarfod dydd eu tad.
A aned dim yn oed dydd
Oni ddarfu ni dderfydd?
Y pryfed mawr eu prifiant —
Yn 'y marn i meirw a wnânt;
Y gleisiad â'r gŵn glaswyn —
Angau a'i lladd ynghau llyn;
Y carw gwyllt uwch caer gelltydd —
A âd ei ddal wedi'i ddydd;
Y gwalch main o gylch maenawr
A dry'n wych — hyd yr un awr;
Y dewrion a'r gwychion gynt,
Ymwaredwyr — marw ydynt.
Yntau Mredydd, llywydd llwyd,
Ŵr oedd ddewr a ddaearwyd.
Da Duw gwyn — ein dadganwr —
A roes y gwalch o rwysg gŵr;
A Duw, yngnad ei dangnef, —
Degan aur — a'i dug i nef.

[Mae wylo'r byd ym Maelor [Sir y Fflint] / fel llifeiriant a fyddai'n malu'r llawr, / fel poenau a glywsoch yn aml, / fel daeargryn, [sŵn] corn neu gloch, / fel llu'n gloff oherwydd llew llon, hardd [sef Mredydd], / fel un cloff heb [fedru?] cropian, / fel y dall am

olau dydd / [felly] mae'r dolur oherwydd marw Mredydd. / Gwae
ni fyth, a fu yna gŵyn fwy [erioed na phan fu] / cau [yr arch a'r
pridd] ar wyneb mab Gronwy? / Wylo oedd i'w weld ymhob man
/ oherwydd gorchuddio un o ach Marchudd gynt. / Mae ein dawn
[= Mredydd] mewn cerrig a dŵr, / mae daear am un o waed
Tewdwr. / Mae sŵn y môr rŵan yn fawr : / mae yna fwy [o
dwrw'n dod] o linach Hedd Molwynog. / Pwy [oedd o linach]
Llywarch, teulu yr oedd iddo barch mawr, / pwy [sy'] gadarn o'r
Pigotiaid? / Onid trwm fu'r penyd mawr iawn / pan âi llu â'u
pennau i'r llawr? / Yn y lle'r âi ef i gôr [eglwys] Llansannan
rydym yn ynfydu [gan ofid] — fe ŵyr llawer iawn hyn. / Wrth
weled hiraeth wylwn / gan mor dda a hael oedd hwn. / Adwaenai
gwae — lle byddai elw [rhoddion] — / golli bwyd o gelloedd
Mredydd. / Gwae Annes sy'n cwyno'n hir / â gwaedd drom
oherwydd ei guddio draw; / er i wawr Alwen wylo / ni chlyw ef
ei llef o uchder nef. / Lle y bu canu a gwin / mae lloer rhew
[lloer ag arni arwyddion tywydd oer?] am deulu Heilin. / Mae
Gwen yn wylo oherwydd tristwch / gan iddi gael dicter am gywely
[= gŵr] da; / y llynedd roedd [yma] luniaidd wisg / a'r sidan yn
gwneud pethau'n drwsiadus : eleni mae — gwae bob un gwan —
y llawr [= daear] disyfl yn lle'r sidan. / Pwy a rydd farn a fydd
yn fuan o fudd? / Pwy fydd yna mewn brwydr am nad yw
Mredydd yn fyw? / [Bu] cau'r lledr uwchben y carw llwyd-ddu —
/ cywir ei farn i bob perthynas fu. / Ni threisiai'r gwan efo gwaith
gormesol, / ni chodai dwrw, ni lefarai weniaith. / Gwae ni, Dduw,
[ein bod yn] cwyno am ei ddawn, / [ein bod wedi] colli un
meddylgar, doeth a chyfiawn. / Os aeth fy mhennaeth aur
[ardderchog] i'r bedd, / [ef] oedd y pren a ddug bob rhinwedd. /
Mae'r egin gwaed [ohono ef y pren] yn fawr ei gynnydd / fel
gwin neu afalau coed, / ei ŵyr ef yw yr afal — / a'i ŵyr o, y
mae hwnnw'n werth dau ŵyr — / Tomas, noddfa ffyddloniaid, /
boed iddo gael tair oes yn fwy na'i daid. / Mae yna lwyn o blant,
[sef] ffyniant ffydd, / mae llinach Mredydd yn peri fod llwyn
mawr. / Pwy sy'n debyg i'r tad a aeth heb staen [ar ei gymeriad]?
/ Onid Wiliam, arweinydd duwioldeb; / Tomas [hefyd], Dafydd,
elw i bob cenedl; / Alis [hithau], Sebel, sy'n obaith, / Elin, Catrin,
gwialen aur, / ac Elsbeth . . . / Annes, merch aur ei mynwes [sef,
rhagorol], / arwydd teg, gwych, Sioned a Gwen? / Y tri hydd

[= meibion] o natur hael / a'r wyth ewig [= merched] wych eu hymadrodd / sydd mewn cystudd, galar cyson, oherwydd i oes eu tad ddod i ben. / A anwyd dim byd erioed, / os na ddarfu [yn barod], na fydd o'n darfod [rywbryd]? / Yr anifeiliaid mawr eu twf — / yn fy marn i, byddant farw; / y gleisiad gyda'r gôt laswen amdano — / fe fydd angau yn ei ladd ynghanol llyn; / y carw gwyllt uwch caer y rhiwiau — / fe fydd o'n gadael iddo'i hun gael ei ddal ar ôl dydd [ei ieuenctid]; / y gwalch main, mae o'n troi'n wych o gylch maenor — hyd yr un awr [sef awr marwolaeth]; / y rhai dewr a'r rhai gwych gynt, / gwaredwyr — maent yn farw. / [Ac] yntau Mredydd, llywydd llwyd, / gŵr oedd yn ddewr, a roddwyd mewn daear. / Da [= cyfoeth] y Duw sanctaidd — cyhoeddwr y dyfarniad arnom [= barnwr] — / a roddodd y gwalch o awdurdod gŵr; / a boed i Dduw, barnwr ei dangnefedd — / degan aur [geiriau anwes yw'r rhain] — ei ddwyn i'r nefoedd.]

Dechreuir y gerdd gyda sŵn wylo — peth digon arferol — ac eir ati i geisio creu argraff o'r wylo hwnnw gyda rhes o gyffelybiaethau sydd â chymeriad llythrennol yn eu cysylltu. Braidd yn od yr ymddengys rhai o'r rhain erbyn heddiw; er enghraifft, y rhai sy'n cyffelybu'r wylo i sŵn corn neu gloch. Mae'r gor-ddweud yma'n aneffeithiol bellach ac yn dangos gormod o straen i greu argraff iddo fod yn ddiffuant; ond fe ddaw'r peth yn fwy derbyniol os ystyriwn ni angladdau dwyreiniol, efallai, yn hytrach na'n hangladdau ni. Yno y mae'n bwysig bod wylo mawr ac fe gyflogir rhai i wylofain ac ochneidio hyd yn oed. Rhaid fod lleisio tristwch a rhoi gollyngdod i alaeth yn arferol yn ein hen angladdau ninnau hefyd. Eithr y mae yma hefyd angerdd sy'n ein cyrraedd ninnau, megis pan ddywed y bardd am yr wylo ei fod ' Mal y dall am olau dydd '. Y mae'r claddu ei hun yn cael ei fynegi mewn amryw ffyrdd — ' cau ar wyneb,' gorchuddio ' gwaed Marchudd,' a rhoi pridd ar ' waed Tewdwr,' rhoi dawn ' mewn maen a dŵr.' Mae'r golled, y tynnu ymaith, yr iselhau yn amlwg. Mae'r teulu wedi'i ysigo. Cyfeirir yn arbennig at Annes, gwraig Mredydd ap Gronwy. Cyflëir y newid a ddaeth trwy wrthgyferbyniad synhwyrus — lle bu gwin a chân mae ' rhewloer ' (dyma oerni marwolaeth); lle bu Annes yn ei sidan, yr hyn sydd ganddi rŵan yw'r ' llawr sad '. Gair wedyn am y golled a fu ac am rinweddau'r marw, pethau disgwyliedig eto. Yna troi at y teulu sy'n dal i ffynnu, y bywyd yr

232

oedd y marw'n rhan ohono, troi at ei ŵyr ac at ei blant a'u henwi.
Yna myfyrdod nodweddiadol o Wiliam Llŷn ar freuder einioes (er
cofier y ceir ystyriaethau i'r un perwyl gan amryw feirdd eraill
ond na cheir y dwyster mawr a geir yma yn or-aml). Cymherwch
ddarn olaf y gerdd hon â geiriau dwysach hyd yn oed a ddyry
Wiliam Llŷn yng ngenau'r Gruffudd Hiraethog marw;

'Eryr gwyllt ar war y gelltydd
Nid ymgêl pan ddêl ei ddydd,
A'r pysg a fo 'mysg y môr
A ddwg angau'n ddigyngor,
Y byd oll, be deallwn,
Ar y sydd a erys hwn.'

Mae marwoldeb popeth byw yn narn olaf y cywydd dan sylw.
Sylwch fel y daw marwolaeth fel cnul ar ddiwedd pob cwpled.
Clywch dramp marwolaeth drwy'r llinellau hyn —

'Y déwrion a'r gwŷchion gýnt,
Ymwarédwyr — márw ýdynt.'

Gwelwch y sylw y mae'r gair ' marw' yn ei fynnu iddo'i hun.
Eithr y rhyfeddod Cristnogol — a geir yma a chan y cyfan o Feirdd
yr Uchelwyr — yw fod y bedd a'i bydredigaeth yn arwain y
rhinweddol at ei Dduw.

3. Siôn Cent (1367? - 1430?) :

Canai Siôn Cent rhwng 1401 a 1430. Dyna, mewn gwirionedd,
yr unig wybodaeth y gellir ei rhoi amdano. Mae ansicrwydd mawr
yn ei gylch gan ei fod wedi'i gymysgu â gwŷr eraill ag iddyn nhw
enwau tebyg i'w un o. Efallai mai gŵr o Frycheiniog ydoedd; o
leiaf fe dadogir cerdd i Frycheiniog arno. Efallai fod iddo gysylltiad
â theulu Scudamore yn Sir Henffordd. Ac efallai iddo gael ei
gladdu yn Llan Gain yn Sir Henffordd. Dyma beth yw
ansicrwydd! Ond cofiwch fod dod o hyd i hyn wedi golygu
ymchwil dyfal i Syr Ifor Williams.

Oherwydd y coelion a gododd am Siôn Cent y bardd (efallai!),
sef ei fod yn ŵr o ddysg eithriadol a bod ei ddysg yn un anghynefin
yng Nghymru anturiodd Saunders Lewis gredu ' mai gŵr graddedig
o brifysgol Rhydychen' ydoedd. Dadleuodd mai cynnyrch dysg
athronyddol Rhydychen y cyfnod, sef y *scientia experimentalis*

(gwybodaeth trwy brawf), ydoedd dysg anghynefin Siôn. Gŵr y
ddysg honno a allai ddweud, fel y dywedodd Siôn :

'Ystad bardd — astudio byd.'

Edrych ar *bethau* yr oedd yn hytrach na syniadau (neu idêau) neu
ddelfrydau. Golyga hyn nad oedd o, er enghraifft, yn canu i
ddelfryd o uchelwr ond yn canu i uchelwyr fel yr oedd o'n eu
gweld nhw — yn bennaf, fe ellir ychwanegu, yn cael eu hiselhau
gan angau. Â Saunders Lewis rhagddo i honni mai gwir ystyr
cyhuddiad Siôn ynghylch celwydd yr awen Gymraeg yw hyn :

'Y celwydd hanfodol yn y traddodiad llenyddol Cymraeg oedd
yr athrawiaeth fod y *species* yn sylweddau a'r Idêau yn
"bethau".'

Ystyr hyn yw y byddai gŵr, o goelio'n llythrennol gân o fawl
gan fardd i uchelwr, yn debyg o gael tipyn o sioc am y rheswm
fod gwahaniaeth rhwng y delfryd y cenid iddo a'r dyn ei hun.

Y pethau mwyaf trawiadol ynglŷn â Siôn Cent yw ei fyfyrdod
dychrynllyd ar y bedd a diwedd dyn, a'i dduwioldeb. Ar ôl lliw
a llawenydd rhai o'r beirdd eraill, duwch a thywyllwch sydd yn
Siôn Cent — ar wahân i'r goleuni nefol sydd yn ei waith. Does
fawr ryfedd i Rys Goch ei alw'n 'ardd fresych'! Fe soniwyd yn
barod am ymhel y beirdd Cymraeg ag angau ac am agweddau ar
angau a oedd yn amlwg yn yr Oesoedd Canol, ac nid eir i
ychwanegu dim ynghylch hynny yma. Yn wahanol i'r rhan fwyaf
o feirdd Cymraeg dydi parhad bywyd ar ôl marw'r unigolyn —
megis parhad bywyd yn nheulu dyn — ddim i'w gael gan Siôn
Cent; yn hytrach, yr hyn a geir ganddo ydyw agwedd facâbr
angau.

Roedd ei gaddo hi'n ddidrugaredd i'r da-eu-byd yn gonfensiwn
yn yr Oesoedd Canol, a chonfensiwn brawychus oedd o hefyd.
Dyma bwt o ddyfyniad i roi inni gip ar y confensiwn hwn; daw'r
geiriau o *Summa Predecantium* (Y Prif Draethiad) gan John
Bromyard ac y maen nhw'n perthyn i'r bedwaredd ganrif ar ddeg :

'Caiff eu henaid [sef y marw], yn lle plas a neuadd a siambr
lyn dwfn uffern gyda'r rhai a â i'w ddyfnder. Yn lle baddonau
peraroglus caiff eu corff ffos gul yn y ddaear, ac yna hwy a
gânt faddon mwy aflan nag unrhyw faddon o byg a brwmstan.
Yn lle lleithig esmwyth hwy a gânt wely mwy truenus a chaled
na holl hoelion a chethrau'r byd . . . yn lle gwragedd hwy a

234

gânt lyffaint, yn lle llu mawr a thyrfa o ddilynwyr caiff eu corff dyrfa o bryfed a'u henaid dyrfa o gythreuliaid. Yn lle tiriogaeth helaeth fe fydd yn garchar tragwyddol arnynt.'

Dyma fyrdwn mawr Siôn Cent yntau.

A sôn am fyrdwn, roedd Siôn Cent yn hoff o ganu penillion gyda byrdwn. 'Dull Ffrengig a oedd yn boblogaidd yn Lloegr ar y pryd,' oedd hwn yn ôl Ifor Williams.

Y peth pennaf a geir yng nghanu'r bardd hwn, ei fyrdwn felly, yw golwg enbyd o gofiadwy, egr synhwyrus a chelfydd o erchylltra marwolaeth, ac ystyriaeth ar y pethau a bery byth.

GWAGEDD YMFFROST DYN

Perygl rhyfel rhywelwn,
A pha fyd hefyd yw hwn?
Byd ymladd cas â glas gledd,
Byd rhyfalch dyn, byd rhyfedd.
Nid edwyn brawd — cydwawd call,
Bryd eirian — y brawd arall.
Anwylach — gilfach gelyn —
Yw'r da o'r hanner no'r dyn :
Oherwydd y ddihareb,
Hwyl Nudd, nad ydyw hael neb.
O Dduw, pa wlad — nigiad noeth —
Y ganed balchder geunoeth?
Pam y bydd balch dyn calchffriw
A ffraeth, er teced ei ffriw?
Os o'i dda iso a'i ddyn,
Ys diffrwyth is y dyffryn.
Os o'i grefft, is ei grofftydd
Rhyw fawr fost rhy ofer fydd.
Os o'i gryfdwr, filwr faint —
Is gorallt — os o'i geraint;
Tremig i filwyr tramawr,
Dir fydd golli, dirwy fawr,
A gado, chwedl diledlaes,
Golud gŵr mud ar y maes.
Cymryd crys — difelys fath —
Dilys o lai no dwylath.
Cychwyn i'r llan gyfannedd
Ar ei farch, tua'r oer fedd.
Yn ôl gwin, rhoi'r annwyl gâr
Yn ddiwyd yn y ddaear;

A'i genedl yn ei gwynaw
Yrhawg, a'i orchudd â rhaw.
Poenwr dig, poni ŵyr dyn —
Dwys orchwyl — nad oes erchwyn
Yn dâl ei dŷ — adail dig —
Yna ond daear unig?
A'r ddaear ddwys yn pwyso,
A'r grudd yn ymwasg â'r gro.
Y sydd er yn oes Adda
A roes Duw uddunt ras da,
O'r ddaear noeth y doethom,
A phonid tost yw'n ffrost ffrom?
I'r ddaear, drwy oer ddyfyn,
Ydd â ar aned o ddyn.
Ponid ystyr — poen distadl —
Pendefig urddedig ddadl?
Pan agorer — poen girad —
Fedd y gŵr a faeddai gad,
Yno y gwelir dihirwallt
Y dyn a roed dan yr allt,
Yn noeth ei nen, a'i benguwch,
A'r llaw a aeth fal y lluwch;
Heb gledd i'w ganlyn, heb glod,
Heb arfau dur, heb orfod;
Heb osai, heb fwnai fân,
Heb aros ffair, heb arian;
Heb un elin, 'b anwylyd,
Heb ddawn barch, heb dda'n y byd;
Heb wyngnawd chwaith — defawd chwyrn —
Na disgwyl, dim ond esgyrn!
Am hyn o sôn ymhen saith
Y daw annerch diweniaith:
" Afraid i ddyn, cyndyn call,
Eiriach ei dda i arall."

[Gwelwn berygl rhyfel, / a pha fath o fyd hefyd yw hwn? / Byd
o ymladd cas â chleddyf glas, / byd dynion balch iawn, byd
rhyfedd. / Dyw brawd — yn barddoni'n ddoeth ynghyd, / yn
deg yr olwg — ddim yn adnabod y brawd arall. / Anwylach —
lloches gelyn — / yw cyfoeth o'r hanner na dyn. / [Ac] oherwydd
[hyn mae] dihareb / nad ydyw neb yn hael fel Nudd. / O! Dduw,
ym mha wlad — ysgytwad noeth — / y ganwyd balchder ffals a
noeth? / Pam fod dyn wyneb calch [= gwyn iawn] / a ffraeth yn
falch er mor deg yw ei wyneb? / Os [oherwydd] ei eiddo isod a'i
gariad [y mae'n falch], / mae'r [rhain] yn ddiwerth o dan y

236

dyffryn. / Os [oherwydd] ei grefft [y mae'n falch], [pan fydd] o dan ei gaeau / rhyw ymffrost mawr ofer iawn fydd! / Os [oherwydd] ei gryfder, ei faintioli milwr, / os [oherwydd] ei berthnasau [y mae'n falch], o dan lethr / dirmyg mawr iawn i filwr / fydd colli'n sicr — dirwy fawr! — / a gadael — chwedl ddifyr! — / cyfoeth gŵr mud ar y maes. / [A] gwisgo crys — un chwerw ei fath — / sicr, [un] llai na dwylath! / Cychwyn i'r eglwys ddymunol / ar ei farch, tua'r oer fedd. / Ar ôl [yfed] gwin, rhoi'r annwyl gâr / yn brysur yn y ddaear; / a'i deulu'n cwyno ar ei ôl / dro, ac yn ei orchuddio â rhaw. / Poenwr dicllon [sef angau], oni ŵyr dyn — / gwaith difrif [sef claddu] — nad oes ochr / yn dalcen i'w dŷ — adeilad digofaint — / wedyn ond daear unig? / A'r ddaear drom yn pwyso, / a'r rudd yn gwasgu gyda'r graean. / O'r rhai sydd er amser Adda, / y rhai y rhoddodd Duw iddynt ras da, / o'r ddaear noeth y daethom, / ac onid peth gwael yw ein bostio blin? / I'r ddaear trwy orchymyn oer / yr â pob dyn a anwyd. / Oni ystyria — poen bach [fuasai gwneud hynny] — / pendefig wedi ei urddo y cyfarfod [ag angau sydd i ddod]? / Pan agorir — poen creulon — / bedd y gŵr a orchfygai fyddin, / yno y gwelir gwallt ffiaidd / y dyn a roed dan y llethr, / yn wag ei ben a'i gap, / a [chyda] llaw a ddiflannodd fel lluwch; / heb gledd gydag ef, heb glod, / heb arfau o ddur, heb fuddugoliaeth; / heb win, heb arian mân, / heb ei fod o'n disgwyl ffair [= lle i fargeinio], heb bres; / heb un penelin, heb anwylyd, / heb ddawn barchedig, heb gyfoeth o gwbwl; / heb gnawd gwyn [= teg] chwaith — defod ofnadwy [sef arfer angau o noethi] — na llygaid, dim ond esgyrn! Oherwydd yr ystyriaeth hon daw i feddwl saith [gŵr doeth?] gyfarchiad heb weniaith : / " Peth diangen yw i ddyn, [peth] cyndyn i un doeth, / [yw] hel ei gyfoeth i rywun arall."]

Marwolaeth rhyfelwr yw pwnc y cywydd hwn. Mae o'n syndod o amserol i gyfnod materol fel ein cyfnod ni oherwydd disgrifio pobol y mae ' da ' yn bwysicach ganddyn nhw na dynion a wneir ynddo. Awgrym Siôn Cent yw mai eiddo yw un rheswm am ryfeloedd. Yn y byd hwn mae ymddangosiad yn dwyllodrus, dyw'r un dau sydd yng nghwmni ei gilydd ddim yn adnabod ei gilydd. Â Siôn rhagddo wedyn i ystyried beth yw gwerth y pethau y mae dynion yn ymfalchïo ynddyn nhw — tegwch pryd, cariadon, eiddo,

237

nerth milwrol. Y mae'n gwrthbwyntio'r cwbwl o'r rhain â geiriau llym o bwrpasol, geiriau y mae'r gynghanedd yn eu lleisio'n gryf — *diffrwyth, ofer, tremig, mud.* Yn wyneb bost milwr y mae'r *mud* a geir yma'n llawn diddymdra :

> ' A gado, chwedl diledlaes,
> Golud gŵr mud ar y maes.'

Yn y diwedd y mae mawredd dyn yn mynd i *' lai no dwylath '.* Dyma ffordd grafog o fychanu holl ymffrost dyn.

Mae'r gwrthbwyntiau'n mynd rhagddynt : yn *' ar ei farch '* cawn awgrym o urddas, ond negyddir hyn oll gan *' tua'r oer fedd ';* dyna'r *' annwyl gâr '* a'r anwyldeb yn mynd yn ddim gan mor *' ddiwyd '* y mae o'n cael ei gladdu; dyna deulu'r gŵr yn ei *' gwynaw ',* ond mae'r cwyno, y galar, yn mynd yn ddim dan ergydion dau air sy'n dilyn, sef *' yrhawg '* a *' rhaw '.* Mae'r *' yrhawg '* yn awgrymu *' dros dro '* ac y mae'r gorchuddio â rhaw yn tynnu'r diffuantrwydd a'r teimlad o'r galar.

Symudir wedyn at berchentyaeth newydd, perchentyaeth y bedd — un o themâu Siôn Cent. Y bedd, bellach, yw'r tŷ, neu'n hytrach *' daear unig '.* Yn ei gyd-destun y mae môr o ystyr yn y gair *unig* yma.

Tanseilio ymffrost dyn a wnaeth Siôn Cent hyd yma. Fe wnaeth hynny ag ambell sangiad brathog yn ogystal ag yn y ffyrdd eraill y buwyd yn eu trafod. Sylwch ar *' difelys fath '* am grys y bedd, er enghraifft, lle ceir lleihad eironig, sef ymadrodd sy'n fwriadol yn rhy wan i'w gyd-destun. Ystyrier y sangiadau sy'n codi wrth sôn am gladdu, rhai sy'n cryfhau effaith y rhoddi yn y pridd. A sylwer yn arbennig ar ddau sangiad sy'n digwydd yn nes ymlaen sy'n cyfeirio at y boen o ystyried angau a phoen waeth ei bresenoldeb go-iawn : mae gwrthdrawiad trawiadol ynddyn nhw — *' poen distadl '* yw un a *' poen girad '* ydyw'r llall.

Ar ôl crybwyll perchentyaeth y bedd â Siôn rhagddo i foesoli'n uniongyrchol :

> ' O'r ddaear noeth y doethom,
> A phonid tost yw'n ffrost ffrom?
> I'r ddaear, drwy oer ddyfyn,
> Ydd â ar aned o ddyn.'

Yn y cwpled olaf gyda'i gyseinedd cryf clywir dyrnu terfynol angau.

Agor bedd; y mae'r peth yn annifyr, atgas, ond dyna a wna Siôn Cent yn narn olaf ei gywydd, agor ac edrych ar gorff ' *gŵr a faeddai gad* '. Gwêl yn y bedd waith y dinoethwr mawr. Ceir yma megis ymosodiad ar y synhwyrau a'r dychymyg, peth nid annhebyg i'r hyn y ceisir ei wneud mewn ffilmiau arswyd o bryd i'w gilydd, eithr nad yw eu hymosodiadau nhw ddim hanner mor gryf eu hapêl at y dychymyg am ein bod yn gweld y cyfan. Awgrymiadau enbyd sydd gan Siôn Cent, rhai megis ' *penguwch* ' noeth, llaw a'r cnawd wedi mynd oddi arni ' *fal y lluwch* '.

Nid hap a damwain ydyw'r cymeriad geiriol ' *heb* ' a ddaw am linellau at ddiwedd y gerdd. Mae'r ailadrodd yn cryfhau'r negyddiaeth a fynegir. Sylwch fel y ceir yma, yn eironig, y sylw ' *heb dda'n y byd* '. Dyna, megis, uchafbwynt sy'n cyfeirio'n ôl at ddechrau'r gerdd, at yr ymdrech i gael da'r byd. Ond nid dyna uchafbwynt eithaf y gerdd hon; y mae'r negyddu'n mynd y tu hwnt i bethau a chawn ' *heb wyngnawd chwaith* '. Yna, ar ôl rhoi inni'r gyfres negyddol o ' *heb* ' hyn a'r llall mae'r bardd yn newid yn sydyn a rhoi inni'r cadarnhaol; cawn yr hyn sydd, yn hytrach na'r hyn nad yw o ddim. A'r hyn sydd yw ' *dim ond esgyrn* '.

Daw y gerdd i ben fel theorem :

> ' Afraid i ddyn, cyndyn call,
> Eiriach ei dda i arall.'

Yr ydym wedi cael profiad barddonol a ddylai ein hargyhoeddi o wirionedd y sylw diwethaf hwn. Ac erbyn ichwi feddwl dyw marwolaeth ddim wedi newid (er gwaetha'r ffaith fod pobol yn America'n coluro cyrff!). Ar y ffordd i'r bedd dyw arfogaeth y rhyfelwr modern — ei Jet Ffantom, ei Dafl Polaris, na'i Fom Heidrojen — mwy nag arfogaeth milwr yr Oesoedd Canol o ddim cysur na gwerth. Atgoffir ni mai penglog sydd y tu ôl i'n holl fateroliaeth : ' dim ond esgyrn ' !

DIWEDDGLO

A dyna ni. Yn y golwg hwn ar gwrs ein traddodiad barddol ni'r Cymry gobeithio ei bod hi wedi dod yn amlwg fod gennym ni nifer helaeth o feirdd gwirioneddol nodedig a nifer mwy fyth o gerddi arbennig iawn. Yn y traddodiad hwn y mae yna elfennau cwbl Gymraeg, pethau sy'n perthyn i ni a'n hiaith ac i neb arall. Ac eto y mae yma brofiadau sydd wedi eu mynegi'n ddigon angerddol a dwys fel eu bod nhw'n rhan o brofiad y ddynoliaeth o fyw ar y ddaear yma.

Ar ôl inni ddarllen rhai o gerddi mawr ein traddodiad mi fyddai'n braf meddwl fod ein hamgyffrediad ni o fywyd ein cenedl a'n hamgyffrediad ni o fyw ac o farw yn amgenach. Yn braf meddwl; ond dyw hyn ddim yn rhwym o ddigwydd am y rheswm fod effaith y cerddi'n dibynnu ar eu darllenwyr yn ogystal ag arnyn nhw'u hunain.